DIE BESTE
Schule
FÜR MEIN KIND

Lucinde Hutzenlaub,
Hendrik Lambertus und Petra Plaum

DIE BESTE Schule FÜR MEIN KIND

FREIE SCHULEN: WALDORF, MONTESSORI UND CO.

Welches Schulkonzept Ihr Kind schlau und glücklich macht!

Eden BOOKS

Inhalt

ALLER ANFANG IST SPANNEND!

Hurra, Ihr Kind kommt ins Schulalter! Aus Ihrem Nachwuchs wird ein Schulkind, das die Welt auf ganz neue Art entdecken und erobern wird. Dass schlaue andere Erwachsene – Pädagoginnen und Pädagogen – Ihr Kind bei seiner Entwicklung begleiten, Wissen mit ihm teilen und ihm helfen, herauszufinden, was es alles kann, ist Anlass zur Freude.

Und in der Tat kann die Zeit im Alter zwischen fünf, sechs oder sieben und achtzehn Jahren eine schöne sein, eine Lebensphase, in der Ihr Kind sich die Welt erschließt und sich entfaltet. Ob das gelingt, hängt jedoch maßgeblich von der Schule oder den Schulen ab, die es besucht. Schließlich wissen Sie – aus eigener Erfahrung oder Beobachtung –, dass die Schuljahre Stress, Misserfolge, Langeweile und Angst mit sich bringen können. Womöglich haben Sie auch schon Schlechtes über die nächstgelegene Grundschule gehört.

Und es gibt noch mehr Gründe dafür, den Blick zu weiten: Liebäugeln Sie vielleicht mit Schulen ohne Noten und Leistungsdruck? Oder mit solchen, die unter kirchlicher Trägerschaft stehen und entsprechende Werte vermitteln? Lebt in Ihrem Haus bereits ein Schulkind, das allmorgendlich unter Bauchschmerzen leidet? Sind Sie auf dem Sprung ins Ausland und möchten, dass Ihr Kind souverän mehrere Sprachen spricht?

Interessiert es Sie, wie leicht oder schwer der Schulwechsel von einer staatlichen zur privaten Schule oder umgekehrt funktioniert? Oder fragen Sie sich eher, ob Sie es schaffen können, eine eigene Schule zu gründen oder Ihr Kind sogar ganz ohne Schule großzuziehen?

Vor einigen Jahren standen wir, zwei Mütter und ein Vater, vor genau solchen Fragen. Wir sind zusammengerechnet Eltern von elf Kindern, leben in drei unterschiedlichen Bundesländern und stellten schnell fest: Die staatlichen Schulen vor Ort wurden nicht allen unseren Söhnen und Töchtern gerecht oder entsprachen einfach nicht unserer Vorstellung von ganzheitlicher Bildung und gelungenem Miteinander.

So lasen wir uns durch Fachartikel und Bücher zu infrage kommenden Schultypen, klapperten passende Bildungsstätten in unserer Umgebung ab, fragten Lehrkräften, Eltern, aktuellen und ehemaligen Schülerinnen und Schülern Löcher in den Bauch und setzten uns zudem mit dem Thema Schulgründung auseinander.

Dabei stellten wir schnell fest: Eltern haben die Wahl! Diese muss keineswegs auf die nächstgelegene Schule im Viertel fallen. Tatsächlich stellen Ihnen die folgenden 251 Seiten freie Schulen vor, vorwiegend mit reformpädagogischen Konzepten, die Lehren und Lernen auf eine andere Art zu denken wagen.

Was wir noch gelernt haben: **Die eine perfekte Schule, die zu jedem Kind passt und alle Eltern glücklich macht, gibt es nicht.**

Wohl aber einige Bildungsstätten, unter staatlicher und unter freier Trägerschaft, in denen engagierte, liebevolle Pädagoginnen und Pädagogen jedes Mädchen und jeden Jungen da abholen, wo sie oder er eben steht. In denen zuvor ängstliche Kinder Selbstbewusstsein entwickeln, zappelige ruhiger werden, gelangweilte sich interessieren, orientierungslose spüren, dass sie ihren Platz gefunden haben. Es gibt diese Orte, an denen Kinder (und ihre Eltern) sich wertgeschätzt und ernst genommen fühlen. An denen die Werte hochgehalten werden, die auch den Eltern selbst am Herzen liegen. Für Familien, die unter dem Leistungsdruck unserer Gesellschaft leiden, gibt es Schulen ohne Noten, ohne Sitzenbleiben und Schulen, in denen praktische und kreative Fähigkeiten als ebenso wertvoll erachtet werden wie Rechnen oder Schreiben.

Was uns dabei aufgefallen ist: Nicht alle, aber doch viele dieser besonderen Schulen sind in freier Trägerschaft, also private Schulen. So kamen wir auf die Idee, unseren Ratgeber diesen Schulen zu widmen, von denen es mehr gibt, als viele Eltern ahnen. Im Schuljahr

2015/16 waren es hierzulande laut Statistischem Bundesamt 3628 allgemeinbildende und zudem 2186 berufliche Schulen. Das entspricht 10,8 Prozent aller allgemeinbildenden Schulen und sogar 24,9 Prozent aller berufsbildenden Schulen in Deutschland.

Wir möchten Ihnen einen Überblick über jene Schultypen geben, die besonders verbreitet und/oder interessant sind. Wir stellen Ihnen das Menschenbild und die Leitsätze vor, beantworten Ihre Fragen zu einem möglichen Schulwechsel von oder zu anderen Schulformen und laden Sie ein zum Blick hinter die Kulissen.

Vor allem aber wollen wir Ihnen zeigen, wie Sie jene Bildungsstätte finden, die für Ihre Familie genau die richtige ist. Das kann, nach ausführlichem Nachdenken, Stöbern und Vergleichen, durchaus auch eine staatliche Schule sein.

Um Sie noch ein wenig besser auf die Schulwahl vorzubereiten, haben wir einige international erfolgreiche Bildungsforscherinnen und -forscher für Sie befragt. Prof. Dr. John Hattie aus Neuseeland zum Beispiel, der immer wieder betont: Nicht vom Label »Privatschule« oder »Konfessionsschule« hängt der Erfolg junger Menschen ab, auch nicht von der Klassengröße und ebenso wenig von reformpädagogischen Elementen wie zum Beispiel der Freiarbeit. Die größte Chance auf Erfolg haben Schulklassen, deren Lehrerinnen und Lehrer nicht nur viel Fachwissen mitbringen, sondern sich auch richtig viel Mühe mit jedem einzelnen Kind oder Jugendlichen geben. Unsere Erfahrung zeigt: Besonders motivierte, den Lernenden zugewandte Lehrkräfte finden sich in Deutschland nun mal oft an Privatschulen.

Es spricht – jedenfalls hier und heute – vieles dafür, private Schulen zumindest in die engere Auswahl zu nehmen, und die folgenden 17 Kapitel verraten Ihnen, warum. Das geht aus den Experteninterviews ebenso hervor wie aus unseren Erfahrungen mit den Bildungseinrichtungen, die wir bei der Recherche für dieses Buch besuchten.

Über das Thema Geld reden wir auf den kommenden Seiten natürlich auch – ebenso über Weltanschauungen, die zu erwartende Elternmitarbeit und die Realität hinter den Vorurteilen, die jeder, der mit einer freien Schule liebäugelt, zuhauf zu hören bekommt.

Auch wenn Sie internationale Schulen interessieren oder Sie sich ein Internat für Ihr Kind vorstellen können, werden Sie in diesem Buch fündig. Und falls sich im ganzen bunten Angebot der Schulen gar nichts Geeignetes findet, erfahren Sie Wissenswertes über die Möglichkeit, selbst eine Schule zu gründen. Auch eine Kindheit und Jugend ganz ohne Schule ist mit den Ansätzen des Homeschoolings oder Unschoolings sowie des Freilernens Thema dieses Buches.

Für alle Leserinnen und Leser, deren Kinder noch ein oder mehrere Kindergartenjahre vor sich haben, stellen wir im ersten Kapitel zudem Kindergärten vor, die auf bestimmte Schulformen besonders gut vorbereiten – Waldorf und Montessori zum Beispiel.

Im Anschluss folgen Porträts und Fakten zu den verbreitetsten und den – aus unserer Sicht – interessantesten Schulformen in nichtstaatlicher Trägerschaft. Wir laden Sie ein, in verschiedene Schulen hineinzuschnuppern, und erforschen mit Ihnen das dahinterstehende Menschenbild und pädagogische Konzept.

Manche Lehrkräfte und alle Kinder, von denen in diesem Buch berichtet wird, sind anonymisiert, um ihre Privatsphäre zu wahren. Die Bildungsstätten jedoch gibt es alle wirklich und Sie können sie besuchen und sich ein eigenes Bild davon machen.

Unser 15-Schritte-Plan verrät Ihnen, wie Sie diejenige Schule finden, die für Ihr Kind und Sie am besten geeignet ist. Damit die Begeisterung für das Lernen eine Chance hat und Sie bald sagen können: »Also diese Schule ist wirklich die beste für mein Kind!«

Zuerst aber wünschen wir Ihnen viel Freude beim Erkunden der großen, weiten Welt der Schulen in freier Trägerschaft und vor allem an Ihrem Leben mit einem (künftigen) Schulkind.

1
KINDERGARTEN-LIEBE ODER: VIELFALT FÜR DIE JÜNGSTEN

Hendrik Lambertus

Ihr Kind ist noch klein und erforscht gerade krabbelnd das Wohnzimmer. Bis zur Einschulung sind es noch fünf oder sechs Jahre. Genug Zeit, um sich mit verschiedenen Schulkonzepten zu befassen und vielleicht hier einmal zu schauen oder dort einmal etwas nachzulesen. Irgendwann. Demnächst. In aller Ruhe. Bis dann die Erkenntnis kommt, dass eine andere Entscheidung schon viel früher ansteht: Welchen Kindergarten soll eigentlich das kleine Wesen besuchen, das da gerade so zufrieden die Bücher aus dem Regal zieht und auf dem Boden verteilt? Da gibt es doch inzwischen auch mehr Möglichkeiten als nur die Igel-Gruppe im städtischen Kindergarten um die Ecke, den man vielleicht selbst einmal besucht hat. Welche Wahl haben Sie also? Und hat diese vielleicht sogar Auswirkungen auf die spätere Schullaufbahn?

1.1 Der Kindergarten als Tor zur Schule

Die pädagogischen Ansätze, nach denen die diversen freien Schulen arbeiten, haben oft auch etwas für das Kindergartenalter zu bieten. Zuweilen kooperieren die Kindergärten sogar eng mit einer Schule des entsprechenden Typs.

Darum kann es Vorteile haben, wenn ein Kind bereits einen Kindergarten besucht hat, der nach dem gleichen Konzept wie die später gewünschte Schulform funktioniert: Zum einen wird es gern gesehen, wenn ein angehender Schüler, eine zukünftige Schülerin bereits mit den Abläufen des jeweiligen Ansatzes vertraut ist, weil er oder sie sich dann in der Schule leichter zurechtfindet. Wer zum Beispiel an die Materialarbeit in einem Montessori-Kindergarten gewöhnt ist, wird später auch leicht Zugang zu den Lernmaterialien an einer Montessori-Schule finden.

Zum anderen kann es natürlich auch von Vorteil sein, durch den Kindergarten bereits einen Fuß in der Tür zu haben, wenn er mit einer in der Region sehr beliebten Schule zusammenarbeitet, an der man das Kind dann später anmelden möchte. Schon allein deswegen, weil Eltern dadurch zeigen, dass sie wirkliches Interesse am Konzept haben und dahinterstehen.

Besonders attraktive Möglichkeiten bieten sich, wenn der Kindergarten und die dazugehörige Schule sogar im gleichen Gebäude untergebracht sind: Das Kind muss dann beim Schuleintritt das vertraute Umfeld nicht wieder komplett wechseln, sondern zieht lediglich einige Räume weiter. Je nach Konzept ist es zudem möglich, bereits im Kindergartenalter in die Schule nebenan hineinzuschnuppern und vielleicht sogar unabhängig von einem festen Einschulungstermin die Tätigkeiten immer mehr dorthin zu verlagern, sobald es für das Kind so weit ist.

Wenn Sie mehrere Kinder im Schul- und Kindergartenalter haben, ergibt sich außerdem der praktische Vorteil, dass morgens alle an einer Adresse abgeliefert werden können.

1.2 Konzeptvielfalt der Kindergärten

Doch auch wenn man noch keine bestimmte Schulform im Auge hat, sollte man sich eines bewusst machen: Jeder Kindergarten hat ein Konzept. Auch in dieser Altersstufe geht es nicht nur um Betreuung oder gar »Bespaßung«, sondern um durchdachte pädagogische Arbeit. Es lohnt sich auf jeden Fall ein Blick auf den theoretischen Unterbau der Einrichtung. Die verschiedenen Ansätze gehen mit unterschiedlichen Schwerpunkten und Menschenbildern einher, die mit den gelebten Werten innerhalb der Familie harmonieren sollten. Sie fördern verschiedene Kompetenzen und, vielleicht am wichtigsten, bieten unterschiedliche Umgebungen, die natürlich zum Kind passen sollten. Schließlich wird es einen gehörigen Anteil seines Alltags im Kindergarten verbringen.

1.3 Waldorfkindergärten

Gebannt schaut ein kleiner Junge zu, wie eine Erzieherin ruhig und mit routinierten Bewegungen Brötchenteig knetet. Etwas später wird er selbst zu einem großen Bäcker: Im Spiel werden Zapfen, Kastanien und Steine zu Broten, Kuchen und Torten, die er kunstvoll auf einem bunten Tuch drapiert.

Lernen durch Nachahmung und Vorbilder ist ein wichtiger Aspekt an Waldorfkindergärten. Diese orientieren sich an der anthroposophischen Pädagogik nach Rudolf Steiner. Der Ansatz geht davon aus, dass sich die menschliche Entwicklung in Schritten von je sieben Jahren vollzieht. Das erste Lebensjahrsiebt, in das die Kindergartenzeit fällt, ist demnach geprägt von dem Bedürfnis nach Nachahmung. Ein Waldorfkindergarten bietet den Kindern einen geschützten Raum für diese Lernphase. Die Alltagstätigkeiten der Erzieherinnen und Erzieher dienen den Kindern dabei als Vorbild.

Die Abläufe sind stark rhythmisiert. Bestimmte Elemente kehren immer wieder, zum Beispiel am Montag das Backen, am Dienstag das Malen, am Mittwoch der Waldtag. Das Kind ist so geborgen in einen überschaubaren Kosmos eingebettet, der Halt und Sicherheit bieten soll. Zudem sind die Aktivitäten stark am Verlauf des Jahreskreises als übergeordnetem Rahmen ausgerichtet, was zum Beispiel Basteln zu jahreszeitlichen Themen mit einschließt.

Charakteristisch sind auch die typischen Spielsachen in Waldorfkindergärten: Sie sind möglichst schlicht und naturnah gehalten und umfassen unter anderem Tücher, Zapfen, Steine, Muscheln und einfache Stoffpuppen. Dadurch sollen die Sinne des Kindes angeregt und seine Fantasie ohne feste Vorgaben entfaltet werden.

Manche Waldorfkindergärten sind direkt an eine Waldorfschule angeschlossen, andere arbeiten eigenständig.

1.4 Montessori-Kinderhäuser

Ein Mädchen sitzt vor einem Holzrahmen, an dem mehrere weiße und rote Bänder jeweils paarweise untereinander angebracht sind. Mit höchster Konzentration sind ihre kleinen Hände damit beschäftigt, jedes einzelne Paar zu einer Schleife zu binden.

»Die Kinder in einem Montessori-Kinderhaus können sich mit den Herausforderungen, auf die sie in ihrem Leben stoßen, isoliert auseinandersetzen«, erklärt eine Montessori-Pädagogin. »Beim Schleifenbinden am eigenen Schuh muss man sich verrenken, um an ihn heranzukommen, während vielleicht noch lauter andere Kinder um einen herumwuseln, die sich auch anziehen wollen. Das ist gar nicht so einfach. Die Montessori-Pädagogik bietet einen Rahmen, in dem das Kind sich geschützt und in aller Ruhe mit den sogenannten Übungen des täglichen Lebens auseinandersetzen kann, so lange und ausführlich es das möchte.«

Ein Junge hat Buchstaben aus Sandpapier auf einem kleinen Arbeitsteppich vor sich ausgebreitet. Er fährt ihre Umrisse mit den

Fingerspitzen nach und murmelt den Buchstaben dabei leise vor sich hin: »Mmm …« Auch hier wieder die Isolierung der Schwierigkeit. Das Kind, ein Laut und das zugehörige Zeichen. Alles andere ist gerade nicht wichtig.

An Kindergärten, die nach der Pädagogik Maria Montessoris ausgerichtet sind, spielt die Freiarbeit mit Lernmaterialien eine besondere Rolle. Die Montessori-Materialen sind so gestaltet, dass das Kind sich möglichst selbstständig das erarbeiten kann, wofür es sich gerade interessiert, zum Beispiel eben Buchstaben (die es laut Montessori meist im Alter von etwa vier bis fünf Jahren besonders reizen). Die Erzieherinnen und Erzieher geben den Kindern Einführungen in den Umgang mit dem Material und begleiten sie bei ihren Aktivitäten, ohne ihnen dabei einengende Vorgaben von außen zu machen. Das Material steht den Kindern meist ergänzend zu anderen Spiel- und Bastelmöglichkeiten zur Verfügung. Sie entscheiden eigenständig, womit sie sich beschäftigen möchten.

Auch Montessori-Kinderhäuser können an eine Montessori-Schule angeschlossen sein oder als eigenständige Einrichtung arbeiten.

1.5 Waldkindergärten

»Die Natur reizt zum Fragenstellen. Die Antworten finden wir dann gemeinsam«, so fasst eine Erzieherin an einem Waldkindergarten die zentralen Vorteile des Waldes als Ort für Kinder zusammen. Zwischen Bäumen und Büschen, schlammiger Erde und Rindenmulch ergeben sich zahllose Möglichkeiten, etwas zu entdecken und neue Spiele zu erfinden. Das reicht von spannenden Krabbeltierchen unter dem Vergrößerungsglas über lustig hüpfende Springkrautsamen bis hin zu einem kaputten Nistkasten, der von der Kiga-Gruppe gefunden wurde und gemeinsam wieder repariert wird.

Die Grundausstattung vieler Waldkindergärten wirkt eher minimalistisch: ein Bauwagen am Waldrand als Unterschlupf, ein großer

Platz zum Spielen, ein paar Holzbänke, ein Geräteschuppen – auf den ersten Blick nicht viel. Doch für die Kinder können sich beständig neue Welten eröffnen, wenn sie sich mit dem Spaten am Boden abarbeiten, Äste beschnitzen oder ein neues Fangenspiel erfinden.

An manchen Tagen ist die Gruppe auf dem eigenen Platz tätig, an anderen unternimmt sie Ausflüge und erforscht verschiedene Bereiche des Waldes. Mal ist freies Spiel angesagt, mal Projekte zu unterschiedlichen Themen aus der Natur und dem Jahreskreis, von der Erschaffung kleiner Holz-Kunstwerke bis zur Pflege eines eigenen Kartoffelackers.

»Wichtig sind Eltern, die sich auf den Waldkindergarten einlassen können«, sagt die Erzieherin. »Die keine Probleme mit dem Schmutzigsein und schlammigen Stiefeln haben und das Kind jeden Tag flexibel anziehen. Am besten mehrere Schichten Kleidung nach dem Zwiebelprinzip.«

Auch für die Kinder selbst kann der Wald herausfordernd sein, denn so ein Tag im Freien kostet Kraft – mehr als ein nachmittäglicher Besuch auf dem Spielplatz. Daran muss man sich erst einmal gewöhnen, darum ist eine flexible Eingewöhnung unerlässlich. Zudem erfolgt die Waldbetreuung entsprechend auch nicht ganztägig, sondern in der Regel als Vormittagsangebot. In Niedersachsen beispielsweise ist der Zeitrahmen, während dem die Betreuung im Wald erfolgen darf, auf fünf Stunden täglich begrenzt. Mitunter sorgt allerdings die Zusammenarbeit mit einem Haus-Kindergarten für verlängerte Betreuungszeiten.

Und später, wenn dann die Schule ruft?

»Manche Lehrerinnen und Lehrer haben das Vorurteil, dass aus dem Wald laute und motorisch unruhige Kinder in die Schule kommen«, weiß die Erzieherin zu berichten. »Das sind dann aber Lehrkräfte, die noch keine ehemaligen Waldkinder in der Klasse hatten.« Denn ihrer Erfahrung nach bringt der Wald offene und neugierige Kinder hervor, die ihren Forschergeist auch gern in der Schule ausleben.

1.6 Weitere Kindergartenkonzepte

Neben diesen gibt es noch diverse weitere besondere Konzepte für Kindergärten.

So sind etwa **konfessionelle Kindergärten** mehr oder weniger stark an den Werten einer bestimmten Religion ausgerichtet und gestalten zum Beispiel zusammen mit den Kindern die Feste des christlichen Jahreskreises. Die Art und Weise, wie der Glaube hier im täglichen Miteinander gelebt wird, kann sehr unterschiedlich sein. Vielleicht werden gelegentlich biblische Geschichten zu den Hochfesten erzählt oder einfach nur Grundwerte wie Nächstenliebe besonders hochgehalten, vielleicht wird aber auch regelmäßig miteinander gebetet.

Ein **Aktives Kinderhaus** hingegen steht der nichtdirektiven Pädagogik nah und ist darum bemüht, den Kindern im Rahmen gewisser schützender Grenzen größtmögliche Freiheiten bei ihren Aktivitäten und ihrer persönlichen Entwicklung zu lassen. Oft kooperiert es mit einer Freien Aktiven Schule.

Manche Kindergärten arbeiten bilingual, wobei einige der Mitarbeiterinnen und Mitarbeiter mit den Kindern ausschließlich Englisch reden und sie so die Fremdsprache im praktischen Alltag erfahren lassen. Andere setzen einen Schwerpunkt auf den naturwissenschaftlichen Forschergeist oder folgen weiteren reformpädagogischen Konzepten.

1.7 Das Wichtigste: Sich selbst ein Bild machen

Zur ersten Orientierung ist das Konzept der meisten Einrichtungen mit besonderer pädagogischer Prägung online einsehbar. Fragen an Bekannte, die ihre Kinder an dem besagten Kindergarten haben oder hatten, können darüber hinaus wertvolle persönliche Einblicke bieten.

Doch jedes Konzept ist nur so gut wie seine Umsetzung, es steht und fällt mit den Menschen, die es leben und gestalten. Darum ist es unerlässlich, sich selbst einen Eindruck vor Ort zu verschaffen, sobald man eine Einrichtung in die engere Wahl gezogen hat. Oft besteht die Möglichkeit, einen Hospitationstermin auszumachen und einen Vormittag lang die Abläufe hautnah mitzuerleben. Dabei kann man dann Augen und Ohren offen halten: Wie ist die Stimmung in der Gruppe? Welchen Gesichtsausdruck zeigen die Kinder? Wie gehen sie miteinander um, wie gehen die Erzieherinnen und Erzieher mit den Kindern um? Wie reagieren die pädagogischen Fachkräfte, wenn Tränen fließen oder es zu Konflikten kommt? Welche Punkte aus dem Konzept finden Sie in der praktischen Umsetzung wieder, welche vermissen Sie? Was haben Sie sich anders vorgestellt und warum?

Ein Gespräch mit den Pädagoginnen und Pädagogen bietet die Möglichkeit, viele Fragen loszuwerden und die Menschen kennenzulernen, die vielleicht bald wichtige Bezugspersonen für Ihr Kind sein werden.

Der persönliche Eindruck ist es auch, der letztendlich entscheidender ist als jedes wohlklingende Konzept. Denn schließlich muss die Einrichtung für Sie, Ihr Kind und Ihre Familie passen und nicht für ein hypothetisches Modell-Kind, für das das Konzept einmal geschrieben wurde. Dabei spielen natürlich auch ganz praktische Erwägungen eine Rolle, etwa die Entfernung, die jeden Morgen zum Kindergarten zurückzulegen ist. Die Wunscheinrichtung am anderen Ende der Stadt kann einem bei allem Enthusiasmus schnell verleidet werden, wenn man dafür täglich zwei zusätzliche Stunden im Berufsverkehr verbringt. Andererseits ist es ein wirklich toller Kindergarten natürlich wert, dass man einen gewissen Aufwand auf sich nimmt.

Letztendlich bleibt es eine Frage der persönlichen Prioritäten.

Alles richtig gemacht hat man, wenn man morgens sein fröhliches Kind mit einem guten Gefühl übergeben kann und in dem Wissen zur Arbeit geht, dass es in einer geborgenen Umgebung mit respektvollem, wertschätzendem Umgang untergebracht ist – ganz gleich, ob nun »Waldorf«, »Montessori« oder »Städtischer Kindergarten« über dem Eingang steht.

2

DER (NICHT SO) KLEINE UNTERSCHIED ZWISCHEN ERSATZ- UND ERGÄNZUNGSSCHULEN UND WAS SIE ÜBER BEIDE WISSEN SOLLTEN

Petra Plaum

Das Grundgesetz regelt in Artikel 7 Absatz 4, dass jeder Privatschulen gründen darf – und zwar wie folgt: »*Das Recht zur Errichtung von privaten Schulen wird gewährleistet. Private Schulen als Ersatz für öffentliche Schulen bedürfen der Genehmigung des Staates und unterstehen den Landesgesetzen. Die Genehmigung ist zu erteilen, wenn die privaten Schulen in ihren Lehrzielen und Einrichtungen sowie in der wissenschaftlichen Ausbildung ihrer Lehrkräfte nicht hinter den öffentlichen Schulen zurückstehen und eine Sonderung der Schüler nach den Besitzverhältnissen der Eltern nicht gefördert wird. Die Genehmigung ist zu versagen, wenn die wirtschaftliche und rechtliche Stellung der Lehrkräfte nicht genügend gesichert ist.*«

Für Grundschulen gilt in Ableitung von Artikel 7 Absatz 5 des Grundgesetzes zusätzlich die Regelung, dass das pädagogische Konzept, verglichen mit denen der schon vorhandenen staatlichen

Bildungsstätten, besonders sein muss. Wenn es zum Beispiel bereits eine staatliche Schule mit Montessori-Zweig gibt, stehen die Chancen darauf, eine freie Montessori-Schule gründen zu dürfen, schlecht.

Ersatz, Ergänzung, Genehmigung und Anerkennung

Die meisten freien Grund- und weiterführenden Schulen sind **Ersatzschulen**. Sie stehen unter der Rechtsaufsicht des Staates, müssen sich an den staatlichen Lehrplänen orientieren und ihre Schülerinnen und Schüler zu anerkannten Abschlüssen wie Hauptschulabschluss, mittlerer Reife und Abitur führen. Wer eine Ersatzschule besucht, erfüllt die Schulpflicht. Die Bundesländer erstatten Ersatzschulen, die sich bewährt haben, den größeren Teil ihrer Betriebskosten, im Durchschnitt zwei Drittel.

An einer **staatlich anerkannten Ersatzschule** können Schülerinnen und Schüler staatliche Schulabschlüsse erwerben – also zum Beispiel Hauptschulabschluss, mittlere Reife und Abitur.

An **staatlich genehmigten Ersatzschulen** ist das nicht möglich. Schülerinnen, die eine staatlich anerkannte Prüfung ablegen wollen, können diese allerdings an kooperierenden staatlichen Schulen machen. Dafür hat die Schule aber größere Freiheiten bei der pädagogischen Gestaltung, weil der Leistungsstand der Schülerinnen und Schüler nicht nach jedem Schuljahr mit dem von gleichaltrigen an staatlichen Schulen vergleichbar sein muss.

Ergänzungsschulen führen, wenn überhaupt, zu anderen als den staatlichen Abschlüssen. Man kann an **staatlich anerkannten Ergänzungsschulen** jedoch internationale Schulabschlüsse und berufliche Qualifikationen erwerben. Allgemeinbildende Ergänzungsschulen, zum Beispiel manch internationale Schule, sind so strukturiert, dass Kinder und Jugendliche hier in der Regel ihre Schulpflicht erfüllen. In anderen, zum Beispiel berufsbildenden Ergänzungsschulen, ist das häufig nicht der Fall. Aber Achtung: Jedes Bundesland hat hierzu eigene Regelungen!

Ergänzungsschulen bekommen vom Staat in der Regel keine Zuschüsse, weshalb die Eltern auch im Durchschnitt höhere Gebühren entrichten müssen. Dafür haben Träger und Schulleitung von

Ergänzungsschulen in der Unterrichtsgestaltung, dem Lehrstoff sowie der Auswahl der Lehrkräfte und der Schülerschaft relativ freie Hand. Neben einigen internationalen sowie ausländischen Schulen gehören häufig Berufsfachschulen und Sprachschulen zu dieser Kategorie. Weil auch hier zwischen den Bundesländern Unterschiede bestehen, fragen Sie am besten an allen Schulen Ihres Interesses nach, welchen Status sie haben und ob sich eventuell bald etwas ändert, ob zum Beispiel eine Ersatzschule demnächst eine staatliche Anerkennung anstrebt. Und die tendenziell teuren Ergänzungsschulen bieten oft Stipendien oder Ermäßigungen an, zum Beispiel für kinderreiche Familien.

3

RUDOLF STEINER, EMIL MOLT UND DIE SACHE MIT DEM NAMENSTANZ – DIE WALDORFSCHULE

Lucinde Hutzenlaub

Die meisten Waldorfschülerinnen und -schüler kennen die Vorurteile zur Genüge. Von »Ach, dann kannst du ja bestimmt deinen Namen tanzen!« bis zu »Was für ein Abitur hast du dir dort gemalt?« müssen sie sich einiges anhören. Sie haben oftmals den Ruf, irgendwie ein bisschen seltsam zu sein, »öko« oder einfach nur unfähig, auf anderen Schulen mitzuhalten.

»Du packst das Gymnasium/die Realschule/die Hauptschule nicht? Du hast Schwierigkeiten, dich anzupassen? Dann probiere es doch mal auf der Waldorfschule!«, ist ein Ratschlag, den viele Eltern erhalten, die verzweifelt eine Lösung für ihre auf der Regelschule vermeintlich gescheiterten Kinder suchen.

Ob diese Schulform die richtige Wahl für das eigene Kind ist, muss man sich dennoch gut überlegen. Bevor man sich für die Waldorfschule entscheidet, sollte man unbedingt wissen, dass sie alles andere als ein pädagogischer Lumpensammler ist, der schon alles richtet, was in der Schulkarriere des Sohnes oder der Tochter bisher schiefgelaufen ist, einzig darauf ausgerichtet, schwierigen Fällen doch noch irgendwie zu einem Abschluss zu verhelfen.

Hinter der Waldorfschulpädagogik steckt ein sehr weitgreifendes Konzept, das nicht unbedingt für jeden Schüler passend ist. Diejenigen, die sich allerdings für die Waldorfschule entscheiden, gerade weil ihnen das Menschenbild, die Lerngeschwindigkeit und die Verbindung von beidem zusagen, können sehr davon profitieren.

3.1 Ein Tag an der Freien Waldorfschule Böblingen

»Der Sonne liebes Licht
Es hellet mir den Tag;
Der Seele Geistesmacht,
Sie gibt den Gliedern Kraft;
Im Sonnen-Lichtes-Glanz
Verehre ich, o Gott,
Die Menschenkraft, die Du
In meine Seele mir
So gütig hast gepflanzt,
Dass ich kann arbeitsam
Und lernbegierig sein.
Von Dir stammt Licht und Kraft,
Zu Dir ström' Lieb' und Dank.«

Das Klassenzimmer mit den hohen Decken der vierten Klasse der Waldorfschule Böblingen ist in einem freundlichen Rosaton gestrichen, auf der Fensterbank stehen viele Pflanzen und in der Ecke ein zur Jahreszeit passend üppig geschmückter Tisch mit einer großen Wurzel, kleinen Filzpüppchen und -tieren, Kieselsteinen und Moos. Frau Hohner, die Klassenlehrerin, hat außerdem ein wunderschönes Gemälde passend zum aktuellen Thema Tierkunde auf die Außenseite der Tafel gemalt. Die Kinder stehen neben den Schulbänken, während sie im Chor diesen Morgenspruch aufsagen. Geschrieben hat ihn Rudolf Steiner und mit ihm beginnen die unteren Klassen aller Waldorfschulen seit der Gründung 1919 jeden Schultag. Er soll das gemeinsame Ankommen ermöglichen, dient als Andacht und Einstimmung auf den gemeinsamen Unterricht.

Jedes Kind hat zusätzlich noch einen Zeugnisspruch, der jedes Schuljahr wechselt und der oft von den Klassenlehrern sehr individuell für das jeweilige Kind ausgesucht oder sogar selbst geschrieben wird. Er dient als Ermutigung und persönliche Lernermunterung für das Schuljahr. Die Kinder dürfen ihren Zeugnisspruch an dem Wochentag aufsagen, an dem sie geboren sind. Heute ist Donnerstag und Mattis ist dran. Er ist seit diesem Schuljahr an der Waldorfschule und hat seinen Spruch erst nach ein paar Wochen bekommen, weil Frau Hohner ihn gern ein bisschen besser kennenlernen wollte. Auch für ihn war diese Wartezeit ganz gut, denn so konnte er zuerst einmal den anderen dabei zusehen, wie sie ihren Spruch allein vor der Klasse vortragen. Nun schaut er selbstbewusst in die Runde und sagt stolz seinen eigenen Spruch auf:

»Ist ein Wassertropfen schwer?
Und erst gar ein ganzes Meer?
Ich sehe auch das Wasser steigen
hinauf zum höchsten Wolkenreigen.
Schwer ist nur, was sich nicht regt.
Leicht ist stets, was aufwärts strebt.«

Direkt im Anschluss beginnt der zweistündige Hauptunterricht, in dem zurzeit die Epoche Tierkunde bearbeitet wird. In einer Woche, wenn Tierkunde abgeschlossen ist, beginnt eine neue Epoche und das große Einmaleins sowie die Grundrechenarten sind wieder dran. Noch aber arbeiten die Kinder fleißig an ihrer Präsentation über ein Tier, das sie sich selbst ausgesucht haben. Felix hat die Königskobra gewählt und bemüht sich, die Informationen, die er über sie zusammengetragen hat, fehlerfrei in sein selbst gestaltetes Epochenheft zu übertragen. Er weiß wirklich alles über die riesige Schlange: Wo sie lebt, wie es dort aussieht, was sie für Feinde hat und wie ihr Verhältnis zum Menschen ist. All das hat er selbst recherchiert. Er war in der Bücherei, hat sich in der Buchhandlung ein eigenes Buch über Schlangen aussuchen dürfen und sich zu Hause ein bisschen im Internet umgesehen. Auf die Zeichnungen, die er von der Kobra und ihrer Umgebung angefertigt hat, ist er mindestens genauso stolz wie auf die langen Texte, die so gut wie keine Rechtschreibfehler mehr aufweisen, nachdem er sie zuerst von Frau Hohner korrigieren lassen und nun all seine Fehler ausgebügelt hat. Die letzte Deutschepoche zeigt Wirkung.

Sein Freund Timo hat sich für den Hund entschieden, aber es gibt auch Berichte über Pferde, Katzen oder Delfine. Jedes Epochenheft ist ein eigenes Lexikon. Kunstwerke sind sie sowieso alle.

Nach dem Hauptunterricht wird die Klasse geteilt. Die eine Hälfte der Klasse hat nun Russisch, während Felix' Gruppe in den Handarbeitsraum geht. Gerade bei den künstlerischen und handwerklichen Arbeiten können die Kinder besonders gut im Unterricht Gehörtes mit eigenen Erfahrungen verknüpfen und so sehr viel stärker verinnerlichen. »Hier können sie im wahrsten Sinne des Wortes be-greifen«, sagt Hans-Joachim Sennock, Gründer und Lehrer der Freien Waldorfschule Böblingen.

Mit Begeisterung bestickt Laura ein viereckiges Stück Stoff mit bunten Fäden. Ein paar Kinder sind schon mit dem Sticken fertig und bereits dabei, aus dem Stoff ihr eigenes Nadelmäppchen zu nähen. Alle Jungen und Mädchen bringen ihr Werk am Ende stolz mit nach Hause, um es zu zeigen. Dann aber wird es in der Schule wieder gebraucht: Alle Kinder nähen ein Tier. Ob Laura dafür wohl den Eisbär wählen wird, über den sie ihre Tierkunde-Präsentation erstellt hat?

Nun aber wird es wieder anstrengend: Für die eine Hälfte der Klasse steht nun Englisch und für die andere Russisch an. Obwohl Mattis noch nicht so lange an der Schule ist und die anderen drei Jahre Vorsprung haben, kann er schon das russische Alphabet aufsagen und ein paar der schwierigen Vokabeln auch. Vor allem aber freut er sich darauf, bald eine Sprache zu verstehen, die außerhalb der Schule kaum jemand kann.

Zum Instrumentalunterricht in der vierten Stunde kommt die Klasse wieder zusammen. Jedes einzelne Kind hat seine eigene Flöte dabei. Auch hier hat es Mattis nicht ganz leicht. Die anderen machen das schließlich schon seit der ersten Klasse. Mattis ist jedenfalls froh, dass er beim Flöten einigermaßen mitkommt. Viele seiner Klassenkameradinnen und -kameraden spielen zusätzlich noch andere Instrumente: Geige, Bratsche, Querflöte oder Cello. Das Schulorchester hat hier regen Zulauf und bei den Konzerten in der Turnhalle sind meist alle Stühle besetzt. Das Gleiche gilt für den Chor, dessen Darbietung erst neulich wieder die Kirchenbänke im benachbarten Sindelfingen gefüllt hat. Da ist Mattis in seinem Element. Seitdem er hier auf der Schule ist, singt er mit Begeisterung. Freiwillig wäre ihm das vorher nie in den Sinn gekommen.

Musikalisch geht es auch im Eurythmieunterricht zu: Während die Klavierbegleiterin ein klassisches Stück spielt, bewegen sich die Kinder zu einer festgelegten und anspruchsvollen Choreografie. Sie schreiten, drehen sich und bewegen die Arme. Das erfordert volle Konzentration und ist für manche Kinder eine große Herausforderung, obwohl heute noch nicht einmal die langen Holzstäbe weitergereicht oder geworfen werden. »Gerade diejenigen, denen Koordination und Konzentration schwerfallen profitieren von diesem Fach«, sagt Hans-Joachim Sennock. »Aber natürlich ist der Eurythmieunterricht eine großartige Möglichkeit für alle Schülerinnen und Schüler, sich selbst und andere im Raum zu begreifen.« Deshalb bietet die Freie Waldorfschule Böblingen, wie einige andere Waldorfschulen auch, zusätzlich zum Unterricht in der Klasse auch noch »Heileurythmie« als Therapie an. Empfehlungen hierfür spricht der Klassenlehrer oder die Klassenlehrerin in Absprache mit der Schulärztin aus, die insbesondere die neuen Kinder gründlich beobachtet. In Böblingen gibt es außer Heileurythmie außerdem noch Förderunterricht im Lesen, Schreiben und Rechnen, Sprachgestaltung und Sprachtherapie, Bewegungstherapie, Heilpädagogik und sozialpädagogische Begleitung von Oberstufenschülern und -schülerinnen. Der genaue Blick der Schulärztin sowie die umfangreichen Therapieangebote sind natürlich eine großartige Bereicherung für die Schülerinnen und Schüler, aber auch für die Lehrer und Lehrerinnen an dieser und an vielen anderen Waldorfschulen.

Nach dem Eurythmieunterricht ist Mittag. Viele der Kinder nehmen den Schulbus in die Stadt, einige können nach Hause laufen und ein paar bleiben im Hort.

Die Freie Waldorfschule Böblingen liegt wunderschön auf dem Gelände der ehemaligen Kurklinik, umgeben von Wald und angrenzend an den riesigen Schulgarten, in dem die Kinder ab der fünften Klasse Unterricht in Gartenbau haben. Bevor die Kinder gleich in die Mensa gehen, wo die Entscheidung mal wieder schwerfällt, weil hier grundsätzlich frisch gekocht wird und alles so lecker ist, toben sich die Hortkinder noch ein bisschen aus, spielen Tischtennis und eine Runde Fangen.

Aber auch später, wenn die Hausaufgaben gemacht sind und das Wetter gut ist, werden die Kinder draußen sein. Schließlich muss die Horthütte im Wald fertig gebaut werden und das Lager von gestern ist auch noch nicht so weit, außerdem gibt es da diesen Kletterbaum und überhaupt – schon 15 Uhr?

Bei schlechtem Wetter ist drinnen volles Programm: Basteln, Kerzenziehen, Filzen, Malen oder Brotbacken und noch vieles mehr wird von Herrn Mayer, dem Hortbetreuer, angeboten und von den Kindern gut aufgenommen. Es sei denn, sie sind zu beschäftigt mit den Spielen, die sie sich selbst überlegt haben.

Um 15.30 Uhr ist für alle die Schule aus. Auch Mattis verabschiedet sich von Herrn Mayer und seinen Freunden im Hort, schnappt sich seine Schultasche und nimmt den kleinen Trampelpfad hinter dem Schulgebäude durch den Wald. Den Schulgarten lässt er hinter sich, verlässt das Schulgelände durch das blaue Törchen und steht nur ein paar Minuten später vor seiner Haustür. Singend.

3.2 Zur Geschichte

Gegründet wurde die erste Waldorfschule 1919 von Emil Molt, einem jungen, weltoffenen Zigarettenfabrikanten, der einige Jahre im

Ausland gelebt und sich schon früh intensiv mit der Anthroposophie beschäftigt hatte.

Bei einem Gespräch mit einem seiner Arbeiter hatte er erfahren, dass dessen begabter Sohn ungewöhnlicherweise eine höhere Schule besuchen konnte und somit bessere berufliche Möglichkeiten hatte. Inspiriert von seinen Gesprächen mit dem Anthroposophen Rudolf Steiner (1861–1925), dessen Vorträge über Erziehung und Schulfragen ihn sehr beeindruckt hatten, beschloss Molt, mit dessen Unterstützung allen Kindern seiner Angestellten eine ebenso gute wie ganzheitlich orientierte Schulbildung zu ermöglichen. Gemeinsam gründeten sie die erste Waldorfschule in Stuttgart, benannt nach Molts Zigarettenmarke »Waldorf Astoria« und aufgebaut nach Steiners Vorschlägen. Es entstand eine koedukative Gesamtschule und Steiner übernahm die Ausbildung der Lehrkräfte. Als die erste der mittlerweile über tausend Waldorfschulen weltweit am 7. September 1919 an der Uhlandshöhe in Stuttgart eröffnet wurde, hatte sie bereits acht Klassen und insgesamt 256 Schüler, wovon 191 Arbeiterkinder waren, deren Schulgeld die Fabrik zahlte. Des Weiteren besuchten 65 Kinder aus anthroposophischen Familien aus Stuttgart diese Schule, die finanziell gut genug aufgestellt waren und somit keine Unterstützung bekamen. Dadurch entstand das erste Mal eine Schule, in der Kinder aus unterschiedlichen sozialen Schichten eine gemeinsame Bildung erhielten. Bis zu seinem Tod 1925 blieb Steiner Berater der Schule.

Übrigens: Selbst nach dem Verkauf der Zigarettenfabrik bezahlte Emil Molt die Schulgebühr für die Kinder seiner Angestellten aus seinen Privatmitteln weiter.

Sehr bald entstanden weitere Waldorfschulen und -kindergärten in Deutschland. Schon 1920 folgte außerdem ein Kindergarten in Warschau und bereits 1928 eröffneten die ersten Schulen in New York, Basel, London, Lissabon und Budapest. Während des Nationalsozialismus wurden aufgrund von politischem Druck die

Schulen nach und nach wieder geschlossen. Bereits 1932 durften keine neuen Klassen mehr gebildet werden und 1941 gab die letzte Schule – vorübergehend – den Schulbetrieb auf.

In der Nachkriegszeit kam es zwar zu einigen Wiederaufnahmen und Neugründungen, aber erst 1970 erlebte das Waldorfschulkonzept wieder einen neuen Aufschwung. Heute gibt es über tausend Waldorfschulen weltweit, davon mehr als siebenhundert in Europa, die meisten in Deutschland und den Niederlanden. Steiners Einflüsse findet man heute über die Pädagogik hinaus in vielen anderen Bereichen, wie etwa der anthroposophischen Medizin, der Heileurythmie, der biologisch-dynamischen Landwirtschaft, der anthroposophischen Architektur und der Religion.

3.3 Das pädagogische Konzept

Das pädagogische Konzept der Waldorfschulen stammt wie bereits erwähnt von dem Publizisten, Philosophen und Goethe-Forscher Rudolf Steiner.

Er wollte junge Menschen nicht nur auf eine intellektuelle Laufbahn vorbereiten, sondern sie außerdem durch den Unterricht zu grundsätzlichen Lebensfragen anregen und sie dabei unterstützen, eine freie und eigenständige Urteilskraft auszubilden.

Die Anthroposophie, Steiners eigene Weltanschauung und wissenschaftliche Herangehensweise, soll dabei nicht Unterrichtsgegenstand sein, auch wenn seine wissenschaftlichen und spirituellen Ansätze natürlich in die Unterrichtsmethoden mit einfließen.

Aus Steiners Sicht ist die Wahrnehmung des Menschen gleichwertig dreigeteilt in Denken (also die intellektuell-kognitive Wahrnehmung), Fühlen (künstlerisch-kreativ) und Wollen (handwerklich-praktisch). Aus diesem Grund sollen alle drei Fähigkeiten auch in der Schule gleichwertig gefördert werden. Man findet also deutlich mehr Unterrichtsfächer aus den künstlerisch-handwerklichen

Bereichen als an der Staatsschule. Auch im Hauptunterricht, also in den Stunden, in denen die Hauptfächer unterrichtet werden, gibt es mehr künstlerische Elemente wie zum Beispiel Malen und Plastizieren.

Ein weiterer, sehr wesentlicher Ansatz besteht darin, den Kindern die Inhalte nicht nur über die Ausführungen und Erklärungen der Lehrer beizubringen, sondern ihnen vielmehr dabei zu helfen, selbst über eigene Erfahrungen zu begreifen und zu beurteilen. Waldorfschüler und -schülerinnen sollen nicht nur Inhalte kennen, sondern auch die Gesetzmäßigkeiten verinnerlichen, nicht nur Fakten wiedergeben können, sondern Zusammenhänge verstehen, um eigene Gedanken verfolgen zu können und die eigene Urteilskraft zu stärken.

1955 veröffentlichte Karl Stockmeyer, Waldorflehrer und Gründungsmitglied der Freien Waldorfschule an der Uhlandshöhe, alle von ihm gesammelten Äußerungen Steiners zur Pädagogik oder, wie Steiner es nannte, zur »Erziehungskunst«. 2003 erschien das Buch *Pädagogischer Auftrag und Unterrichtsziele – vom Lehrplan der Waldorfschule (Menschenkunde und Erziehung)* von Tobias Richter. Darin enthalten ist eine Übersicht über die Themen, die in den jeweiligen Klassenstufen unterrichtet werden sollen, um durch ihre Inhalte und Unterrichtsmerkmale das kindliche Körper- und Seelenwachstum je nach Entwicklungsphase zu unterstützen.

Einen festgelegten Lehrplan mit zu erreichenden Klassenzielen und manifestierten Themen gibt es jedoch an Waldorfschulen nicht. Die Lehrkraft entscheidet vielmehr selbst anhand des Wesens und der Entwicklung ihrer Klasse über die Geschwindigkeit und die Lernziele, die sie vermittelt.

Bei den regelmäßigen Monatsfeiern, Theater- und Eurythmieaufführungen und bei den Schulkonzerten zeigen die Lernenden der Schulgemeinschaft (manchmal auch öffentlich), was sie sich in den letzten Wochen erarbeitet haben.

Die Unterteilung in Jahrsiebte und die Umsetzung des Lehrplanes

Nach der anthroposophischen Auffassung durchläuft der Mensch alle sieben Jahre einen eigenen und weiterführenden Entwicklungsschritt. Steiner nennt dies Jahrsiebt. Besonders sichtbar ist diese Entwicklung zu Beginn der Schulzeit (und des zweiten Jahrsiebtes) am Zahnwechsel des Kindes. Bis zu dieser Zeit, also von null bis sieben, hat das Kind sich durch »Nachahmung und Vorbild« entwickelt. Es hat gelernt zu gehen, zu sprechen und hat bestenfalls alle grob- und feinmotorischen Fähigkeiten ausgebildet. Nun, im zweiten Jahrsiebt, soll es sich durch »Nachfolge und Autorität« weiterentwickeln und sein noch unreifes Inneres stabilisieren. Dazu braucht es laut Steiner in der Schule eine starke und enge Bezugsperson, die ihm dabei hilft und die bestenfalls über die gesamten sieben Jahre hinweg dieselbe bleibt.

Aus diesem Grund haben Schülerinnen und Schüler der Waldorfschulen bis zur achten Klasse denselben Klassenlehrer oder dieselbe Klassenlehrerin, welche durch die lange und beständige Begleitung der Klasse die Möglichkeit haben, sich optimal auf jeden Einzelnen und dessen individuelle Entwicklung einzulassen.

Mit circa 14 Jahren treten die Jugendlichen in das dritte Jahrsiebt ein, in dem sie ihre eigene Urteilsfähigkeit und den freien Verstand ausbilden sollen. Nun werden verstärkt Fachlehrer und Tutoren eingesetzt. Der ehemalige Klassenlehrer oder die Klassenlehrerin gibt »seine« oder »ihre« Klasse ab und übernimmt eine neue erste Klasse.

Der Epochenunterricht

Neben der Unterteilung der entwicklungsangepassten Pädagogik in Jahrsiebte sind Steiner die rhythmische Anwendung und ritualisierten Abläufe des Unterrichts wichtig. Der Stoff wird in wiederkehrende Zeiteinheiten, sogenannte Epochen, unterteilt, deren Inhalte sich alle drei Wochen ändern. So lange dauert es, laut Steiner, bis eine Erkenntnis auf geistiger und seelischer Ebene wahrgenommen und verinnerlicht werden kann. In dieser Zeit kann die Klassenlehrkraft ein ganz bestimmtes Lernfeld intensiv bearbeiten. Im Hauptunterricht werden dann jeweils drei Wochen am Stück Fächer wie Naturwissenschaften, Geografie oder Geschichte gelehrt. So haben die Lernenden die Möglichkeit, ihr Wissen in dieser Zeit konzentriert zu vertiefen, anstatt viele Fächer in einzelnen Wochenstunden und in schnellem Wechsel über das ganze Schuljahr hinweg zu haben. »Aber nicht nur das aktive Lernen ist dabei wichtig«, sagt Hans-Joachim Sennock, »sondern auch, dass der Stoff wieder ins Unterbewusstsein sinkt und sich dort stabilisiert. Schließlich heißt es ja nicht umsonst, dass man bei wichtigen Fragen erst einmal eine Nacht darüber schlafen sollte, um dann die richtige Antwort zu finden.«

Ab der fünften Klasse kommt noch Handwerken hinzu: Schreinern, Hauswirtschaft und Schneidern im Wechsel zum Gartenbau; Fächer, die die Kinder lebenspraktisch unterrichten sollen. Ab der zehnten Klasse gibt es außerdem Feldmessen, Spinnen und Buchbinden.

Die Sprachen

Traditionell werden an Waldorfschulen ab der ersten Klasse Englisch und Russisch unterrichtet. Beides von der ersten bis zur vierten Klasse jeweils zwei Stunden pro Woche. Von der fünften bis zur achten Klasse wird der Sprachunterricht dann in Epochen unterrichtet. Die Schülerinnen und Schüler haben dann jeden Tag im dreiwöchigen Wechsel eine Stunde Sprachunterricht, jeweils in der halben Klasse. Ab der elften Klasse gibt es pro Sprache vier Wochenstunden.

Mittlerweile wird an den meisten Waldorfschulen (wie an der Freien Waldorfschule an der Uhlandshöhe) aber auch Französisch als zweite Fremdsprache angeboten. Der Unterricht ist eher nach dem muttersprachlichen Lernprinzip aufgebaut: Die Kinder der vierten Klasse der Freien Waldorfschule Böblingen haben beispielsweise dreimal in der Woche Russisch und viermal Englischunterricht. In diesen Stunden lernen sie anfangs hauptsächlich durch das Nachsprechen von Reimen, Hören von Geschichten und das Spiel kleiner Theaterstücke in der jeweiligen Sprache.

Warum aber ausgerechnet Russisch, eine Sprache, die einen Schulwechsel sehr erschwert und die in Deutschland vergleichsweise selten gesprochen wird?

Aus anthroposophischer Sicht ist jede Sprache nicht nur Träger von Informationen, die der Kommunikation dienen, sondern auch Vermittler seelischer Mentalitäten. So ist, laut Steiner, Deutsch eine universelle, rational-philosophische Sprache. Englisch und Französisch sind sich aus kultureller Sicht sehr ähnlich und öffnen das Bewusstsein eher in Richtung Westen, während Russisch seelenhaft-emotional ist und sich in den östlich-slawischen Raum orientiert. Aus der ganzheitlichen Sicht Rudolf Steiners ist Russisch also für die Entwicklung der jungen Schülerinnen und Schüler die ideale Ergänzung zu Englisch und Deutsch, abgesehen davon auch etwas, was den Lebenslauf eines Waldorfschülers durchaus positiv von dem der breiten Masse abheben kann. Übrigens: Steiner selbst sprach von Haus aus kein Russisch.

Der Eurythmieunterricht

Der Begriff der Eurythmie kommt aus dem Griechischen und bedeutet in etwa »schöne Bewegung«. Es handelt sich dabei um eine Ausrichtung der darstellenden Kunst, die Sprache oder Musik und Bewegung verbindet. Man kann sich Eurythmie als eine Art Gebärdensprache vorstellen, bei der beispielsweise Gedichte oder Musikstücke mit der Bewegung des ganzen Körpers interpretiert oder begleitet werden. Gelehrt wird Eurythmie von der ersten bis zur zwölften Klasse. Eurythmie soll den Schülern und Schülerinnen die Fähigkeit vermitteln, sich selbst im Raum und im Dialog mit anderen zu begreifen.

3.4 Die Noten und Abschlüsse

Da das pädagogische Konzept der Waldorfschule eine ganzheitliche Erziehung anstrebt und sich in einer typischen Waldorf-Schulklasse Kinder mit sehr unterschiedlichen Begabungen und Voraussetzungen finden, die jeweils individuell gefördert werden sollen, lehnen Waldorfschulen Leistungsdifferenzierung im Sinne von Noten oder Zeugnissen wie an Staatsschulen ab. Um ein möglichst umfassendes Bild abzugeben, werden von der Lehrkraft meist handschriftlich sehr ausführliche Beurteilungen verfasst. Aber auch hierbei geht es nicht um die abgefragten Inhalte, sondern vielmehr werden die eigenen Lernerfolge, Fortschritte und Fähigkeiten beschrieben, die allein durch eine Benotung wie im Regelschulsystem nicht ausreichend gewürdigt werden könnten. Jedoch gibt es ab den höheren Schulklassen Punktebewertungen, etwa bei Vokabeltests oder Mathematikaufgaben. Ab der Oberstufe wird zusätzlich mit einem Ziffernzeugnis benotet.

Die Schüler und Schülerinnen können die Schule mit dem Hauptschulabschluss nach der zehnten Klasse abschließen. Die mittlere Reife kann man in Böblingen nach der elften Klasse (an manchen anderen Waldorfschulen nach der zwölften Klasse) ablegen, die Fachhochschulreife oder das Abitur machen die Schülerinnen und Schüler nach dem 13. Schuljahr gemäß den in den Bundesländern jeweils geltenden Regeln. G8, also das Abitur nach acht Jahren am Gymnasium, gibt es an Waldorfschulen nicht.

Bei den offiziellen Prüfungen wie der mittleren Reife oder dem Abitur werden allgemeingültige Zeugnisse ausgestellt.

Manche Waldorfschulen, wie die Michael Bauer Schule in Stuttgart-Möhringen, bieten außerdem einen sogenannten Werkhof an: den Hauptschulabschluss nach der zwölften Klasse zusätzlich zu einer abgeschlossenen Berufsausbildung.

3.5 Der Schulwechsel

Russisch und Eurythmie sind bestimmt die ungewöhnlichsten Fächer an der Waldorfschule (wobei es ja, wie oben erwähnt, auch Waldorfschulen gibt, die Französisch anstelle von Russisch anbieten). Je früher man sich also für einen Wechsel auf die Waldorfschule entschließt, umso leichter fällt der Einstieg. Zumindest in Russisch gibt es an der Waldorfschule auch meist die Möglichkeit, Nachhilfeunterricht zu bekommen.

Von der Waldorfschule in ein anderes System zu wechseln, kann ebenso eine Herausforderung sein. Lerntempo und Inhalte können je nach Klassenstufe sehr differieren. Manche staatliche Gymnasien prüfen deshalb die Schülerinnen und Schüler in den Hauptfächern, bevor sie eine Zusage machen.

3.6 Die Pädagoginnen und Pädagogen

Seit 2008/09 ist die Waldorflehrer-Ausbildung in Bachelor- und Masterstudiengänge unterteilt. Der Bachelor in Waldorfpädagogik ist ein Vollzeitstudiengang. Voraussetzung für ein Studium ist die allgemeine Hochschulreife oder das Fachabitur. Möglich ist ein Studium auch bei einer anderen (gleichwertigen) Vorbildung und einer erfolgreich abgeschlossenen Eignungsprüfung. Der Bachelorabschluss erfolgt nach drei Jahren. Um einen Masterstudiengang in Waldorfpädagogik aufzunehmen, muss man entweder den Bachelorabschluss in Waldorfpädagogik oder ein gleichwertiges Hochschulstudium absolviert haben. Zukünftige Waldorfpädagogen, die Fach- oder Oberstufenlehrer oder -lehrerin werden möchten, müssen mindestens ein Fachstudium in einem unterrichtsrelevanten Fach – entweder ein Lehramtsstudium oder ein wissenschaftliches Studium – vorweisen können. Den Master of

Arts mit dem Schwerpunkt Waldorfpädagogik kann man auch in Teilzeit absolvieren.

3.7 Die Rolle der Eltern

Die Waldorfschule versteht sich nicht nur als eine Einrichtung, in der Wissen vermittelt wird. Die Gemeinschaft und die Identifikation mit der Schule sind ebenfalls sehr wichtig. Hilfe bei den Schulfesten, Aufführungen und Basaren, Engagement bei den Organisationskreisen und Mitarbeiten rund um das Schulgebäude sind ebenfalls erwünscht und geben den Schülerinnen, Schülern und Eltern die Möglichkeit, »ihre« Schule mitzugestalten und sich mit ihr zu identifizieren. Wer wenig Zeit zur Verfügung hat oder wen die Vorstellung abschreckt, jeden Samstag an der Schule zu verbringen, dem sei gesagt: Das meiste davon ist freiwillig und Spaß macht es oft obendrein.

3.8 Die Finanzierung

Waldorfschulen sind öffentliche, allgemeinbildende Schulen in freier Trägerschaft. Da sie als Ersatzschulen anerkannt sind, bekommen sie staatliche Zuschüsse.

Diese decken die Betriebskosten allerdings nur zum Teil. Die Eltern sind Träger der Schule und bringen sich auch, aber nicht nur, über Eigenleistung und Beiträge ein, wobei die Beiträge meist je nach Einkommen und Kinderanzahl gestaffelt werden. Im Durchschnitt kostet ein Schulplatz an der Waldorfschule in Deutschland 125 Euro monatlich. Der tatsächliche Schulgeldbetrag wird aber in einem Finanzgespräch ermittelt. Manche Eltern zahlen allerdings freiwillig einen höheren Betrag, um einkommensschwache Familien zu unterstützen. Diese haben wiederum die Möglichkeit, sich durch mehr Eigenleistung intensiver einzubringen und so die Schule auf dieser Ebene mitzutragen.

3.9 Was noch zu erwähnen wäre

Alle Waldorfschulen sind eigenständig organisiert und werden von Pädagogen, Pädagoginnen und Eltern gemeinsam verwaltet. Rektoren gibt es nicht.

Pädagogische Entscheidungen werden in der Lehrerkonferenz getroffen, die wöchentlich stattfindet. Dabei sind an der Freien Waldorfschule Böblingen auch die Schulärztin und die Geschäftsführerin dabei.

Außerdem gibt es Arbeitsgruppen wie zum Beispiel den Öffentlichkeitskreis, den Eltern-Lehrer-Schüler-Kreis, den Vertrauenskreis oder den Finanzkreis, in denen spezifische Aufgaben bearbeitet werden.

Der Vorstand des Trägervereins, dessen Mitglieder Eltern und Lehrer sind, ist nicht nur wirtschaftlich, sondern auch juristisch für die Schule verantwortlich und setzt sich an der Freien Waldorfschule Böblingen aus vier Eltern und drei Lehrervertretern zusammen. Er stellt auch den Geschäftsführer.

Alle Waldorfschulen sind Mitglied im Bund der Freien Waldorfschulen e.V. Die jeweilige Eigenständigkeit der Schule soll aber dennoch bestehen bleiben. Neugründungen entstehen meist durch Elterninitiativen, wobei die neuen Schulen vom Bund beraten werden. Durch die Eigenständigkeit hat jede Waldorfschule ihren ganz eigenen Charakter und es ist kaum möglich, von der einen auf die andere zu schließen.

Auch in der internationalen Waldorfschullandschaft gibt es Zusammenschlüsse, die länderübergreifend arbeiten, wie zum Beispiel die Pädagogische Sektion am Goetheanum in Dornach (Schweiz), die Internationale Assoziation für Waldorfpädagogik in Mittel-Osteuropa und weiter östlich liegenden Ländern (IAO) und das European Council for Steiner Waldorf Education (ECSWE).

Und: Waldorfschulen gibt es schon so lange und überall auf der Welt, dass sich eine lange Liste prominenter Persönlichkeiten aufzählen lässt, die eine Waldorfschule besucht haben.

Einige Beispiele: Michael Ende (Autor), Heiner Lauterbach (Schauspieler), Wolfgang Porsche (Aufsichtsrat Porsche AG), Sarah Wiener (TV-Köchin), Jochen Schweizer (Stuntman, Unternehmer), Jennifer Aniston (Schauspielerin), Jens Stoltenberg (ehem. Norwegischer Ministerpräsident, Nato-Generalsekretär), Oliver Hirschbiegel (Filmdirektor) und Thilo Bode (Greenpeace, Foodwatch) sind ehemalige berühmte Waldorfschüler, um nur einige zu nennen.

3.10 Dafür und Dagegen

Eines der wesentlichen Argumente für die Waldorfpädagogik ist gleichzeitig auch eine der größten Herausforderungen bei der Umsetzung des Konzeptes, denn dabei handelt es sich um zwei widersprüchliche Prozesse: Einerseits sollen die Lernenden in ihrer Individualität bestärkt werden und andererseits müssen sie lernen, sich an die Gesellschaft anzupassen. Die Waldorfpädagogik unterstützt also die Eigenständigkeit und freie Entfaltung des oder der Einzelnen und vermittelt den Schülern und Schülerinnen durch die Förderung ihrer eigenständigen Urteilskraft die Möglichkeit, sich ihre Individualität zu bewahren. Gleichzeitig stärkt sie das Gemeinschaftsgefühl der Einzelnen, fördert die Sozialkompetenz und unterstützt die Fähigkeit, von anderen zu lernen und sich durch eine starke Verbundenheit zusätzlich weiterzuentwickeln.

Ob die Umsetzung funktioniert, hängt natürlich immer auch von den Voraussetzungen ab und da gibt es auch die eine oder andere Kritik. So erscheint es manchen zweifelnden Eltern schwierig, bei den teils sehr großen Klassen dem Anspruch auf individuelle Förderung gerecht zu werden. Außerdem seien die Waldorfschulen zu wenig leistungsorientiert und ein wenig weltfremd, und das ausgerechnet in der Grundschulzeit, in der die Kinder besonders wissbegierig sind. Da Waldorflehrer und -lehrerinnen außerdem alle Fächer bis zur achten Klasse unterrichten, ohne für jedes einzelne ein fachspezifisches Studium abgeschlossen zu haben, müssten sie, laut Kritikern, durch die Fülle an Unterrichtsaufgaben völlig überfordert sein.

In einer Studie mit dem Titel *Bildungserfahrungen an Waldorfschulen* der Heinrich-Heine-Universität Düsseldorf wurden die Bildungserfahrungen und die Lernerfolge von Waldorfschülern und -schülerinnen untersucht und viele der oben genannten Kritikpunkte konnten darin geklärt werden. Laut der Studie werden Schülerinnen und Schüler an Waldorfschulen intensiver und individueller betreut als Kinder und Jugendliche an staatlichen Schulen. Nicht zuletzt dadurch können sie ein nachweisbar besseres Selbstwertgefühl und daraus resultierend eine größere Begeisterung für den Unterricht entwickeln. Achtzig Prozent der Waldorfschüler und -schülerinnen lernen demnach gern. An Staatsschulen sind es nur 67 Prozent.

Offensichtlich wirkt sich der geringere Leistungsdruck auch positiv auf die Gesundheit aus: Unter Waldorfschülern und -schülerinnen findet man deutlich seltener Kinder und Jugendliche, die über Kopfschmerzen, Schulangst oder Schlaflosigkeit klagen.

Aber wie sieht es denn nun tatsächlich mit den Noten aus? Wenn man die Abschlüsse an der Waldorfschule mit denen der Regelschulen vergleicht, kann man kaum Unterschiede entdecken: Im Verhältnis gibt es jeweils ähnlich viele Absolventen, die einen Haupt- oder Realschulabschluss oder das Abitur machen, und auch die durchschnittlichen Noten sind nahezu identisch. Bei der Berufswahl lässt sich eine Tendenz zu sozialen, geisteswissenschaftlichen, künstlerischen und naturwissenschaftlichen Berufen erkennen. Auch wenn Waldorfschulabsolventen nach wie vor oft belächelt werden, ist der Besuch der Waldorfschule manchmal sogar ein Plus im Bewerbungsgespräch für eine Lehrstelle oder einen Job nach einem abgeschlossenen Studium. Denn selbst große Konzerne haben die hohe Sozialkompetenz von ehemaligen Waldorfschülern und -schülerinnen und deren Fähigkeit, eigenverantwortlich zu arbeiten, erkannt.

Die maßgeblichen Elemente für den Erfolg von Bildungssystemen sind (nach der PISA-Studie, die im Dreijahresrhythmus stattfindende internationale Untersuchung der OECD, um alltags- und berufsrelevante Kenntnisse und Fähigkeiten Fünfzehnjähriger zu messen) im Übrigen ein individuelles Lernangebot, Motivation durch positive Rückmeldungen an die Schüler und die Möglichkeit, von anderen zu lernen. Diese Elemente lassen sich an der Waldorfschule eindeutig finden – und hoffentlich immer öfter ebenfalls in allen anderen Schulsystemen.

Nicht jede Schule ist für jeden Schüler, jede Schülerin geeignet. Waldorfschulen können sehr unterschiedlich sein und auch Klassenstrukturen ihre eigene Dynamik aufweisen. Wer eine extrem klare Struktur, Leistungsnachweise und eine Möglichkeit braucht, sein Kind anhand von anderen zu messen, wird es vermutlich nicht ganz so leicht haben. Wer zudem »nur« an einer Schule interessiert ist und nicht Teil einer Gemeinschaft sein möchte, dem wird das Konzept möglicherweise ein wenig zu eng sein. Man braucht Vertrauen in den Lehrer oder die Lehrerin und in die Fähigkeiten des eigenen Kindes – auch wenn dieses erst in der dritten Klasse anfängt zu lesen.

Natürlich muss sich jeder selbst ein Bild machen und es gibt bestimmt auch genügend Ehemalige, die dieses Konzept für sich selbst unpassend fanden, aber auch sehr viele glückliche Ex-Waldorfschülerinnen und -schüler, die nun glückliche Waldorfeltern sind.

Literaturtipps

Lieberwein, Sylvia; Barz, Heiner; Randoll, Dirk (2012): *Bildungserfahrungen an Waldorfschulen, Empirische Studie zu Schulqualität und Lernerfahrung*. VS Verlag für Sozialwissenschaften.

Links

Bund der Freien Waldorfschulen e.V.: www.waldorfschule.de
European Council for Steiner Waldorf Education (ECSWE): www.ecswe.net
Freie Waldorfschule Böblingen: www.ws-bb.de
Internationale Assoziation für Waldorfpädagogik in Mittel-Osteuropa und weiter östlich liegenden Ländern (IAO): www.waldorfschule.de
Internationale Vereinigung der Waldorfkindergärten e.V.: www.waldorfkindergarten.de
Internationale Waldorfbewegung: www.freunde-waldorf.de
Landesarbeitsgemeinschaft der Freien Waldorfschulen in Baden-Württemberg: www.waldorf-bw.de
Pädagogische Sektion am Goetheanum in Dornach (Schweiz): www.paedagogik-goetheanum.ch
Studienfach Waldorfpädagogik: www.waldorfpaedagogik-studieren.de
Verlag Freies Geistesleben: www.geistesleben.de
Zeitschrift *Erziehungskunst*: www.erziehungskunst.de

4

INTERVIEW MIT ANDREAS SCHLEICHER ÜBER DIE SCHULLANDSCHAFT DEUTSCHLANDS

»Es geht darum, das Potenzial aller Schüler zu mobilisieren und zu erkennen, dass gewöhnliche Schüler außergewöhnliche Fähigkeiten haben, aber unterschiedlich lernen.«

Andreas Schleicher ist Direktor für Bildung bei der OECD (Organisation for Economic Co-Operation and Development) und internationaler Koordinator von PISA (Programme for International Student Assessment). Im folgenden Interview mit Lucinde Hutzenlaub wird die Meinung Schleichers zum deutschen Bildungssystem und zu den Aufgaben von Schulen im Bildungsprozess jedes Kindes deutlich.

Wie hat sich die Schullandschaft in Deutschland in den letzten Jahren verändert, verbessert oder verschlechtert?
»Da gibt es mehrere Punkte. In Deutschland ist das frühkindliche Lernen mittlerweile gut etabliert. Das bietet die Chance, soziale Herausforderungen auszugleichen, aber auch Talente möglichst schon in den ersten Lebensjahren zu finden und zu fördern. Das ist ein wichtiger Beitrag zu mehr Chancengerechtigkeit. Darüber hinaus hat sich auch an den Schulen viel getan – bei der Lehrerfortbildung etwa oder im Bereich der Schulautonomie. Wichtig auch:

Deutschland hat mit den nationalen Bildungsstandards klare Zielvorstellungen entwickelt, die für alle 16 Bundesländer gelten. Das ist von sehr großer Bedeutung. Auch der Umstand, dass diese Standards sich an Kompetenzen orientieren, ist ein enormer Fortschritt. Es geht nicht mehr nur um Wissensvermittlung, sondern um die Frage: Was können Schülerinnen und Schüler mit ihrem Wissen anfangen?«

Wieso überhaupt Privatschule?
»Privatschulen können die Bildungslandschaft bereichern. Letztlich müssen sich alle Schulen daran messen, was sie als selbstständige und pädagogisch verantwortliche Einheiten leisten können, die den individuellen Lernfortschritt in den Mittelpunkt stellen und Verantwortung für ihre Ergebnisse übernehmen.«

Ist jede Schule für jede Schülerin und jeden Schüler geeignet?
»Nicht unbedingt, aber grundsätzlich sollten wir an Schulen höhere Erwartungen stellen, was den konstruktiven Umgang mit einer vielfältigen Schülerschaft anbelangt. Dazu müssen sie Lehrer und anderes Personal kreativ und flexibel einsetzen und neue Technologien wirksam nutzen, um verschiedene Lernwege und Lernstile individuell zu unterstützen. Es geht darum, das Potenzial aller Schülerinnen und Schüler zu mobilisieren und zu erkennen, dass gewöhnliche Schüler außergewöhnliche Fähigkeiten haben, aber unterschiedlich lernen.«

Viele kritisieren PISA und betonen, dass Intelligenz, Bildungsniveau und vielerlei Talente damit nicht gemessen werden können. Wie halten Sie dagegen?
»Das ist richtig, bei PISA stehen vor allem Grundfähigkeiten im Vordergrund, wie zum Beispiel Lesefähigkeit, Problemlösen, Kreativität oder kritisches Denken, die die entscheidenden Voraussetzungen für anspruchsvolle Lernprozesse sind. Das ist sicher nur ein kleiner Teil

dessen, was im Leben wichtig ist. Aber umgekehrt gilt auch, dass das Fehlen mathematischer Fähigkeiten nicht unbedingt auf den Überfluss an sozialen Fähigkeiten schließen lässt, die bei PISA noch nicht gemessen werden können.«

Was sollten Eltern über die Schulwahl hinaus tun, um ihre Kinder gut auf die Berufswahl und das Leben nach der Schule vorzubereiten?
»Der Punkt ist, dass sich die Anforderungen an moderne Bildungssysteme drastisch verschoben haben. In der Vergangenheit konnten Schulen davon ausgehen, dass das Wissen, das sie vermitteln, für ein Arbeitsleben ausreicht. Heute ist es unverantwortlich, einer Schülerin oder einem Schüler eine Arbeit auf Lebenszeit zu suggerieren. Je mehr Menschen Eigenverantwortung für ihre Karriereplanung sowie wirtschaftliche und soziale Absicherung übernehmen müssen, umso mehr müssen wir erwarten, dass Schulen Schülern helfen, sich in einer sich immer schneller verändernden Welt zurechtzufinden; sie auf Berufsfelder vorbereiten, die wir heute noch nicht kennen, ihnen helfen, Technologien zu nutzen, die erst morgen erfunden werden, und strategische Herausforderungen zu bewältigen, von denen wir heute noch nicht ahnen, dass es sie gibt. Was heute zählt, ist die Motivation und Fähigkeit der Menschen, ihren eigenen Horizont in einer sich ständig verändernden Gesellschaft jeden Tag zu erweitern. Da leisten Eltern einen ganz entscheidenden Beitrag. Im PISA-Vergleich zeigte die tägliche Frage der Eltern an ihre Kinder, wie die Schule war, einen stärkeren Zusammenhang mit dem Bildungserfolg als das Einkommen der Eltern. Also, es geht nicht primär um meinen eigenen Bildungshintergrund oder Wohlstand, sondern darum, meinen Kindern zu zeigen, dass mir Bildung wichtig ist.«

Wenn Sie sich eine perfekte Schule zusammenstellen dürften – Geld spielte keine Rolle –, wie würde diese aussehen?
»Im Mittelpunkt stehen Unterrichtsstrategien, die an die Schülerinnen und Schüler hohe Erwartungen stellen, die sie in Lernprozesse

einbinden. Dazu braucht jeder Schüler und jede Schülerin die Chance, sich tagtäglich mit dem gesamten Spektrum der Leistungsvielfalt auseinanderzusetzen. Traditionell erfolgte der Zugang zum Lernen durch den Lehrer oder die Lehrerin, der beziehungsweise die Wissen vermittelt. Die Zukunft braucht aber Lehrer und Lehrerinnen als Experten, die Schüler und Schülerinnen begleiten und dabei unterstützen, durch eigenständiges Denken und Handeln selbstständig und kooperativ zu lernen. Es geht um Kreativität und Erfindungsreichtum anstelle von Konformität, um Lernzentrierung anstelle von Lehrplanzentrierung, um erarbeitetes Wissen anstelle von vermitteltem Wissen.

Traditionell lernt der Schüler beziehungsweise die Schülerin für sich. In der Gesellschaft immer entscheidender wird aber die Fähigkeit, gute und tragfähige Beziehungen aufzubauen, in Teams zu arbeiten, mit Konflikten umzugehen und sie zu lösen, uns in pluralistischen Gesellschaften konstruktiv einzubringen. Die Zukunft braucht deswegen Lehrer und Lehrerinnen, die Lernende dazu befähigen, miteinander und voneinander zu lernen. Auch hierfür ist der konstruktive Umgang mit Verschiedenheit, nicht die Aufteilung von Schülern und Schülerinnen auf vorgegebene Schulformen eine entscheidende Voraussetzung.

Traditionell benutzen wir Klassenarbeiten und Zensuren zur Kontrolle, etwa um Leistungen zu zertifizieren und den Zugang zu weiterer Bildung durch verschiedene Schulformen zu rationieren. Was erfolgreiche Bildungssysteme heute aber auszeichnet, sind motivierende Leistungsrückmeldungen, die Vertrauen in Lernergebnisse schaffen, mit denen Lernpfade und Lernstrategien individuell entwickelt und begleitet werden können.

Schließlich ist die Schule heute eine von mehreren Lernumgebungen. Es geht nicht mehr allein darum, den Schüler und die Schülerin zur Schule zu bringen, sondern darum, das Lernen und die Lernumgebung zum beziehungsweise zur Lernenden zu bringen,

Lernen als Aktivität aufzugreifen, nicht als Ort. Dazu brauchen Lehrer und Lehrerinnen wirksame Unterstützungssysteme für ihre tägliche Arbeit. Viele hochqualifizierte und motivierte Menschen brauchen ein Arbeitsumfeld, das Perspektiven für Entwicklung und Kreativität bietet, sich durch mehr Differenzierung im Aufgabenbereich, bessere Karriereaussichten, eine Stärkung der Verbindungen zu anderen Berufsfeldern und mehr Verantwortung für Lernergebnisse auszeichnet. Ein Arbeitsumfeld, in dem die Schule Lernorganisation wird, mit einem professionellen Management.«

5
»HILF MIR, ES SELBST ZU TUN!« – MONTESSORI-SCHULEN

Hendrik Lambertus

Was haben bunte Holzperlen mit Mathematik zu tun? Eine ganze Menge. Mit diesem Material üben sich die Schülerinnen und Schüler an Montessori-Schulen im Rechnen. Dabei geht es mitnichten nur darum, die Perlen als Hilfsmittel abzuzählen. Durch ausgefeilte Techniken erlaubt das Perlenmaterial höchst komplexe Rechenvorgänge bis hin zum Ziehen von Kubikwurzeln. Die freie Arbeit mit anschaulichem Material bildet eine Grundlage der Montessori-Pädagogik.

Die Bandbreite der Umsetzung an den einzelnen Schulen ist dabei riesig. Vielleicht gibt die Schule klassischen Unterricht und die wunderschönen Perlen, Buchstaben und sonstigen Materialien werden nur gelegentlich ergänzend eingesetzt. Vielleicht setzt die Schule Montessoris Konzept aber auch konsequenter um und arbeitet daran, jungen Menschen den Raum zum echten selbstbestimmten Lernen zu geben.

5.1 Ein Tag an der Montessori-Schule in Syke

Charlotte, eine etwa achtjährige Grundschülerin, hockt auf dem Boden, gebeugt über mehrere Holzbrettchen mit vielen kleinen, runden Vertiefungen. Sie greift immer wieder in Schalen, die oberhalb der Brettchen stehen, und verteilt bunte Perlen in die Vertiefungen. Gelegentlich nimmt sie sich ein Plastikröhrchen mit weiteren Perlen aus einem Ständer und leert es in eine der Schalen.

Das Spiel mit den Perlen hat einen tieferen Sinn. Die Schülerin arbeitet mit der sogenannten Apotheke, einem absoluten Klassiker unter den Montessori-Materialien. Der Name kommt daher, dass die Perlen wie Pillen in den Röhrchen aufbewahrt werden. Man kann mit ihrer Hilfe ausrechnen, wie viel 7.563.781 durch 2593 ergibt. Ohne Stift und Papier und ohne einen IQ jenseits der 130. Die griffigen Holzmaterialien hat Charlotte vor sich auf einem kleinen Teppich auf dem Boden ausgebreitet. Sie schaut kaum davon auf und ist ganz auf die Welt innerhalb der Teppichgrenzen fokussiert. Von dem Erstklässler, der neugierig ihr Tun beobachtet, lässt sie sich nicht stören.

Solche Lernoasen sind überall im Matheraum der bilingualen Montessori-Schule in Syke verteilt: Kinder vor Teppichen mit verschiedenen Materialien und Kinder an Tischen, die allein oder zu zweit in ihre Aufgaben vertieft sind. Es ist Freiarbeitszeit, das Kernstück der Montessori-Pädagogik. Zwischen 7.45 Uhr und 8.15 Uhr kommen die Kinder in ihren Lernräumen an, werden von einer Lernbegleiterin begrüßt und starten mit ihrer Arbeit. Gerade holt sich ein weiteres Kind einen Teppich, sucht sich einen freien Platz, breitet den Teppich aus und nimmt sich dann diverse geometrische Körper aus einem Regal, mit denen es sich anschließend beschäftigt.

Der Raum ist gemütlich eingerichtet. Es gibt einen herrlichen alten Kachelofen und eine Hochebene, auf die man sich zurückziehen kann. Die Fenster schauen hinaus in den Schulgarten mit der Kräuterspirale. In Regalen ringsum an den Wänden sind einladend die Materialien drapiert und warten darauf, von Kinderhänden gegriffen zu werden.

Die Schülerinnen und Schüler sind mit Hausschuhen unterwegs. Auf einem Tablett stehen Wassergläser für alle bereit, beschriftet mit selbst gebastelten Namensanhängern. Die Atmosphäre ist familiär. Immer wieder steht jemand auf, um einen Schluck zu trinken oder einen Bleistift anzuspitzen. Niemand muss dafür um Erlaubnis fragen. Das altersgemischte Lernteam umfasst Kinder der Klassenstufen eins bis vier. Die verschiedenen Altersgruppen gehen ohne Scheu miteinander um.

Nicht jeder findet sofort ins Tun. Gerade streift Guido, ein hochgewachsener Junge, rastlos durch den Raum, schlenkert mit den Armen, schlittert ein wenig auf dem Parkett herum. Er lässt den Blick über die Regale schweifen, scheint nichts Passendes für sich zu finden und schlurft dann nach nebenan in den Sprachraum. Auch hier gibt es Regale mit Materialien, diesmal zu Themen aus den Bereichen Deutsch und Englisch. Ein kleiner Wintergarten mit Sofa und Büchersammlung lädt zudem zum Lesen ein. Die Schule ist in einem alten Fachwerkhaus am Waldrand untergebracht, das viele schöne Ecken als Lernorte anbietet.

Der sechsjährige Torben sitzt an einem Tisch. Vor ihm aufgereiht liegen einige kleine Gegenstände: unter anderem eine Schere, ein Playmobil-Busch und ein Puppenschal. Der Junge nimmt sich einen mit dem Wort »Schal« bedruckten Zettel, sieht ihn sich konzentriert an und legt den Zettel dann zielsicher unter einen der Gegenstände.

Das Material entstammt einer der Lesedosen, das sind kleine Schächtelchen, von denen im Regal mehrere Dutzend zur Auswahl stehen. Sie sind nach Schwierigkeitsgrad geordnet und reichen von einfachen, lautgetreuen Worten bis hin zu Gegenständen mit verschiedenen Buchstabenverbindungen wie »ie« oder eben »sch«, wobei für jede Besonderheit eine eigene Lesedose reserviert ist. Eine der Dosen ist mit leicht tänzelnden Blockbuchstaben als »schwierige Lesedose« beschriftet, sie wurde von den Kindern selbst erstellt.

Guido schaut dem Erstklässler kurz zu, dann geht er, vorbei an zwei Mädchen, die über einem Puzzle von Europa brüten, einen Raum weiter in den Kosmischen Bereich. Dort liegen in den Regalen Tabletts mit einfachen Experimenten zu verschiedenen naturwissenschaftlichen Themen bereit: Was passiert, wenn man eine Filmdose mit Essig und einer Brausetablette füllt? Das Experiment ist bei den Schülern beliebt, weil man es besser im Freien ausprobiert. Auch die übrigen Bücher und Materialien beschäftigen sich mit der Natur. Guido streift noch ein wenig herum und wird schließlich von einer Lernbegleiterin angesprochen, die ihm Vorschläge macht: »Vielleicht möchtest du mit einer Rechtschreib-Kartei arbeiten? Oder lieber ein Material über Tiere im Winter?«

Doch Guido entscheidet sich für etwas Praktisches und übt schließlich mit einem Schleifenrahmen das Schleifenbinden. Die Lernbegleiterin wendet sich einem anderen Kind zu. Mal gibt sie Unterstützung, wenn jemand nicht weiterweiß, mal hilft sie dabei, eine passende Lernaufgabe zu finden, oder gibt eine Einführung in die Benutzung eines Materials.

Jedes Kind sucht sich selbstständig eine Beschäftigung. Es gibt keine Tafel, keine Sitzreihen, keinen Zwang, sich zu einer bestimmten Zeit einem bestimmten Thema zuzuwenden. Die Räume sind mit verstreuten Tischen und Sitzgruppen als Arbeitsplätze eingerichtet, daneben lockt jede Menge freie Bodenfläche.

Linus sitzt über einem Mathe-Material und singt vor sich hin: »Wie viele sind das, wie viele sind das?« Dazu wird rhythmisch getrommelt, bis ihn schließlich eine Lernbegleiterin freundlich ermahnt, etwas leiser zu rechnen. In den Lernräumen ist Ruhe angesagt. Wer davon eine Pause braucht und sich etwas lebhafter unterhalten möchte, kann zum Frühstücken in den Essraum am Ende des Gebäudes gehen. Es gibt keine verbindliche Frühstückszeit für alle, die Kinder melden sich einzeln ab und gehen rüber, wenn ihnen nach Frühstück zumute ist. Auch die Schülerinnen und Schüler der Sekundarstufe (momentan Klasse fünf bis neun), die im Obergeschoss untergebracht ist, nutzen den Essraum. Hier begegnen sich die verschiedenen Lerngruppen im Schulalltag. Die Jugendlichen bilden ebenfalls altersgemischte Teams.

In den Räumen der Basisstufe geht inzwischen eine Lernbegleiterin herum und lädt Kinder zu einem Lernangebot über Geometrie ein. Sechs oder sieben Kinder haben Lust, Charlotte geht lieber frühstücken. Schließlich setzt sich die Geometrie-Gruppe im Kreis auf den Boden. Die Kinder sind ausgerüstet mit Klemmbrettern und Schreibzeug. Als Einleitung wird eine Geschichte von zwei Bauern erzählt, die sich über die Größe ihrer benachbarten Äcker uneinig sind. Was kann man da tun? Abgehen und Schritte zählen? Beim Ausprobieren wird den Schülerinnen und Schülern schnell klar, dass das bei ungleichen Beinlängen zu ungerechten Ergebnissen führt. Was also dann? Genormte Maße müssen her! Und so beginnt die Reise in die Welt der Flächenberechnung. Die Kinder sammeln eigene Beispiele, wofür man solche Rechnereien praktisch gebrauchen kann: wenn man einen Teppich in einem Zimmer auslegen möchte oder wenn man wissen muss, ob ein Schrank in eine bestimmte Ecke passt. Schon bald probieren sie es selbst aus und zeichnen die Grundrisse von ausgedachten Zimmern, deren Fläche sie dann berechnen. Einige haben danach erst einmal genug, andere wollen es noch praktischer und ziehen mit Maßbändern und Zollstöcken los, um alles Mögliche in den Lernräumen auszumessen. Ein Junge berechnet erst die Fläche eines Tischchens und will es dann doch etwas größer angehen: Draußen gibt es doch auch den Schulhof ... Zusammen mit einem Mitschüler zieht er sich wetterfest an. Anschließend kann man die beiden lange dabei beobachten, wie sie über den Hof streifen, den Zollstock anlegen und mit diversen unregelmäßigen Ecken und

Winkeln kämpfen. Muss man die Treppenstufen wirklich von der Hoffläche abziehen?

Langsam geht die erste Lernzeit ihrem Ende entgegen. Es folgt ein feststehender Tagesordnungspunkt: das gemeinsame Tagesmeeting der Basisstufenkinder. Die Schülerinnen und Schüler wuseln los und bauen in einem großen Nebenraum einen Kreis aus Hockern auf. Hier nehmen alle gemeinsam Platz.

Auf ein Eröffnungslied, das mit der Gitarre begleitet wird, folgt eine Erzählrunde, in der alle vom Wochenende berichten dürfen, denn es ist Montagvormittag. Manche erzählen ausführlich von Familienaktivitäten und Spielnachmittagen bei Freundinnen und Freunden, andere reichen den Moderations-Stein einfach nur weiter.

»I went horse riding because the weather was nice«, berichtet eine junge Lernbegleiterin. Gemäß dem bilingualen Konzept der Schule redet sie ausschließlich Englisch mit den Kindern. Ein paar ältere Schülerinnen wetteifern darum, übersetzen zu dürfen. Es gibt einige Unklarheiten, ob das Wetter beim Reiten jetzt gut war oder nicht. Die Kinder können es selbstständig klären.

Anschließend werden organisatorische Dinge besprochen und offene Konflikte unter den Kindern geklärt, die die ganze Gruppe betreffen. Ein Junge weist darauf hin, dass nervige Pferdegeräusche in der Lernzeit zu unterlassen sind.

Die Lernbegleiterinnen verkünden, dass noch Wünsche für das Sportangebot am nächsten Tag eingereicht werden können. Dann wird das Meeting beendet und die Draußenzeit beginnt.

Die Kinder haben nun Gelegenheit, sich auf dem Außengelände auszutoben. Dabei verwalten sie ihre Zeit selbstständig und tragen die Uhrzeit des Rausgehens auf einem Zettelchen ein, damit sie rechtzeitig für die zweite Lernzeit wieder zurück sind. Draußen gibt es einen gepflasterten Hof, eine Rasenfläche und einen großen Sandhaufen. Durch die Büsche am Rand führen verschlungene

Pfade. Auf den ersten Blick kein großes Angebot, man sieht keine Spielgeräte. Doch die Kinder machen sich den Raum schnell zu eigen und füllen ihn mit ihren Spielideen. Auch die Schülerinnen und Schüler der Sekundarstufe kommen nach draußen und mischen sich beim Spielen unter die Jüngeren. Obwohl der Rasen regenmatschig ist, geht es laut und lebhaft zu. Kinder verschiedenen Alters sind in ein kompliziertes Fangspiel vertieft, dessen Regeln nicht leicht zu durchschauen sind, während in der Nähe gerade ein Pferdchen eine Meinungsverschiedenheit mit der Reiterin austrägt.

Schließlich schlüpfen viele ausgepowerte Kinder aus ihren Regensachen und strömen zurück in die Lernräume. Der Boden des Matheraumes ist inzwischen von einem regelrechten Labyrinth aus Teppichen bedeckt, auf denen die Kinder ihre verschiedenen Materialien ausgebreitet haben.

»Can you show me your exercise?«, heißt es im Matheraum. Durch die englischsprachige Lernbegleiterin fließt die Fremdsprache auch in alle anderen Bereiche mit ein.

Immer wieder haben Kinder Fragen zu ihren Tätigkeiten. Wenn mal mehrere zugleich Unterstützung brauchen, helfen hölzerne Wäscheklammern: Die Kinder haben die Klammern mit ihren Namen beschriftet und heften sie bei Bedarf an ein Stück Filz an der Wand, das mit einem großen Fragezeichen verziert ist. Dann können sie sich sicher sein: Eine Lernbegleiterin wird zu ihnen kommen, sobald es ihr möglich ist.

Den Abschluss der zweiten Lernzeit bildet die Dokumentation. Alle Kinder tragen in Tabellen ein, was sie heute gemacht haben, und heften die Blätter dann in Mappen ab, für die sie schöne Deckblätter gestaltet haben. Auch die Ergebnisse der heutigen Arbeit werden gesichert, im Fach des Kindes archiviert oder in einen Ordner geheftet, in welchem das Kind seine Lernentwicklung dokumentiert. Dann müssen die im Raum verteilten Materialien aufgeräumt werden. Es ist auch möglich, ein Material mit einem Namensschild über Nacht zu »parken«, wenn das Kind am nächsten Tag direkt damit weiterarbeiten möchte.

Schließlich stehen die Dienste für die Gemeinschaft an: Manche Kinder fegen die Räume durch, andere kümmern sich um die Toiletten, den Müll oder schauen im Essraum nach dem Rechten. Die Dienste wechseln wöchentlich nach einem rotierenden System.

Der Schultag endet mit einem Spiel im Abschlusskreis. »Uuund tschüss!«, brüllen schließlich alle in den Kreis und reißen dabei die Arme hoch. Dann strömen die Kinder zur Garderobe, um sich für den Heimweg anzuziehen. Viele haben gerötete Wangen. Sie wirken erschöpft, aber erfüllt.

5.2 Zur Geschichte

Am 10. Juli 1896 verteidigte eine junge Frau an der Universität Rom ihre Doktorarbeit im Fach Medizin. Sie bestand die Prüfung glänzend und wurde damit Italiens erste Ärztin. Ihr Name, Maria Montessori, wird heute nicht nur mit dieser Pionierleistung in Verbindung gebracht, sondern vor allem auch mit einem der weltweit einflussreichsten Konzepte der Reformpädagogik.

Durch ihre Arbeit in der Kinderpsychiatrie entwickelte Montessori zunehmend auch pädagogisches Interesse und betrieb umfangreiche Studien auf diesem Gebiet. Dabei erstellte sie diverse heilpädagogische Materialien für den Sprach- und Mathematikunterricht. 1907 eröffnete Montessori die Casa dei Bambini (Haus der Kinder), eine Tagesstätte für Kinder aus sozial schwachen Familien. Hier setzte sie die von ihr konzipierten Materialien außerhalb des therapeutischen Bereichs ein und konnte überwältigende Lernerfolge bei den Kindern beobachten. Diese Erfahrungen bildeten die Grundlagen für das umfassende Konzept der Montessori-Pädagogik, das sie in den Folgejahren weiterentwickelte.

Die neue Methodik wurde vielerorts mit großem Interesse aufgenommen. In vielen Ländern bildeten sich Montessori-Gesellschaften und Montessori-Schulen wurden gegründet. Bis heute ist Maria Montessoris Ansatz eine zentrale Säule der Reformpädagogik, auf den auch andere pädagogische Richtungen gern in Teilen zurückgreifen.

5.3 Das pädagogische Konzept

Die Montessori-Pädagogik betrachtet das Kind als den »Baumeister seiner selbst«. Das bedeutet, dass jeder Mensch sich in seinem eigenen Rhythmus nach einem inneren Bauplan entwickelt. Die Lust am Lernen und am Ausprobieren von neuen Dingen ist Teil des Bauplans. Darum seien vorgegebene Lernziele von außen unnötig und oftmals sogar schädlich für die Entwicklung. Stattdessen soll den Kindern Raum gegeben werden, nach ihren eigenen Vorstellungen das zu lernen, was für sie gerade dran ist. Die Motivation geht dabei ganz vom Kind aus. Auf künstliche Anreize wie Lob oder Bestrafung wird bewusst verzichtet.

Dabei wird davon ausgegangen, dass es in der kindlichen Entwicklung gewisse sensible Phasen gibt, in denen das Kind für bestimmte Themen besonders empfänglich ist. Es ist Aufgabe der Pädagoginnen und Pädagogen, zu beobachten, wofür das Kind gerade besonders »sensibilisiert« ist, und es bei seinen Erkundungen auf diesem Gebiet zu unterstützen. So hat Montessori beispielsweise festgestellt, dass Kinder im Alter von circa vier bis fünf Jahren oft ein besonderes Interesse an Buchstaben zeigen und sehr leicht lesen und schreiben lernen, wenn sie dabei angemessen unterstützt werden. Bei Montessori bedeutet das vor allem: wenn sie eine Umgebung vorfinden, die auf ihre aktuellen Lernbedürfnisse ideal abgestimmt ist.

Die vorbereitete Umgebung

Eine Entwicklung des Kindes von innen heraus setzt eine vorbereitete Umgebung voraus, die nach seinen Bedürfnissen eingerichtet ist. Also keine Klassenräume mit Tafel und Sitzreihen, sondern offene Räumlichkeiten, in denen sich das Kind frei bewegen und eine passende Lerntätigkeit für sich finden kann. Alles muss nach den Maßstäben des Kindes eingerichtet sein: leichte Kindermöbel, die es selbst bewegen kann, und Regale, in denen alles auf seiner Augenhöhe so klar und ansprechend angeordnet ist, dass es die Ordnung durchschauen und sich gut orientieren kann. Die Pflege der Umgebung erfolgt durch Kinder und Erwachsene gemeinsam. Es gehört zu den Grundprinzipien der Montessori-Pädagogik, mit dem Material achtsam umzugehen und die Umgebung sorgfältig aufzuräumen. Die äußere Klarheit ist Voraussetzung für die Klarheit der inneren Lernprozesse.

Zentraler Bestandteil der vorbereiteten Umgebung sind Lernmaterialien, die den Kindern die Lernmöglichkeiten eröffnen, die gerade ihren Interessen entsprechen. Die Materialien sind für das Selbststudium ausgelegt. Die Schülerinnen und Schüler haben die freie Wahl, mit welchem Material sie sich beschäftigen möchten, und sie entscheiden selbstständig, ob sie allein, in Partnerarbeit oder in einer kleinen Gruppe damit arbeiten. Sie bestimmen auch selbst, wie lange sie das Material nutzen möchten, wobei die Regel gilt, dass begonnene Aufgaben nach Möglichkeit beendet werden.

Das Montessori-Material

Auf der Grundlage ihrer Erfahrungen in der Arbeit mit Kindern hat Maria Montessori eine Vielzahl von Lernmaterialien entwickelt, die heute noch verwendet werden. Zudem gibt es in den Regalen der Montessori-Schulen inzwischen auch so einiges, was sich nachfolgende Pädagoginnen und Pädagogen in Montessoris Sinne überlegt haben. Wichtig ist dabei, dass das Material bestimmten Kriterien entspricht.

Zunächst einmal sollte es möglichst attraktiv, hochwertig und anschaulich gestaltet sein, beispielsweise gibt es bunte Perlenstränge als Rechenmaterial oder plastische Sandpapierbuchstaben auf Holzplatten zum Erfühlen für das Lesenlernen. Es soll zur aktiven Beschäftigung motivieren.

Jedes Material hat eine ganz bestimmte Funktion. Es gibt zum Beispiel die besagten Sandpapierbuchstaben zum ersten Kennenlernen der Buchstaben. Etwas kleinere Buchstaben aus Holz hingegen laden zum lautgetreuen Legen eines Wortes ein. Das Kind soll also nicht mit einem neuen Thema im Ganzen konfrontiert werden, sondern wird schrittweise an seine Einzelaspekte herangeführt.

Die verschiedenen Montessori-Materialien haben eine klare Systematik. Das erste Rechnen findet im Allgemeinen mit goldenen Perlen statt, die miteinander addiert oder voneinander subtrahiert werden. Das Kind sieht unmittelbar, was es tut und wie viele Perlen 2753 eigentlich genau sind. Später, wenn das Kind eine Mengenvorstellung entwickelt hat, steigt nach und nach der Abstraktionsgrad. Ein Beispiel: Im sogenannten Markenspiel wird ein Farbcode eingeführt. Grüne Marken stehen für Einer, blaue für Zehner, rote Plättchen für Hunderter, grüne Plättchen wiederum für Eintausender und so weiter. Die Zahl ist zusätzlich auf die Plättchen aufgedruckt. Spätere Materialien haben diese Hilfe nicht mehr. Die Farben werden das Kind die nächsten Schuljahre hindurch begleiten. Sie helfen noch beim Quadrieren und sogar beim Kubieren.

Als besonderen Clou enthalten die Materialien in der Regel eine eingebaute Selbstkontrolle, das heißt, das Kind kann eigenständig und ohne die Hilfe eines Erwachsenen nachprüfen, ob es eine bestimmte Aufgabe richtig gelöst hat. Überhaupt sind Fehler an Montessori-Schulen kein Problem, sondern einfach nur Richtungsweiser, die dem Kind verraten, wo es am besten weiterarbeiten sollte.

Die Unabhängigkeit vom Urteil Erwachsener ist ein wichtiger Bestandteil der Pädagogik.

Jedes Material ist in der Lernumgebung für gewöhnlich nur einmal vorhanden. Dadurch wird zu einem achtsamen Umgang mit dem Material einerseits und den anderen Kindern, die es ebenfalls benutzen möchten, andererseits angeregt.

Kosmische Erziehung

Neben Bereichen wie Sprache oder Mathematik gibt es an Montessori-Schulen in der Regel auch einen Bereich für die Kosmische Erziehung. Wenn man sich dort umschaut, könnte man denken, dass es dabei um eine Umschreibung für Sachunterricht geht: Hier gibt es Lernmaterialien zu Welt und Umwelt, Naturkunde und Naturwissenschaften. Tatsächlich geht das Konzept der Kosmischen Erziehung aber etwas tiefer. Nach Montessori ist der Mikrokosmos des Menschen in den Makrokosmos des Universums eingebunden und steht in einer beständigen Wechselbeziehung zur Natur. Daran soll auch das Lernen der Kinder orientiert sein: Wissen wird in den Kontext des kosmischen Ganzen eingebettet, das Allgemeine bildet einen Rahmen für das Spezielle. Konkret zeigt sich dies etwa in der sogenannten kosmischen Erzählung von der Entstehung der Erde, die die Grundlage für die weiteren naturwissenschaftlichen Materialien und Betätigungen bildet. Stets geht es darum, dass der Mensch ins Ganze der Natur eingebunden ist und dadurch Verantwortung für seine Umwelt trägt.

Freiarbeit und gemeinsames Lernen

Die grundlegende Lernform der Montessori-Pädagogik bildet die Freiarbeit, die es den Kindern ermöglicht, sich in ihrem eigenen Rhythmus mit den Themen zu beschäftigen, die für sie gerade jeweils wichtig sind.

Dabei wird zumeist in altersgemischten Lerngruppen gearbeitet. Durch die Altersdurchmischung können jüngere Schülerinnen und Schüler von den älteren lernen, die wiederum im Umgang mit den »Kleinen« Verantwortung übernehmen. Zudem bieten die gemischten Gruppen den Vorteil, dass die Schülerinnen und Schüler gut in ihrer eigenen Geschwindigkeit lernen können, ohne sich am Maßstab der Gleichaltrigen orientieren zu müssen.

Und wenn sie älter werden? – Montessori in der Sekundarstufe

Wissen Sie, wie man Wurzeln zieht? Die Jugendlichen an so mancher Montessori-Schule brauchen dafür nichts weiter als ein Brett mit vielen kleinen Vertiefungen, das sogenannte Wurzelbrett, und Perlen in den bereits erwähnten Farben Grün, Blau und Rot. Viele Perlen. Legt man diese zu einem bestimmten Muster, ist es ganz einfach, das Ergebnis abzulesen.

Wie weiterführende Schulen arbeiten, hat Montessori weniger deutlich formuliert. Und so ist es an den einzelnen Schulen, zu entscheiden, wie man nach der Grundschule weitermacht.

Ein wichtiger Baustein bleibt die Freiarbeit. Dabei treten die klassischen Montessori-Materialien zunehmend in den Hintergrund, wenn die Jugendlichen immer abstrakter denken und lernen. Das Material kann jedoch nach wie vor wichtige Erfahrungen und Erkenntnisse liefern, über die Erwachsene immer wieder staunen.

Der Erdkinderplan

Für Jugendliche im Alter von etwa zwölf bis fünfzehn Jahren hat Montessori doch etwas hinterlassen: den Erdkinderplan. Nach diesem Ansatz sollen die Jugendlichen während der Pubertät möglichst nah am praktischen Leben arbeiten, um sich in ihre neue Rolle als Bald-Erwachsene einzufinden. Konkret führen sie zusammen mit den Lernbegleiterinnen und Lernbegleitern selbstständig einen Betrieb und arbeiten auf einem Bauernhof, betreiben einen Hofladen und bewirtschaften ein Gästehaus. Neben praktischen Erfahrungen und der Stärkung der Sozialkompetenzen geht es dabei auch darum, sich der Kultur »von der Erde her« auf einer ganz elementaren Ebene der Arbeit auf dem Lande anzunähern – darum die Bezeichnung »Erdkinderplan«. Nach Montessori sind solche Tätigkeiten, in denen Eigenmächtigkeit erfahren werden kann, für die Heranwachsenden in dieser Umbruchsphase wichtiger als eine nahtlose Fortführung der theoretischen Schulbildung.

Einige Montessori-Schulen setzen den Erdkinderplan in der Form einer sogenannten Jugendschule um: Die Schule unterhält ein Außengelände, auf dem sich die Schülerinnen und Schüler im entsprechenden Alter phasenweise aufhalten und praktisch arbeiten. Zuweilen gibt es hier sogar ein Wohnhaus, in dem die Jugendlichen während der Erdkinder-Phase leben.

Projektarbeit

An vielen Montessori-Schulen spielt eigenständige Projektarbeit in der Sekundarstufe eine große Rolle. Schülerinnen und Schüler der Sekundarstufe arbeiten oft über viele Tage bis Wochen hinweg an einem Thema, das sie ganzheitlich und fächerübergreifend unter verschiedenen Gesichtspunkten erforschen.

Die Projektarbeit kann auch die Form von sogenannten Herausforderungen annehmen, bei denen die Jugendlichen sich selbst eine Aufgabe stellen, die sie besonders fordernd finden – etwa eine mehrtägige Wanderung selbstständig zu organisieren oder stylische Gartenmöbel für den Schulhof zu bauen. Irgendetwas, das sie sich bislang noch nicht zugetraut hätten und das sie über ihre bisherigen Grenzen hinauswachsen lässt.

Als weitere Sonderform der Projektarbeit gibt es an manchen Montessori-Schulen für die älteren Schülerinnen und Schüler zudem die Große Praktische Arbeit. Dabei stellt jeder und jede Jugendliche selbstständig ein Werkstück her, mitunter mit der Unterstützung eines Betriebes außerhalb der Schule, sei es nun im Bereich Holzbearbeitung, in der KFZ-Technik oder in einer Konditorei. Dazu schreibt er oder sie eine Dokumentation und stellt die Arbeit anschließend öffentlich vor.

5.4 Die Noten und Abschlüsse

Montessori-Schulen verzichten in der Regel zumindest in den niedrigeren Klassenstufen auf Noten und geben stattdessen Rückmeldung durch regelmäßige Entwicklungsberichte. Denn Bewertungen wie »sehr gut« oder »ausreichend« stellen eine Form von Lob beziehungsweise Tadel dar und somit eine Manipulation von außen, die die innere Motivation des Kindes stört. Die Kinder können sehr wohl selbst beurteilen, ob sie mit ihrer Arbeit zufrieden sind oder ob sie eigentlich mehr hätten schaffen können. Keine Erwachsenen sollten ihnen die Pflicht dieser Urteilsbildung abnehmen.

Es gibt freie Montessori-Schulen, die staatlich anerkannt sind und eigene Abschlüsse vergeben. Andere laufen als genehmigte Schulen mit besonderer pädagogischer Prägung, bei denen die Schülerinnen und Schüler externe Abschlussprüfungen ablegen können. Das hat den Vorteil, dass der Lernstand der Schülerinnen und Schüler nicht jederzeit vergleichbar mit dem Regelschulsystem sein muss (zum Beispiel nur nach der Grundschule und zur mittleren Reife, aber nicht jeweils nach jedem Schuljahr). Dadurch haben die Kinder und Jugendlichen mehr Freiraum, ihrem individuellen Lern- und Entwicklungsrhythmus zu folgen. Die Lernbegleiterinnen und Lernbegleiter unterstützen die Jugendlichen bei der Vorbereitung auf die externen Abschlüsse.

Zudem arbeiten auch manche staatlichen Schulen ganz oder teilweise nach dem Montessori-Konzept und vergeben die regulären Abschlüsse der jeweiligen Schulform. Die genaue Art des Abschlusses hängt von der Schule ab. Viele begleiten die Schülerinnen und Schüler bis zum Hauptschulabschluss oder zur mittleren Reife. Wer das (Fach-)Abitur anstrebt, besucht im Anschluss eine weiterführende Schule. Einige Montessori-Schulen bieten auch eine eigene Oberstufe mit der Möglichkeit, das Abitur zu machen.

5.5 Der Schulwechsel

Bei Montessori-Schulen, die anerkannte Ersatzschulen sind und daher die Vergleichbarkeit der Schülerleistungen gewährleisten müssen, dürfte der Wechsel an eine andere Schule keine Schwierigkeiten bereiten. Der Lernstoff ist vergleichbar.

An genehmigten Montessori-Schulen hingegen kann es durchaus passieren, dass ein Kind in seinem Lieblingsbereich den Schülerinnen und Schülern im Regelschulsystem voraus ist, während es auf anderen Gebieten noch nicht so weit ist. Eine Vergleichbarkeit des Lernstandes ist hier nicht zu jeder Zeit gegeben.

Durch ihre Fähigkeit, sich Themen selbstständig aus innerer Motivation heraus zu erschließen, werden sich Montessori-Schülerinnen und -Schüler jedoch auch im Rahmen einer anderen Schulform rasch in die Lernmaterie einarbeiten können.

Auch der Wechsel von einer Schule des Regelschulsystems auf eine Montessori-Schule ist möglich, wobei es gut sein kann, dass das Kind ein bisschen Zeit braucht, um sich sowohl an die Freiheit als auch an die Verantwortung für das eigene Lernen zu gewöhnen. Wichtig ist dabei eine gewisse Gelassenheit, wenn das Kind zunächst, nach einer Phase der Anpassung, die Grenzen der neuen Freiheit auszutesten versucht und sich gar nicht ums Lernen zu kümmern scheint – das ist normal und geht oft schnell wieder vorbei.

5.6 Die Pädagoginnen und Pädagogen

Die Hauptaufgabe von Montessori-Lehrkräften ist das achtsame und unvoreingenommene Beobachten. Sie haben einen genauen Blick auf die Schülerinnen und Schüler und ihre Entwicklung, ohne sie durch Einmischung in eine bestimmte Richtung zu drängen. Dabei achten sie darauf, inwiefern die Kinder im Lernprozess Unterstützung brauchen, geben Einführungen in die Handhabung der Materialien, halten sich für Fragen und Gespräche bereit und helfen gegebenenfalls auch dabei, eine passende Lerntätigkeit zu finden.

Insbesondere sind sie auch dafür verantwortlich, die vorbereitete Umgebung zu gestalten und dafür zu sorgen, dass die Kinder hier das vorfinden, was sie für ihre Entwicklung brauchen. Darum achten sie genau darauf, in welcher sensiblen Phase sich die Kinder gerade befinden und was sie gerade besonders interessiert. Ein Kind hat in der Hecke vor der Schule ein Nest mit Vogeleiern entdeckt? Dann heißt es, schnell Material bereitzustellen, mit dem die Kinder alles über den Lebenszyklus der Vögel herausfinden können.

Grundlage aller Unterstützung ist die respektvolle und wertschätzende Begleitung des Kindes, das als Experte für sein eigenes Lernen anerkannt wird.

Montessori-Lehrerinnen und -Lehrer absolvieren in der Regel zunächst ein reguläres Lehramtsstudium. Anschließend erwerben sie berufsbegleitend das Montessori-Diplom oder eine andere Montessori-Ausbildung. Entsprechende Kurse werden von verschiedenen Anbietern gestaltet, die frei oder im Rahmen von Montessori-Verbänden arbeiten. Zusätzlich zum Diplom werden auch weitere pädagogische Fortbildungen zu Themen wie »Montessori in der Sekundarstufe« angeboten. Gelegentlich gibt es auch Quereinsteigerinnen und Quereinsteiger im pädagogischen Team, die einen anderen beruflichen Hintergrund mit einer Montessori-Ausbildung kombiniert haben.

5.7 Die Rolle der Eltern

Montessori-Pädagogik lebt davon, dass die Eltern das Konzept mittragen und dem Kind die Freiheit des selbstständigen Lernens geben. Vielleicht kann man ja auch zu Hause einmal ausprobieren, was passiert, wenn man das Tun des Kindes nicht ständig bewertet? Zudem ist es wichtig, dem Kind seinen eigenen Lernrhythmus zuzugestehen – auch dann, wenn man das Gefühl hat, dass gerade eigentlich ganz andere Sachen wichtig wären. Vielleicht betreibt der Sohn seit Monaten hingebungsvoll Deutsch, schreibt eigene Geschichten und lässt Mathe komplett links liegen. Oder die beste Freundin an der städtischen Grundschule hat bereits eine ganz ordentliche Rechtschreibung, während die eigene Tochter immer noch fantasievoll nach Gehör schreibt und lieber mit Zahlen jongliert. Dann heißt es stark sein und das Kind einfach machen lassen, ohne zu vergleichen. Das Kind wird sich die diversen wichtigen Fertigkeiten mit der Unterstützung der Lernbegleiterinnen und Lernbegleiter aneignen, wenn es an der Zeit ist. Vertrauen ist hier ein wichtiges Schlüsselwort.

Zudem brauchen freie Schulen Eltern, die sich einbringen, um das gemeinsame Projekt mit Leben zu füllen. Vielleicht gestaltet man an Bau-Samstagen gemeinsam das Schulgelände, während die Kinder mithelfen oder miteinander spielen. Vielleicht unterstützt man die Schule auch, indem man die Frühstückszeit der Kinder betreut, sich in einem Arbeitskreis für Öffentlichkeitsarbeit engagiert oder mal ein Lernangebot zu einem eigenen Lieblingsthema gestaltet. Es gibt viele denkbare Arten, sich je nach den zeitlichen und sonstigen Möglichkeiten in eine lebendige Schulgemeinschaft einzubringen.

5.8 Finanzierung

Bei Montessori-Schulen in staatlicher Trägerschaft fallen keine besonderen Kosten an. Schulen in freier Trägerschaft hingegen sind auf einen Elternbeitrag in Form von Schulgeld angewiesen, um bestehen zu können. Die Höhe dieses Beitrags kann je nach Schule und Rahmenbedingungen sehr verschieden ausfallen. Hier ist es unerlässlich, sich konkret vor Ort zu informieren. In der Regel sind freie Montessori-Schulen aber darum bemüht, allen interessierten Kindern den Schulbesuch zu ermöglichen, indem sie zum Beispiel das Schulgeld abhängig vom Einkommen der Eltern staffeln.

5.9 Was noch zu erwähnen wäre

Montessori-Schulen können als anerkannte oder genehmigte Privatschulen arbeiten oder sich in staatlicher Trägerschaft befinden. Manche fußen ganz auf dem Konzept der Freiarbeit, andere setzen sie nur ergänzend zu anderen Lernformen ein. Allein an der Bezeichnung »Montessori« ist nicht zu erkennen, wie genau und wie konsequent die Pädagogik Maria Montessoris umgesetzt wird. Die Bandbreite der verschiedenen Ansätze ist hier riesig. Eine übergeordnete Vereinigung, der sich alle Montessori-Schulen angeschlossen hätten und die verbindliche Qualitätsstandards sichert, gibt es nicht. Interessierte Eltern sollten auf jeden Fall einen näheren Blick auf das Schulkonzept werfen und/oder um einen Hospitationstermin bitten.

5.10 Dafür und Dagegen

Häufig ist es ein wahres Geschenk für das Familienleben, dass es an Montessori-Schulen in der Regel keine Hausaufgaben gibt, die den Nachmittag belasten. Zudem lagert das Lernmaterial zum größten Teil in der Schule. Es müssen also keine schweren Bücher im Rucksack hin- und hergeschleppt werden. Das bedeutet allerdings auch, dass Eltern nicht einfach so im Hausaufgabenheft nachschlagen können, womit sich das Kind gerade beschäftigt. Eltern wie Lehrkräfte verzichten auf Kontrolle und übergeben die Verantwortung für die Lerntätigkeit bewusst an das Kind.

Mitunter ist es allerdings gar nicht so einfach, selbst entscheiden zu müssen, was man tun soll. Manche Kinder können, je nach Typ und Lebensphase, damit überfordert sein, eigene Lernziele zu finden, sich selbst zu motivieren und das Lernen selbstständig zu organisieren. Das eine oder andere Kind weiß eine klare, von außen vorgegebene Struktur auch zu schätzen. In solchen Fällen ist eine Montessori-Schule vielleicht nicht die naheliegende Wahl.

Für andere Kinder ist es eine Befreiung, ohne Leistungsdruck von außen lernen zu dürfen, möglichst unabhängig vom Urteil Erwachsener, in ihrem eigenen Rhythmus und orientiert an den ganz persönlichen Lernbedürfnissen.

Es ist natürlich ein großer Gewinn für das gesamte spätere Leben, wenn ein Kind Gelegenheit hat, in einem geschützten Rahmen das selbstständige Lernen und Arbeiten ausgiebig zu leben. Es kann herausfinden, mit welchen Lernformen es am besten zurechtkommt, und sich dabei gleichzeitig im sozialen Miteinander üben. Themen können projektartig erarbeitet werden, mit so viel Zeit, wie es eben braucht, und in einer Tiefe, die an staatlichen Schulen oft nicht annähernd erwartet wird. Es gibt wohl kaum eine bessere Vorbereitung auf die Herausforderungen der Zukunft, als selbstständig und motiviert lernen zu können. Das Ergebnis sind eigenständige und selbstbewusste Kinder, die ihre Stärken und Schwächen hervorragend selbst einschätzen können.

Literaturtipps

Montessori, Maria (2008): *Kinder sind anders.* 24. Auflage. dtv.

Raapke, Hans-Dietrich (2001): *Montessori heute.* Rowohlt.

Links

Deutsche Montessori-Vereinigung: www.montessori-vereinigung.de

Montessori Dachverband Deutschland e.V.: www.montessori-deutschland.de

6

INTERVIEW MIT CLAUS-DIETER KAUL ÜBER DIE ALTERNATIV-SCHULLANDSCHAFT IN BEWEGUNG

»Die Freien Alternativen Schulen müssen noch immer beweisen, was sie können.«

Claus-Dieter Kaul ist Leiter der Akademie Montessori Biberkor. Der Grund-, Haupt- und Realschullehrer und langjährige Montessori-Pädagoge bildet seit 1988 Pädagogen und pädagogisch interessierte Eltern aus und fort und war unter anderem schon in den USA, Skandinavien, Irland und Indien tätig. Im folgenden Interview mit Petra Plaum verrät Kaul, warum auch in Freien Alternativen Schulen nicht immer alles rund läuft und was viele jetzt schon besonders gut machen.

Was sind Ihrer Auffassung nach die Chancen freier Schulen im Vergleich zu Regelschulen?
»Viele freie Schulen bieten den Vorteil, dass die Kinder ohne den Druck der Noten lernen. Wir müssten längst überall die Noten abgeschafft haben, weil wir einen ganz anderen Leistungsbegriff haben als früher und wissen, dass Noten nicht abbilden, was eine Schülerin oder ein Schüler kann.

Ein weiterer Pluspunkt dieser Schulen ist, dass Kinder in der Regel mehr Zeit bekommen, um sich zu entwickeln, als das in öffentlichen Schulen üblich ist. Es heißt nicht: ›In vier Wochen muss ich dieses und jenes beherrschen, dann wird das Wissen abgefragt und es kommt ein Häkchen dahinter.‹ Freie Schulen beweisen längst, dass Kinder, obwohl sie keine Noten und keinen Zeitdruck gehabt haben, am Ende doch ihre Prüfungen an staatlichen Schulen bestehen können. Es ist heute selbstverständlich, dass Schülerinnen und Schüler nach zehn, elf, zwölf Jahren in freien Schulen in Prüfungen gehen und sagen können: ›Wir zeigen euch jetzt, was wir gelernt haben!‹ Dann machen sie ihre mittlere Reife, ihr Abitur oder einen anderen Abschluss.

Allgemein wissen viele freie Schulen heute um den hohen Bildungsanspruch, den sie gewährleisten müssen – die Freiheit steht an erster Stelle, doch die Qualität der Bildung muss auch stimmen. Am Anfang war das anders, da war der Anspruch der freien Schulen vor allem, alles ganz anders zu machen als die öffentlichen Schulen. Über die Jahre ist aber die Konkurrenz größer geworden und die Freien Alternativen Schulen haben gemerkt, dass sie eine klare Struktur finden müssen. Darum werden die Mitarbeiterinnen und Mitarbeiter der Schulen auch immer häufiger zu Fortbildungen geschickt, zum Beispiel zu Montessori-Schulungen bei mir, um das didaktische Konzept mitentwickeln zu können.

Nicht zuletzt gibt es an Freien Alternativen Schulen viele engagierte Lehrkräfte, die ihren Beruf als Berufung, als Fulltimejob sehen. Die nicht nur auf die Ferien warten, sondern vielmehr dafür sorgen, dass es ihnen und den Kindern während der Unterrichtswochen gut geht. Von ihnen lernen die Kinder Folgendes: Man kann sich einen Arbeitsplatz so gestalten, dass man Freude daran hat. Natürlich findet man solche Lehrkräfte auch an anderen Schulen, aber eben doch öfter an Alternativschulen.«

Welchen Herausforderungen sehen sich die Freien Alternativen Schulen in Deutschland zurzeit gegenüber?

»Eine Herausforderung ist die, dass die freien Schulen in der Öffentlichkeit noch immer beweisen müssen, was sie können. Viele halten sie immer noch für Aufbewahrungsanstalten für schwierige Kinder oder Schulverweigerer. Man steckt in dieser Alternativ- und Kuschelecke fest.

Eine weitere Schwierigkeit ist, dass die freien Schulen von staatlicher Seite unter Druck stehen, wenn sie finanzielle Förderungen wollen. Da wird gefordert, dass mehr Menschen mit Lehramtsstudium und Referendariat eingestellt werden, dabei sind die besten Lehrerinnen und Lehrer oft gerade diejenigen, die vorher einen anderen Beruf ausgeübt haben. Durch den Beamtenstatus, den viele, die auf Lehramt studieren, anstreben, ergibt sich noch ein anderes Problem: Viele fangen in der Wartezeit auf eine Planstelle an einer freien Schule an und wenn der Staat ihnen nach einiger Zeit etwas anbietet, sind sie ganz schnell weg. Wir haben häufige Lehrerwechsel und somit häufig neue, junge Lehrkräfte an den freien Schulen. Lehrkräfte mit wenig Erfahrung kommen aber, wenn Kinder Schwierigkeiten haben oder machen, schnell an ihre Grenzen.«

Wie kann diesen Lehrkräften denn geholfen werden?

»Wichtig ist, dass die Schulleitung sofort und spontan die Bereitschaft signalisiert, sie zu unterstützen. Lehrerinnen und Lehrer sollen immer den Mut haben dürfen zu sagen: Ich schaffe das nicht mehr. Die Antwort sollte lauten: In Ordnung, aber unsere Schule schafft das, wir schaffen das als Gemeinschaft. Wichtig ist, dass niemand mit dem Finger auf eine Lehrkraft zeigt, weil sie es gerade nicht so gut auf die Reihe kriegt, sondern dass die anderen sie tragen und unterstützen.

Lehrerinnen und Lehrer sollten übrigens auch den Eltern gegenüber häufiger kommunizieren dürfen, wenn sie an ihre Grenzen kommen. Überhaupt sind ein reger Austausch und ein wertschätzendes Miteinander zwischen Lehrkräften und Eltern sehr vorteilhaft.«

Apropos Eltern: Woran können Eltern auf der Suche nach einer Schule für ihr Kind erkennen, ob sie für das Kind geeignet ist? Worauf sollten sie bei ihrer Suche achten?
»Ich empfehle allen Eltern: Seien Sie penetrant! Nehmen Sie sich Zeit, in der Schule Ihres Interesses zu hospitieren, verschaffen Sie sich einen persönlichen Eindruck. Was man auf Homepages und als gedrucktes Konzept sieht, mag wunderbar klingen, doch vor Ort merkt man manchmal, dass dieses Konzept gar nicht gelebt wird.

Wenn die Schulleitung und das Kollegium das Hospitieren nicht möchten, ist das kein gutes Zeichen. Ich erkenne bei Lehrerinnen und Lehrern in Alternativschulen durchaus eine Tendenz, sich nicht von Eltern hinterfragen lassen zu wollen. Manche haben eine elitäre Haltung im Sinne von: ›Wir müssen ja nicht jedes Kind nehmen und können uns unsere Schülerinnen und Schüler aussuchen.‹ Doch damit kann man auf die Dauer keine Schule erfolgreich machen, damit kann man auch die Öffentlichkeit nicht überzeugen. Die Eltern haben ihre eigene Schulzeit zumeist an einer öffentlichen Schule ganz anders erlebt und sind nicht so durchweht von einem freien Geist, wie die Lehrkräfte es sind. Ihr Vertrauen muss sich erst noch aufbauen. Es tut freien Schulen gut, wenn die Lehrkräfte sich Zeit nehmen, Eltern zu beraten, und wenn Eltern sogar regelmäßig Schulungen machen dürfen, um die Pädagogik besser zu verstehen.«

Welche Ansätze sind Ihnen als Coach und Fortbildungsleiter für Lernbegleiterinnen und Lernbegleiter an Freien Alternativschulen am wichtigsten?
»Die eine Ebene ist, dass die Lehrerinnen und Lehrer bereit sind, auf der didaktischen Ebene hochprofessionell dazuzulernen. Man muss jederzeit bereit sein, sich weiterzuentwickeln.

Ein Beispiel: Ich sehe bei Teilnehmerinnen und Teilnehmern meiner Montessori-Schulungen immer wieder, dass manche sich an den Materialien festhalten wollen, dass sie sich damit das Lehren und den Kindern das Lernen erleichtern wollen. Ihnen erkläre ich, dass das Material nicht das allein glücklich Machende ist. Es geht um die Beziehung und den Prozess, das Material kommt lediglich als Objekt dazu.

Die zweite wichtige Ebene ist die Beziehungsebene. Hier berufe ich mich gern auf Haim Omer. Wie er in seinem Buch *Stärke statt Macht. Neue Autorität für Familie, Schule und Gemeinde* aufzeigt, brauchen Kinder durchaus Autorität, doch nicht in der Form, die wir alle als ›autoritär sein‹ kennen. Neue Autorität bedeutet, zu Kindern in eine Beziehung zu treten, darin beharrlich zu sein, am Kind und an der Sache dranzubleiben und nicht so schnell aufzugeben. Wenn Lehrerinnen und Lehrer im Unterricht wirklich präsent sind, ist das ein guter erster Schritt. Neue Autorität in der Schule heißt aber auch: Wenn ich mit einem Kind nicht mehr klarkomme, fange ich nicht an, mit dem Kind zu streiten oder alle Verantwortung bei den Eltern zu sehen. Stattdessen frage ich die Schulleitung: Wer kommt mit diesem Kind zurecht?

Wenn Lehrkräfte andere Lehrkräfte oder auch Eltern um Unterstützung bitten, ist das auch für die Kinder vorteilhaft. Sie erleben Lehrkräfte als Menschen, die offen sind, zu ihren Stärken, aber auch ihren Schwächen stehen können. Wenn Kinder sehen, dass die Erwachsenen, die sie umgeben, bereit sind, sich gegenseitig zu unterstützen, statt sich gegenseitig in die Pfanne zu hauen, hat das für sie eine unglaublich tolle Vorbildfunktion.«

Wie können Freie Alternativschulen, die ja oft sehr individuell arbeiten, nach Ihrer Einschätzung gelungene Qualitätssicherung betreiben?
»Ein Aspekt der Qualitätssicherung ist, dass man sich jemanden von außen holt, der beziehungsweise die eine Ahnung von der speziellen

pädagogischen Richtung dieser Schule hat. Diese Person hospitiert dann einen Tag lang in verschiedenen Gruppen und reflektiert danach mit dem Team, was sie gesehen hat. Lehrkräfte und Kollegium müssen dafür offen sein, sich immer wieder von außen anschauen zu lassen. Das ist der Hauptpunkt der Qualitätssicherung für mich: sich reflektieren zu können mit der nötigen Distanz und offen für konstruktive Kritik zu sein.

Zu einer hohen Qualität von Bildung trägt außerdem die Lernumgebung in höherem Maße bei, als viele meinen. Maria Montessori betonte, dass die äußere Ordnung Grundvoraussetzung für eine Freiheit im Lernen und Denken ist. Wenn die Räume versifft und die Möbel und Materialien lieblos zusammengestellt sind, können Kinder in dieser Umgebung nicht gut lernen. In vielen Klassenzimmern sollte ausgemistet werden, weil zu viel herumsteht, auch Gerümpel. Hier noch eine Kartei, da ein Kästchen ... da verlieren die Kinder den Überblick.

Klar fehlt es vielen Schulen an Zeit oder an Geld für Putzteams, solche Putzteams räumen auch nicht in den Regalen auf.

Eltern zum Putzen anrücken zu lassen, hilft auch wenig – jedenfalls dann, wenn die Eltern nicht gelernt haben, wo die Materialien ihren Platz haben. Eigentlich bin ich der Meinung, dass in einer Freien Alternativen Schule das Sauberhalten und Putzen, zum Beispiel der Regale, zu den pädagogischen Aufgaben der Lehrkräfte mit den Kindern gehört.

Auch das nenne ich einen Aspekt der Qualitätssicherung, denn beim Sauberhalten geht es um einen respektvollen Umgang miteinander und mit den Dingen. Wir können den Kindern sagen, wir putzen unsere Toiletten selbst, dann benutzen wir sie auch besonders sorgsam. In den Schulen gibt es dann immer wieder Kinder, die fragen: ›Wieso? Dafür gibt es doch Putzleute!‹ Und natürlich finden sich auch immer wieder Eltern, die sich beschweren: ›Wir zahlen Schulgeld und unsere Kinder müssen putzen!‹

Hier sollten die Pädagoginnen und Pädagogen sich mit den Eltern darüber austauschen, dass das zur Wertschätzung dazugehört, dass all das zum Lernen dazugehört. Nicht nur Lesen, Schreiben, Rechnen und Fremdsprachen, sondern auch diese praktischen Dinge sind wichtig.«

Sie haben in vielen Ländern gelebt und gearbeitet und Einblicke in vielerlei Schulsysteme erhalten. Wo sollte sich Deutschland eine Scheibe abschneiden und was ist bei uns schon ganz gut?
»Wo ich am meisten Entwicklungspotenzial, das gelebt wird, sehe, ist in Schweden und in Norwegen. Da ist die Bildungspolitik eben ganz anders, da gibt der Staat richtig viel Geld für die Bildung aus. Bei uns muss das über die Privatinitiativen kompensiert werden. Ansonsten, denke ich, haben wir in Deutschland schon gute Möglichkeiten, auch was die Lehrpläne angeht. Sie sind so verändert worden, und zwar in allen Bereichen, dass Lehrkräfte einen großen Spielraum haben, wie sie diese umsetzen. Leider sind die Lehrkräfte dafür nicht aus- und weitergebildet worden und leben zumeist immer noch das, was sie in ihrer eigenen Schulzeit und Ausbildung mitbekommen haben. Darum hat der Erziehungswissenschaftler Reinhard Kahl auch eine Initiative für eine alternative Referendariatsausbildung gegründet. Er kritisiert, dass junge Lehrkräfte zwar oft in der Uni gelernt haben, dass die Reformpädagogik andere Möglichkeiten bietet als bisher – dass sie dann aber im Referendariat eine 45-Minuten-Stunde halten und in der Mitte des Stoffs abbrechen müssen. Und das wird dann benotet. Man bemüht sich also jetzt – natürlich wieder auf Privatschulinitiative –, die Lehrerausbildung anders zu gestalten als bisher, sodass Lehrer gut ausgebildet in die Freien Alternativen Schulen kommen. Dann können sie die modernen Lehrpläne auch leben.

Zudem plädiere ich seit Jahren dafür, dass für die Pädagogenlaufbahn der Beamtenstatus abgeschafft wird. Wir ziehen durch die Verbeamtung die falschen Personen an.

Schließlich und endlich ist für mich ein Unding, dass zwischen verschiedenen Freien Alternativen Schulen noch so polarisiert wird, auch innerhalb der Schulen selbst: die eine Pädagogik gegen die andere. Dabei kommen alle Ansätze für Alternativschulen aus der Reformpädagogik. Für mich ist das eine Linie, mit unterschiedlichen didaktischen Schwerpunkten natürlich, aber alle gehören integriert.«

Literaturtipps

Bauer, Joachim (2008): *Lob der Schule: Sieben Perspektiven für Schüler, Lehrer und Eltern.* Heyne Verlag.

Hüther, Gerald; Quarch, Christoph (2016): *Rettet das Spiel! Weil Leben mehr als Funktionieren ist.* 2. Auflage. Carl Hanser Verlag.

Omer, Haim; von Schlippe, Arist (2016): *Stärke statt Macht. Neue Autorität in Familie, Schule und Gemeinde.* 3. Auflage. Vandenhoeck & Ruprecht.

7
HEILIGENSCHEIN INKLUSIVE? DIE WEITE WELT DER PRIVATSCHULEN IN KONFESSIONELLER TRÄGERSCHAFT

Petra Plaum

Woran denken Sie, wenn Sie »katholische/evangelische Privatschule« lesen? An Orte des Schreckens, an denen Ordensschwestern und Mönche ein strenges Regime führen? Die für manch einen Knaben, manch ein Mädchen auch mal einen Satz rote Finger, heiße Ohren oder Schlimmeres bedeuten?

Oder eher an ein Stück heile Welt? An Pädagoginnen und Pädagogen, die Kindern noch Halt geben und Werte wie Menschlichkeit, Ehrlichkeit und Nächstenliebe hochhalten?

An reformpädagogische Ansätze denken spontan wohl die Wenigsten – dabei gibt es in katholischen Privatschulen in Baden-Württemberg seit dem Jahr 1984 einen Bildungs- und Erziehungsplan, der sich an die Erkenntnisse der Maria Montessori und des Reformpädagogen Peter Petersen anlehnt. Es handelt sich um den sogenannten Marchtaler Plan und in Deutschland arbeiten aktuell vierzig Schulen damit. Die Lernenden erarbeiten sich vieles frei, gestalten Materialien für den Unterricht selbst und profitieren immer wieder von sogenannten Vernetzten Unterrichtseinheiten, in die naturwissenschaftliche, gesellschaftspolitische, geisteswissenschaftliche, musisch-ästhetische und handwerklich-technische Aspekte des jeweiligen Themas einfließen. Mehr über Maria Montessori finden Sie übrigens im Kapitel zu Montessori-Schulen, mehr über Petersens Jenaplan im Kapitel 13.

Unter den evangelischen Schulen sind reformpädagogische Ansätze seltener, aber durchaus vertreten. Hinter die Kulissen einer Schule dieser besonderen Art, der Urspringschule, können Sie im Kapitel über Internate schauen. Klarer Fall: Unter den fast siebenhundert katholischen und mehr als neunzig evangelischen allgemeinbildenden Privatschulen in Deutschland gibt es ganz unterschiedliche Institutionen. Manche öffnen sich ausschließlich für Schülerinnen und Schüler der eigenen Konfession, manche nehmen bewusst eine große Zahl an Nichtgetauften oder Andersgläubigen auf. Manche gelten als Elite-Bildungsstätten, andere bemühen sich bewusst um Kinder, die sonst kaum eine Chance hätten. Wo katholisch oder evangelisch draufsteht, ist ganz Unterschiedliches drin. Darum lohnt es sich, in infrage kommende Schulen hineinzuschnuppern und einige Lehrkräfte und Ehemalige zu befragen, bevor Sie in Ihrer Familie eine Entscheidung treffen.

7.1 Ein Tag an der Katholischen Mädchenrealschule St. Ursula in Donauwörth

Was ist denn da in der 5b der Donauwörther Mädchenrealschule St. Ursula los? Die Tür zum Klassenzimmer steht weit offen, im Gang schauen die Klassenlehrerin Annabell Kaps und eine Schülerin auf dem Laptop gemütlich ein Video. In einer Sitzecke stecken zwei Mädchen die Köpfe zusammen und flüstern.

Betritt man das Klassenzimmer, ist das Ungewöhnlichste die Ruhe, die dort herrscht. Über Blätter flitzende Buntstifte und das »Rrratsch« einer Schere, die sich durch das Papier frisst, sind die einzigen Geräusche. 24 Zehn- und Elfjährige wissen sich offenbar auch ohne Betreuungsperson im Raum zu beschäftigen. Was sie wohl gerade lernen?

Die Antwort: Geografie, Religion, Deutsch oder Mathe, je nach Lust und Laune. Und sie lernen Selbstständigkeit, wie der Rektor Peter Müller erklärt. »Die Schülerinnen erfahren, dass sie selbst für ihr Wissen verantwortlich sind und etwas gestalten können«, betont Müller. Das Prinzip solcher Unterrichtseinheiten heißt Freie Stillarbeit, kurz FSA. FSA ist ein Element des Marchtaler Plans.

»Zur Freiheit berufen« (Gal 5, 13) ist das Motto für den Marchtaler Plan, der schon 1983 als Bildungs- und Erziehungsplan für katholische freie Schulen entstand und ab 1984 umgesetzt wurde. Sein Geburtsort ist die kirchliche Akademie der Lehrerfortbildung im schwäbischen Kloster Obermarchtal, darum der Name. Seine Ziele unter anderem: das christliche Menschenbild in den Mittelpunkt stellen, Kindern helfen, zur eigenen Mitte zu finden, und ihnen eine ganzheitliche und werteorientierte Bildung vermitteln.

Zunächst wurde der Marchtaler Plan nur in seiner Heimat-Diözese Rottenburg-Stuttgart umgesetzt, über die Jahre jedoch begeisterte er immer mehr Pädagoginnen und Pädagogen. So gibt es inzwischen in ganz Deutschland und auch in Österreich Marchtaler-Plan-Schulen. In Donauwörth, einer bayerischen Kleinstadt mit 18.500 Einwohnern, stellte die Schulleitung im Jahr 2012 erstmals Eltern vor die Wahl: »Wollen Sie Ihre Tochter wie bisher unterrichten lassen oder mit dem neuen, reformpädagogischen Konzept arbeiten?« Obwohl fast alle Kinder aus dieser Region von der staatlichen Grundschule auf die Realschule kommen und an Freiarbeit nicht gewöhnt sind, begrüßten viele Familien das neue Angebot. Im September 2012 begann eine der drei neuen fünften Klassen mit dem Konzept nach dem Marchtaler Plan.

»Anfangs«, räumt der Schulleiter ein, »taten sich manche Mädchen durchaus schwer mit den Neuerungen.« Sie erwarteten das, was sie kannten: Lehrer oder Lehrerin vorn an der Tafel, jedes Kind an seinem Platz, zuhörend (oder auch träumend). Und für jede Stunde ein festes Programm mit Schulbuch und Heft(en). Klassischen Frontalunterricht eben.

Im Rahmen der Freien Stillarbeit muss jedes Kind sich selbst strukturieren. Vier Schulstunden pro Woche arbeiten die Schülerinnen mit Dutzenden von Kisten, die die Unterrichtsmaterialien – nach Lernfeldern geordnet – enthalten. Darin: Texte, Bilder, Tabellen, Rätsel, auch mal ein Spiel oder Video. In der 5b steht in katholischer Religionslehre zum Beispiel gerade das Heilige Land, Israel, im Zentrum. In Deutsch sind es die Wortarten und die Fälle, in Geografie heißt es: Flüsse und Gebirge Deutschlands und die Länder Europas kennenlernen. Der Stoff entspricht dem für die fünfte Klasse in staatlichen Realschulen in Bayern. Natürlich testen die Lehrkräfte auch regelmäßig, ob jedes Kind den Inhalt jeder Kiste nicht nur angesehen, sondern auch gelernt hat. Wer eine Prüfung auslässt, bekommt eine 6.

Doch dazu kommt es selten. Vorher bleibt jedem Mädchen selbst überlassen, ob Mathematik am Montag, Dienstag oder Donnerstag dran ist. Ob es das Lieblingsfach zuerst erledigt, um dann motiviert an die Fächer zu gehen, die es nicht mag – oder ob es erst das Ungeliebte wegschafft, um sich dann dem Schönen zu widmen. Manche Kisten sind auch für mehrere Kinder gedacht – da zeigt sich dann, mit welcher Freundin die Teamarbeit gelingt und mit welcher nicht.

Vor allem in den ersten beiden Jahren taten sich einige Schülerinnen mit so viel Selbstständigkeit schwer. Mancher der Kisteninhalte erwies sich als zu kompliziert, sodass die Lehrkräfte den Mädchen viel erklären mussten. Einige Kisteninhalte gingen verloren, weil die Schülerinnen nach alter Gewohnheit ihre Materialien mit nach Hause schleppten.

Und einige Schülerinnen wechselten sogar in eine staatliche Realschule, um wieder das übliche Bildungsprogramm zu bekommen – »der Marchtaler Plan, aber auch das Lernen nur unter Mädchen liegt einfach nicht allen«, räumt der Schulleiter ein.

Wer geblieben ist, identifiziert sich dafür nun ganz besonders mit dieser Schule und allem, was dazugehört. FSA inklusive. Die Kisteninhalte wurden immer moderner und verständlicher, auch gibt es nun insgesamt mehr Kisten, damit dann, wenn ein Kind etwas verliert oder verlegt, für die anderen noch Materialien übrig bleiben.

»Am meisten spürt man die Folgen des Marchtaler Plans, wenn wir gemeinsam ins Schullandheim oder in die Skifreizeit fahren«, betont Müller. »Ich bekomme von allen Kolleginnen und Kollegen die Rückmeldung, dass die Schülerinnen sich jetzt besser organisieren und dass sie zu guten Teams zusammengewachsen sind.«

Inzwischen beginnen alle Neuen ab der fünften Klasse mit dem Marchtaler Plan. Die Umstellung war kein Problem, finden die Mädchen aus der aktuellen 5b:

»FSA macht Spaß!«, ruft Jule.

»Super, dass wir auch mal Spiele machen dürfen«, lobt Aylin.

»Wir haben uns schnell dran gewöhnt«, lautet Sophies Kommentar zur neuen Lernweise.

Auch die Materialien kommen an: Auf einem Blatt sind bunte, niedliche Schlangen aufgemalt, deren Windungen die der größten Flüsse widerspiegeln – mit dieser Eselsbrücke prägen sich Rhein, Elbe, Donau und Co. gleich leichter ein. Die Flaggen Europas auszuschneiden, auszumalen und so aufzukleben, dass Länder, Hauptstädte und Flaggen mit einem Blick zugeordnet werden können, hilft, damit alles im Langzeitgedächtnis landet. Um zu zeigen, wie Menschen und Tiere in Israel leben, liegt ein Video in der Kiste – das ist besonders begehrt. Für die Gruppenarbeit ist der Aufenthaltsbereich im Gang reserviert, wo auch mal ein Schwätzchen möglich ist. Die meiste Zeit kommen die Mädchen allein zurecht, für alle, die Fragen haben, ist die Lehrerin vor oder im Klassenzimmer greifbar.

Am Ende der Stunde räumen alle Schülerinnen ihre Kisten in das dafür bestimmte Regal. Gibt es auch etwas, das an der FSA nicht gefällt? »Manche Mathe-Kisten. Die zu kapieren, ist echt schwer!«, kritisiert Jasmin. »Stimmt«, räumt Annabell Kaps ruhig ein, »aber das können wir ja gemeinsam ändern und gemeinsam neue Kisten gestalten.« Die Schülerinnen nicken.

Außer FSA gehört auch ein besinnlicher Morgenkreis zum Marchtaler-Plan-Konzept, um die Woche zu beginnen. Am Montagmorgen rücken alle die Tische beiseite, formen die Stühle zu einem Kreis und begrüßen die neue Woche singend, sich unterhaltend, bastelnd oder religiöse Impulse austauschend. Das bringt Ruhe in das Gebäude und jedes einzelne Kind.

Etwa vier Fünftel aller Schulstunden laufen jedoch ab wie Schulstunden an vielen staatlichen Schulen ohne Reformpädagogik: Die Kinder sitzen paarweise an Pulten, vorn an der Tafel steht die Lehrerin.

Im Geschichtsunterricht der 7a steht dieses Mal der Investiturstreit auf dem Programm. Knallharter Tobak aus den Jahren 1076 bis 1122: Papst Gregor VII., der sich mit König Heinrich IV. anlegte, weil dieser bestimmen durfte, wer Bischof werden sollte, ist an der

Lebenswirklichkeit Zwölf- und Dreizehnjähriger nicht wirklich nah dran. Doch woher der Ausdruck »Gang nach Canossa« stammt – vom König, der ohne Heer, dafür mit Büßergewand über die verschneiten Alpen zog, um beim Papst um Versöhnung zu bitten –, scheint die Mädchen doch zu beeindrucken. Die Finger schnellen bei jeder Frage in die Höhe und Lehrerin Sandra Schmid bekommt viele richtige Antworten.

In der 9a zeigt sich ein ähnliches Bild, diesmal in Chemie. Sylvia Schuster-Reisch, die Lehrerin, betont: »Bis zum nächsten Zeugnis sollen alle Schülerinnen das Periodensystem gut kennen, wir müssen heute viel Theorie machen.« Das funktioniere nur mit Frontalunterricht und striktem Abfragen. Doch nach einer halben Stunde gibt es eine Belohnung: Um zu zeigen, wie eine unterschiedliche Anordnung der Elektronen die Reaktionsfreudigkeit eines Elements verändert, arbeitet die Pädagogin mit Lithium, Natrium und Kalium. Der pH-Indikator, den sie ins Wasser gibt, bevor kleine Stücke jedes Elements dazukommen, heißt Phenolphthalein und wird dann pink, wenn durch die Reaktion eine Lauge entsteht. Sehr zum Vergnügen der Schülerinnen gibt es ordentlich etwas zu sehen, hören und riechen – wo der Krümel Lithium beim Kontakt mit der Flüssigkeit lediglich Rauch aufsteigen lässt, explodiert das winzige Stück Natrium mit einem lauten »Puff«. Das noch kleinere Eckchen Kalium brennt sogar lichterloh – hinterher riecht das Klassenzimmer so anheimelnd wie nach einem Silvesterfeuerwerk. Und immer entsteht eine Lauge, was die Pinkfärbung des Wassers verrät.

Viele der Mädchen in St. Ursula betonen auf Nachfrage, es prima zu finden, ohne Jungs zu lernen. »Weil die doof sind«, meint die Fünftklässlerin Lina. »Weil ich in der Freizeit noch genug mit denen unternehmen kann«, findet hingegen Neuntklässlerin Katharina. Da der Unterricht regulär nur bis 13 Uhr dauert und ein Ganztagskonzept bisher nur für die Jüngsten in Klasse fünf angeboten wird, haben die Mädchen genug Zeit zur freien Verfügung.

»Das wird sich ändern«, betont Peter Müller. In etwa einem Jahr wird ein neues Schulgebäude errichtet werden, Seite an Seite mit der Jungenrealschule derselben Kleinstadt. Auch diese ist eine katholische Privatschule mit langer Tradition. Auf dem neuen Gelände wird es eine Mensa geben, Rückzugsmöglichkeiten, ein rhythmisiertes Ganztagskonzept – und die Koedukation. »Wer nach dem Umzug in der Schule St. Ursula neu anfängt, wird gemeinsam mit Knaben lernen«, stellt Müller in Aussicht.

In die heutigen Schulgebäude, die auf eine 178-jährige Geschichte zurückblicken, nach der völligen Zerstörung 1945 neu gebaut wurden und den Charme längst vergangener Zeiten haben, soll eine neue, kleinere Schule einziehen.

Der Marchtaler Plan wird bleiben. Das Selbstverständnis auch.

»Wir öffnen uns ganz bewusst für Schülerinnen anderer Konfessionen und Religionen«, informiert Peter Müller. Von den aktuell 466 Schülerinnen sind 321 Katholikinnen, 89 evangelischen, 17 muslimischen Glaubens, zwei Buddhistinnen, der Rest entweder gar nicht gläubig oder anderen Freikirchen beziehungsweise Glaubensgemeinschaften zugehörig. Was für alle gilt, ist Folgendes: »Wir sind Gottes Ebenbild, in meinem Gegenüber begegnet mir Gott«, so der Schulleiter. Das christliche Menschenbild stehe im Zentrum allen Handelns. »Gott hat den Menschen nach seinem Ebenbild geschaffen, angenommen und geliebt. Die Schülerinnen müssen das in aller Schärfe erfahren.«

Wer gesundheitliche, familiäre oder andere Probleme hat, den unterstützt das Kollegium, so gut das möglich ist. Heute bekommt Amal, eine aus Syrien stammende Neuntklässlerin, ein paar Stunden frei, um für die Mutter, die noch nicht gut Deutsch spricht, beim dringenden Arztbesuch zu übersetzen. Für Familien mit finanziellen Schwierigkeiten gibt es einen Fonds, damit die Töchter dennoch an Ausflügen und Klassenfahrten teilnehmen können. Wer lange krank ist, für den wird alles getan, damit die Wiedereingliederung gelingt.

Die Schulgemeinschaft schreiben alle hier groß: Feste, Ausstellungen und besondere Unternehmungen schweißen die Mädchen zusammen. Als die Schule, die 1839 von Dominikanerinnen gegründet wurde, vor drei Jahren ihr 175-jähriges Jubiläum feierte, wurden alle Klassen mit eingebunden. So entstanden eine interaktive Ausstellung, Gottesdienste mit Schulchor, Schulführungen und sogar ein Musical. Und alle paar Jahre fährt die ganze Schule gemeinsam für ein paar Tage nach Rom – Papstaudienz inklusive.

7.2 Zur Geschichte

Die Geschichte der christlichen Kirchen und die der Schulbildung gehören einfach zusammen. Nicht umsonst gehen einige der ältesten Schulen Deutschlands, die bereits im achten Jahrhundert gegründet wurden, auf Dom- oder Klosterschulen zurück (zum Beispiel die Gymnasien Carolinum in Osnabrück, Paulinum in Münster und das Willibald-Gymnasium in Eichstätt). Über die Jahrhunderte hinweg wurden es immer mehr konfessionelle Schulen – bis im Dritten Reich eine nach der anderen geschlossen wurde. Inzwischen hat Deutschland wieder eine bunte Konfessionsschullandschaft. Neben evangelischen, katholischen und anderen christlichen gibt es auch jüdische und islamische Schulen. Die überwiegende Mehrheit ist jedoch in katholischer oder evangelischer Trägerschaft, weshalb sich dieses Kapitel auf diese Schulen konzentriert.

Wo Kirche draufsteht, kann sowohl staatliche als auch private Schule (als sogenannte Ersatzschule) drinstecken. Von den katholischen Konfessionsschulen ist die große Mehrheit in privater Hand – bei den evangelischen überwiegen die staatlichen Bildungsstätten bei Weitem. Und ob Grund-, Haupt-, Realschule, Gymnasium, Gesamtschule, Förderschule, Krankenhausschule oder Internat, alle Formen sind vertreten.

In einigen Bundesländern gibt es Besonderheiten: In Nordrhein-Westfalen und Niedersachsen sind etliche Konfessionsschulen in öffentlicher Hand; da mag das Profil noch so katholisch oder evangelisch sein, bezahlt wird alles von den politischen Gemeinden, nicht von den Kirchen.

Alles in allem bilden die katholischen Privatschulen die größte Gruppe unter allen Privatschulen Deutschlands. 310.000 Kinder, Jugendliche und junge Erwachsene lernen an diesen allgemeinbildenden Schulen, weitere fünfzigtausend an berufsbildenden Schulen.

Für diese Bildungsstätten zeichnen sich beachtliche 290 Schulträger verantwortlich, vor allem die Diözesen und die katholischen Schulstiftungen beziehungsweise Schulwerke. Auch Ordensgemeinschaften unterhalten einige Häuser. Elterninitiativen, Caritas und Gemeindeverbände kommen ebenfalls als Träger infrage.

Von 478 evangelischen Bekenntnisschulen waren bei der letzten Erhebung, die von 2012 bis 2014 lief, 92 Privatschulen, die etwa 33.000 Schüler und Schülerinnen besuchten.

Träger der evangelischen freien Schulen sind die Evangelischen Kirchen in Hessen und Nassau, Kurhessen-Waldeck, Rheinland, Westfalen, die Evangelische Landeskirche Anhalts, die Evangelisch-Lutherische Landeskirche Hannover, der Landeskirchenrat der Evangelischen Kirche der Pfalz, das Christliche Jugenddorfwerk Deutschland (CJD) e.V., Schulstiftungen und Schulwerke sowie Schulverbände und Stiftungen.

7.3 Das pädagogische Konzept

Zu ihren Leitsätzen – zu dem, was sie besonders macht – findet jede konfessionelle Schule natürlich eigene Worte. Doch das christliche Menschenbild steht immer im Zentrum. Jeder Mensch ist als Abbild Gottes anzusehen und zu respektieren, lautet der Grundtenor.

Die Würde des Einzelnen, der liebevolle Umgang mit allen soll das Schulleben prägen. Auch die Aussage »Keiner darf verloren gehen« findet sich auf vielen Schulhomepages. Dass Gott niemanden verloren gibt, jedem weit mehr als nur eine Chance einräumt, ist schließlich eine zentrale Aussage der Bibel. Und da passt dann auch die Reformpädagogik wieder ins Bild: Lernen vom Kind aus zu denken, jungen Menschen vielerlei Wege zu Wissen zugänglich zu machen, allen zu helfen, ihre Talente zu entwickeln, das ist gelebte Nachfolge Jesu Christi.

7.4 Die Noten und Abschlüsse

Private Konfessionsschulen sind in der Regel staatlich anerkannte Ersatzschulen, an denen alle Schulabschlüsse möglich sind. Am Gros dieser Schulen gibt es Noten – es sei denn, sie haben zusätzlich einen Schwerpunkt auf Montessori, Jenaplan oder ein anderes reformpädagogisches Konzept gelegt.

7.5 Der Schulwechsel

Der Unterricht orientiert sich weitgehend am Lehrplan von vergleichbaren staatlichen Schulen. In der Regel klappen Wechsel zwischen konfessionellen und staatlichen oder aber nicht konfessionellen Privatschulen ausgesprochen gut.

7.6 Die Pädagoginnen und Pädagogen

Vom Beamten mit klassischer Laufbahn inklusive Referendariat bis zur nicht studierten Quereinsteiger-Fachlehrerin, zum Beispiel in Kunst oder Musik, sind Menschen mit unterschiedlichen Bildungswegen und Verträgen an konfessionellen Schulen zu finden. Katholische Schulen fordern oft eine Kirchenmitgliedschaft in der katholischen Kirche, evangelischen genügt die Mitgliedschaft in einer christlichen Kirche. Häufig wird auch ein von den Kirchen propagierter Lebensstil erwartet, eine »wilde Ehe« oder Scheidung stehen mancherorts der Aufnahme im Kollegium im Wege.

7.7 Die Rolle der Eltern

Konfessionelle Privatschulen fordern üblicherweise keine über das übliche Maß an Elternbeirats-Engagement und Kuchenbacken für Feierlichkeiten hinausgehende Beteiligung von Müttern und Vätern. Einige Schulen erwarten jedoch vollen Einsatz zu Hause – nämlich jenen für den Glauben. Private konfessionelle Schulen mit langen Wartelisten machen es bisweilen zur Voraussetzung, dass die Eltern nicht nur Kirchenmitglieder sind, sondern auch aktiv am Kirchenleben teilnehmen.

Manche Schulen akzeptieren zwar Kinder aus kirchenfernen Familien, diese fühlen sich jedoch bald außen vor, weil die große Mehrheit der Klassenkameradinnen und -kameraden tief im Glauben verwurzelt ist, vor jedem Essen betet und ein Gros der Freizeit mit den Ministranten, der Jugendgruppe oder im Kirchenchor verbringt. Wer mit den Eltern älterer Schülerinnen und Schüler und den Lehrkräften im Vorfeld offen spricht, wird herausfinden, ob die eigene Haltung und der Geist, der an der Schule der Wahl herrscht, langfristig zusammenpassen.

7.8 Die Finanzierung

Die Finanzierung speist sich bei Konfessionsschulen in freier Trägerschaft aus verschiedenen Quellen, namentlich staatlichen Mitteln, Eigenmitteln der Träger und Schulgeld plus Spenden. Die Schulen bemühen sich um ein sozialverträgliches Schulgeld, darum bezahlen Eltern für einen Platz an einer freien katholischen oder evangelischen Schule im Durchschnitt nur einen zweistelligen Betrag pro Kind und Monat.

7.9 Was noch zu erwähnen wäre

Konfessionelle Schulen in Deutschland lassen sich einfach nicht über einen Kamm scheren. Im Folgenden sollen einige Beispiele illustrieren, welche Kombinationen aus Konfessionsschule und reformpädagogischem Konzept in Deutschland aktuell möglich sind.

Was macht eine konfessionelle Schule in einer Gegend, in der nur eine Minderheit religiös ist? Eine Antwort sind die katholischen Dialogschulen, alles Gymnasien, die in Trägerschaft der Edith-Stein-Schulstiftung des Bistums Magdeburg stehen. Jeweils ein Drittel der Schulplätze wird von katholischen, protestantischen und konfessionslosen beziehungsweise andersgläubigen Schülerinnen und Schülern belegt. Ein respektvolles Miteinander, soziales Engagement und der Mensch im Mittelpunkt alles Lernens machen die Schulen bei Eltern wie Schülern beliebt.

Ein besonderes Konzept hat auch die Bischöfliche Maria-Montessori-Gesamtschule in Krefeld. In den Jahrgangsstufen neun und zehn widmen sich alle Schüler an einem Projekttag in der Woche Kultur, Kunsthandwerk und Co. – mal werden Songs geschrieben, mal Beete angelegt, dann wieder steht ein Theaterstück auf dem Programm. Statt Noten gibt es für die Projekte Zertifikate, die bei Bewerbungen um Ausbildungsplätze helfen können – und natürlich Insiderwissen über die eigenen Talente.

Auch Kombinationen aus katholischen Schulen und UNESCO-Schulen gibt es – das beweisen die Klosterschulen Unserer Lieben Frau in Offenburg. Hier prägen die Menschenrechte, kulturelle und Umweltbildung und der gerechte Ausgleich zwischen Arm und Reich viele Unterrichtsstunden. Die Mädchenrealschule mit Gymnasium lädt zudem regelmäßig zu internationalen Projekttagen ein und pflegt den Kontakt nicht nur zu europäischen Partnerschulen, sondern auch zu einer ebenfalls katholischen Privatschule in Australien.

Ein Beispiel für Reformpädagogik in der evangelischen Privatschule ist die Evangelische Grundschule Wilmersdorf, deren Trägerin die Schulstiftung der Evangelischen Kirche Berlin-Brandenburg-schlesische Oberlausitz ist. Mündigkeit, Verantwortung und Solidarität sind die Hauptziele der Erziehung und Bildung im Hause. Damit das gelingt, gibt es jahrgangs- und fächerübergreifenden Unterricht und eine subjektive Leistungsbewertung statt Noten.

2014 gewann die Evangelische IGS Wunstorf für ihr Umweltengagement den Preis der Zeitschrift *Chrismon* »liebe erde«. Dass die Schülerinnen und Schüler eine Bienen-AG, eine eigene Fahrradwerkstatt sowie eine Firma, die einen umweltfreundlichen USB-Stick entwickelte, unterhalten, kam an. Trägerin der Gesamtschule ist das Evangelische Schulwerk der Evangelisch-lutherischen Landeskirche Hannovers. Erwähnenswert sind hier auch der islamische Religionsunterricht für muslimische Kinder und Therapien für Kinder mit Legasthenie.

Einen weiteren Schulpreis, den dritten Platz beim Barbara-Schadeberg-Wettbewerb 2010, gewann die Evangelische Heinrich-Albertz-Grundschule in Salzgitter. Auch wurde sie mit dem Sozialtransferpreis der IHK Braunschweig 2014 ausgezeichnet, denn ihr Motto »Kein Kind darf verloren gehen« und ihr Einsatz für Kinder mit Förderbedarf aus unterschiedlichsten Ursachen überzeugten die Jury. Träger dieser erst 2008 gegründeten und 2011 staatlich anerkannten Privatschule ist ein gleichnamiger Trägerverein. Das Lernen der zurzeit siebzig Kinder dort ist geprägt von jahrgangsübergreifenden Lerngruppen, Freier Stillarbeit mit Tablets und selbstorganisiertem Lernen ohne Noten.

7.10 Dafür und Dagegen

Wenn Mutter und Vater mit der Kirche, Gott und Jesus wenig anfangen können, birgt der Alltag an einer konfessionellen Schule mit kirchlich geprägtem Schulleben Konfliktpotenzial. Entweder das Kind nervt Mama und Papa irgendwann mit Bibelgeschichten und Feiern im Jahreskreis oder aber das Kind lehnt wie die Eltern die Kirche eigentlich ab und passt dann nicht gut in die Klassengemeinschaft. Am besten klären Sie vor der Einschulung, wie präsent das kirchliche Leben im Schulalltag ist.

Auch die Entscheidung, ob eine reine Mädchen- beziehungsweise Knabenschule das eigene Kind glücklich macht, ist nicht leichtfertig zu fällen. Manche Kinder blühen, von ihresgleichen umgeben, sichtlich auf, trauen sich im Unterricht mehr und genießen es, nicht mehr mit Lehrkräften zu tun zu haben, die ein Geschlecht dem anderen offensichtlich vorziehen. Andere empfinden den Schulalltag ohne das andere Geschlecht als zu anstrengend und einseitig. Gespräche im Vorfeld geben Hinweise darauf, ob eine koedukative Schule doch die geeignetere wäre. Doch gibt es auch viele Kinder, die einige Jahre nur unter Mädchen beziehungsweise Jungen sehr schätzen und später doch einen Wechsel zu einer koedukativen Schule wünschen – und umgekehrt.

Einen weiteren Nachteil hat manche konfessionelle Schule: Ganztagsangebote kamen in konfessionellen Schulen allgemein schleppend in Gang – gerade auf dem Land ging man offenbar bis vor Kurzem noch davon aus, dass die gute christliche Mutter nicht oder nur wenig aushäusig arbeitet. Das ändert sich gerade rapide. Mehr und mehr konfessionelle Privatschulen bieten sogar ausgesprochen durchdachte, rhythmisierte Ganztagskonzepte in Kooperation mit Musikschulen, Sportvereinen, Theater- und Kunstgruppen.

Literaturtipps

Baron, Rüdeger (2011): *Reformpädagogik und evangelische Schule im 20. Jahrhundert (Schule in evangelischer Trägerschaft).* Waxmann Verlag.

Links

Evangelische Schulen in Deutschland:
www.evangelische-schulen-in-deutschland.de
Katholische Schulen: www.katholische-schulen.de

8

ZU HAUSE IN DER GANZEN WELT – INTERNATIONALE SCHULEN

Lucinde Hutzenlaub

Ja, es stimmt, dass vor internationalen Schulen sehr oft sehr teure Autos parken. Und ja, es stimmt ebenfalls, dass viele Kinder reicher Eltern hier eine privilegierte Ausbildung erhalten. Aber das ist nur die eine Seite der Medaille und nicht Ziel und Zweck dieser Einrichtungen. Ganz im Gegenteil: Viele Schülerinnen und Schüler an internationalen Schulen kommen aus dem Ausland und ihre Schulgebühren werden meist von den Arbeitgebern der Eltern bezahlt. Gerade diese Kinder, die oft umziehen müssen, sollen hier eine gewisse Beständigkeit finden und die Möglichkeit, sich auf eine Konstante verlassen zu können. Ein Schulkonzept, das sich wenig verändert und überall auf der Welt mit ähnlichen Voraussetzungen angeboten wird. Dass dabei sehr engagierte und offene Pädagogen und Pädagoginnen am Werk sind und ein vielschichtiges, länderunabhängiges und dennoch flexibles Lernkonzept dahinterstecken muss, bei dem die Schüler in ihren kulturbedingten Unterschieden äußerst individuell wahrgenommen werden, ist dabei natürlich oberste Prämisse.

Diese weltoffene und verantwortungsvolle Pädagogik kommt natürlich auch einheimischen Kindern zugute, sie öffnet Türen in die große, weite (Berufs-)Welt, und ja, sie hat ihren Preis.

Bevor man diese Schulform allerdings auf die Kosten reduziert, sollte man sich unbedingt vorher ansehen, was dahintersteckt.

8.1 Ein Tag an der International School of Stuttgart, Sindelfingen Campus

Sarah Kupke, die Schulleiterin der International School of Stuttgart, Sindelfingen Campus, steht auf dem Bürgersteig vor der Internationalen Schule in Sindelfingen. Sie strahlt. Soeben hat die Rektorin eine Blume von einer Erstklässlerin bekommen und eine feste Umarmung dazu. »Good Morning, Mrs Kupke«, hat Julie, das Mädchen mit den vielen Zöpfen, gesagt, ihr noch schnell ein Bild von ihrem Hundewelpen Jack gezeigt und ist dann eilig zu ihren Freundinnen gelaufen. Sie ist erst seit diesem Schuljahr an der ISS, aber »Mrs Kupke« weiß alles über sie, Jack und alle anderen. Die drei Kinder, die gerade laut rufend um die Ecke gerannt kommen, bremsen ab und gehen nun langsam auf Mrs Kupke zu.

»Good morning, Kavitha, good morning, Yannick, good morning, Naoko«, sagt sie und gibt dabei jedem die Hand. »How did your sports tournament go yesterday? Wie war dein Fußballmatch gestern, Yannick? Wie war dein Ausflug nach München, Kavitha? Wie geht es dem Gipsbein von deinem Opa, Naoko?« Ja, Sarah Kupke weiß alles. Sie kennt jeden Schüler, jede Schülerin und alle Eltern. Und sie begrüßt jeden Morgen alle, die vorbeikommen, mit einem Handschlag, einer Umarmung, einem Lachen und dem Gefühl, willkommen zu sein. Das ist ihr besonders wichtig, sagt sie. Die Schüler und die Eltern sollen sich wohlfühlen. Angekommen. Zu Hause. Bei den vielen Familien, die jedes Schuljahr kommen und gehen, ist dies einerseits eine der größten Herausforderungen und andererseits auch das, was diese Schulform ausmacht: Selten bleiben Schülerinnen und Schüler bis zum Schluss ihrer Schullaufbahn an ein und derselben internationalen Schule, das bringt meist der Beruf der Eltern mit sich. Bei den akademischen Anforderungen im Schulalltag sorgt der weltweit gleiche Lehrplan der IBO (International Baccalaureate Organization) für die World Schools für Kontinuität.

Eine andere, ganz wesentliche Aufgabe der Schulleitung und der Pädagoginnen und Pädagogen ist es, die durch die vielen Wechsel entstehende Instabilität auszugleichen. Aber die unterschiedlichen Nationen, Kulturen und Religionen bringen auch Farbe ins Klassenzimmer und die Möglichkeit, die vielen unterschiedlichen Einflüsse für die Lerninhalte und die Entwicklung der Schülerinnen und Schüler zu nutzen.

»Die unterschiedlichen Herkunftsländer der Schüler sind ein großer Gewinn für die Schulgemeinschaft«, sagt Sarah Kupke. Aber nicht nur die Kinder sind ein Teil davon, auch die Lehrkräfte sind ein fantastisches Team aus vielen unterschiedlichen Nationen, mit unterschiedlichen Kulturen, Religionen und Erfahrungen. »Wir alle, Schüler, Eltern und Pädagogen«, sagt sie, »sind ein Teil des Lernens.«

Aber es sind ja nicht nur die Heranwachsenden, die in einem neuen Land mit neuen Menschen und in einer fremden Situation zurechtkommen müssen. Auch die Eltern brauchen vor allem in der ersten Zeit Unterstützung. Deshalb hat sich die Schulleiterin gleich nach Unterrichtsbeginn mit vier Müttern verabredet, deren Kinder erst seit ein paar Tagen an der Schule sind, um ihnen die Möglichkeit zu geben, Fragen zu stellen und sich zu orientieren. Die Familien kommen oft sehr kurzfristig in Deutschland an und alles ist neu. Die Mütter wollen wissen: Wie läuft das mit dem Sportunterricht? Sind Jungs und Mädchen da getrennt? Wann kann ich mein Kind bringen? Wann wieder abholen? Kann ich es hier in Deutschland überhaupt allein zur Schule laufen lassen? Was soll ich tun, wenn es keine Freunde findet? Wo kann ich selbst Kontakte knüpfen?

»Die Fragen und Unsicherheiten sind gerade am Anfang immer ähnlich«, sagt Sarah Kupke. »Meist geht es um die Erziehung, Probleme in der Schule oder mit dem fremden Land. Aber als etablierte und erfahrene internationale Schule kann man natürlich auch gut darauf reagieren.« An vielen internationalen Schulen gibt es außerdem einen

School Councelor, einen Sozialpädagogen oder eine Sozialpädagogin, der die Lehrer, Eltern und Schüler zusätzlich unterstützt, wenn es nötig ist. Die International School of Stuttgart ist stolz: »Hier gibt es sogar zwei Kinderpsychologenstellen für den Campus Degerloch und eine halben Stelle für Sindelfingen. Eine gute Betreuung schafft einfach Vertrauen, Sicherheit und Raum für einen entspannten und spannenden Unterricht«, sagt die Schulleiterin.

Der Unterricht beginnt pünktlich um 8.10 Uhr. Das gilt auch für die »Early Years«, den Kindergarten. Die Vier- und Fünfjährigen sind im oberen Stockwerk des ehemaligen Bankgebäudes untergebracht. Dort oben gibt es außer einigen Klassenzimmern, einem Kunstraum, einem Labor für naturwissenschaftlichen Unterricht und dem Kindergarten einen großen Dachgarten mit Sandkasten und vielen Beeten, in denen bunte Blumen blühen. Bevor sie gemeinsam mit ihren Erzieherinnen Bücher ansehen, singen, malen oder zählen üben, spielen die Kindergartenkinder dort natürlich erst einmal ausgiebig.

In den Klassen eins und zwei sowie drei und vier ist der Unterricht klassenübergreifend, dafür gibt es jeweils zwei Klassen mit maximal 22 Kindern. Ab der Fünften ist dann jede Stufe für sich.

In der 3/4A geht es gerade um verborgene Schätze, eine Lerneinheit darüber, wie die Erde sich verändert und was uns Fossilien und Gestein über diesen Wandel erzählen können. Yannik aus Deutschland, Janusz aus Polen und Kavitha aus Indien beugen sich über ihr Plakat, das sie gemeinsam erarbeitet haben. Sie haben genau noch heute Zeit, um sich zu überlegen, wer welchen Teil morgen vor der Klasse und den Eltern präsentieren wird. Alle drei freuen sich darauf, endlich zeigen zu können, was sie erarbeitet haben. Präsentationen vor Publikum sind schon seit der ersten Klasse so selbstverständlich, dass sich niemand mehr den Kopf darüber zerbricht. Aber gut ankommen soll der Vortrag natürlich schon, deshalb muss alles bestmöglich vorbereitet sein.

Heute tragen alle Dritt- und Viertklässler blaue Sporthosen, ein weißes Polohemd und eine blaue Fleecejacke. An der Internationalen Schule in Sindelfingen gibt es zwar keine Schuluniform für den regulären Unterricht wie an vielen anderen internationalen Schulen überall auf der Welt, aber für Physical Education, also Sport, tragen alle das gleiche Outfit. Morgen zur Präsentation aber, sagt Kavitha, zieht sie ihr schönstes Kleid an.

Außer dem Plakat haben die drei auch noch eine Dinosaurierlandschaft gemeinsam gebastelt und tagelang mit Strohhalmen, Klebstoff, Pappe und kleinen Steinen hantiert. Darüber hinaus ist jeder Einzelne für einen ganz bestimmten Teil des Vortrages zuständig. So sollen sie lernen, allein und im Team Aufgaben zu erfüllen. Kavitha erzählt gerade etwas über den Körperbau der Riesen. Sie kennt sich wirklich gut aus, aber dafür hat sie auch lange im Internet recherchiert und sich in der Bücherei im Klassenzimmer nebenan Bücher zum Thema ausgeliehen.

Jetzt ist Janusz dran und erklärt den anderen, was er über das Fressverhalten der Urtiere herausgefunden hat. Seine Texte zu den bunten Dinosauriern sind ebenfalls auf Englisch. Yannik wird seinen Vortrag auf Deutsch halten. Er ist der einzige aus dieser Gruppe, der jeden Tag in der Stunde, in der die anderen Englisch-Muttersprache-Unterricht haben, mit der Deutschlehrerin Frau Schneider in ein anderes Klassenzimmer geht und dort mit den deutschen Kindern aus der Parallelklasse Deutsch hat. In der 3/4A gibt es insgesamt fünf Deutsch-Muttersprache-Kinder und Frau Schneider übt mit ihnen deutsche Rechtschreibung und Lesen. Manchmal wird auch gerechnet oder sie arbeiten, wie in den letzten Tagen, an einem Vortrag.

Englisch und Deutsch sind allerdings nicht die einzigen Unterrichtssprachen, die man hier hört. In Sindelfingen wird auch noch Spanisch als Fremdsprache angeboten, in Degerloch Französisch. Aber was Sprachen angeht, sind die internationalen Schulen sehr flexibel. »Zurzeit haben wir viele japanische Schülerinnen und

Schüler. Das ist schön, denn so können wir einmal in der Woche japanischen Muttersprachen-Unterricht anbieten. Und zwar für alle japanischen Kinder von den Early Years bis zur fünften Klasse«, sagt Sarah Kupke. »Das ist toll für diese Schülerinnen und Schüler und natürlich auch für unser vielsprachiges Lernumfeld.«

Auch Frau Schneider spricht natürlich nicht nur Deutsch. Ihr Englisch ist dank ihrer Jugend in den USA perfekt. Das muss es auch sein, denn sie ist neben Mr Adams, dem Klassenlehrer, die zweite Pädagogin, die meistens im Klassenzimmer ist, und natürlich ist sie nicht nur für die deutschsprachigen Kinder zuständig. Die beiden Lehrer werden von der Lernassistentin unterstützt, dadurch sind eine sehr individuelle Betreuung und sehr effizientes Lernen möglich. Auch jetzt hat sie sich zu Yannik, Kavitha und Janusz an den Tisch gesetzt, stellt viele Fragen und ermahnt die drei, deutlich und langsam zu sprechen und den anderen ausreden zu lassen, obwohl jeder so viel zu erzählen hat.

Danach gibt es erst einmal etwas zu essen. Spannend, wie unterschiedlich das Essen ist, das die Kinder dabeihaben. Yannik sitzt jetzt mit Elvira aus Italien und Naoko aus Japan an einem Tisch. Naokos Mutter schafft immer kleine Kunstwerke aus Reis, Ei und Gemüse. Reis und Gemüse? Das hätte Yannik vor dieser Freundschaft auf gar keinen Fall gegessen. Aber wenn der Reis die Form eines kleinen Bären hat, der auf einem Bett aus Gurke schläft? Yannik staunt und Naoko kichert. Wie interessant und lecker Speisen aus anderen Ländern sind und wie sehr gemeinsames Essen verbindet, können die Kinder und ihre Eltern auch beim »International May Festival« oder am »International Day of Giving Thanks« erleben. Da biegen sich dann die Tische unter einem unglaublichen Büfett, bei dem jede Familie sich besonders viel Mühe gibt, das eigene Land und die eigenen Kochkünste zu repräsentieren. Bei der Vorbereitung zu diesen Festen entstehen oft Freundschaften zwischen den Eltern und auch das ist wichtig. Schließlich ist die Schule für Familien im

Ausland sehr oft Dreh- und Angelpunkt und eine der wenigen Möglichkeiten, jemand kennenzulernen, der in der gleichen Situation ist wie man selbst.

Nach der Pause auf dem sonnigen Schulhof haben alle Musikunterricht. In zwei Wochen ist das große Frühlingskonzert und die Musiklehrerin hat mit den Kindern Lieder und Musikstücke eingeübt, da ist die Aufregung genauso groß wie bei den Dinosauriern.

In der Sporthalle, dem riesigen, ehemaligen Tresor der Bank, haben sie im Anschluss daran das Unterrichtsfach Drama. Auch das macht den Kindern viel Spaß. Mr Adams übt Verhaltensregeln anhand von Rollenspielen und die Kinder lachen laut, als Yannik, Kavitha und Naoko auf verschiedene Arten versuchen, eine fiktive Auseinandersetzung zu beenden. Doch halt – ganz so fiktiv ist sie auch wieder nicht: Die Pausenaufsicht hatte einen Streit erwähnt, der sich vorhin entwickelt hatte und bei dem geschubst, geschrien und gepetzt wurde. Ein neues Lernfeld für die ganze Klasse, denn auch mit Auseinandersetzungen gehen unterschiedliche Nationen unterschiedlich um. Was für ein deutsches Kind völlig normal ist, kann für einen Japaner fürchterlich sein und umgekehrt. In Drama können sie lernen, sich in andere hineinzuversetzen, und den Umgang miteinander üben, sodass hinterher alle mit einem guten Gefühl nach Hause gehen können. Die Sporthalle verlassen Naoko, Yannik und Kavitha schon wieder einträchtig miteinander quatschend. Streit? Was für ein Streit?

Nachmittags haben die Schülerinnen und Schüler die Möglichkeit, sich für After School Activities einzutragen: Tanzen, Science, Klavier, Lego-Workshops, Sprachen, Sport – wer gern noch länger an der Schule bleiben möchte, hat hier mehr als genug Auswahl.

»Come in!«, sagt Sarah Kupke, wenn Eltern oder Schüler an ihre ohnehin offene Tür klopfen, und lächelt dieses tolle Lächeln. Es ist einfach, sich vorzustellen, wie bereichernd es sein muss, an so einer Schule lernen zu dürfen.

Ihre eigene Schulzeit sei so gewesen wie bei vielen anderen auch, erzählt die Schulleiterin. Prüfungen seien immer wie Lottospielen gewesen und man wusste nie, was auf einen zukam oder ob man auch genügend vorbereitet war und auch genau das gelernt hatte, auf das es ankam. Immer sei sie unsicher gewesen. Das habe ihr nicht gefallen. Das besser zu machen, sagt Sarah Kupke, sei ein wesentlicher Antrieb für sie und alle Pädagoginnen und Pädagogen, die nach dem IB-Konzept unterrichten. Die Kinder sollen lernen, sich selbst nicht nur mit oberflächlichem Wissen zufriedenzugeben, sondern tiefes Begreifen anstreben. Die Anwendung und Übertragung von Erkenntnissen soll geschult werden und dadurch auch das Selbstbewusstsein, den jeweiligen Aufgaben gewachsen zu sein.

Umso mehr irritieren die Schulleiterin Vorurteile, wie die, dass IB World Schools »Kuschelpädagogik« betreiben würden. Also eine Pädagogik, die keine Leistung fordert und nur danach strebt, es den Kindern so leicht und angenehm wie möglich zu machen. Aber fröhliche und inspirierte Schülerinnen und Schüler zu haben, schließt ja Erfolg nicht automatisch aus. »Das Feedback von Universitäten weltweit ist überdurchschnittlich«, sagt Sarah Kupke. Die Schülerinnen und Schüler seien motiviert, selbstständig, gut ausgebildet und verantwortungsbewusst. Darüber freut sie sich sehr. Aber ihr schönster Erfolg, sagt sie, seien die E-Mails oder Briefe, die sie von ehemaligen Schülerinnen und Schülern aus der ganzen Welt bekommt. Erst neulich, erzählt sie, schrieb eine junge Inderin, die mittlerweile erfolgreich Philosophie, Politik und Jura studiert und einige Jahre an der ISS verbracht hat, dass sie jetzt erst begreife, was sie wirklich während ihrer Schulzeit gelernt habe: nämlich wie man lernt.

8.2 Zur Geschichte

Die erste internationale Schule weltweit wurde 1924 von Mitgliedern des Völkerbundes und ortsansässigen Pädagogen in Genf gegründet, und zwar für die winzige Schülerschaft von acht Schülern und einem Hasen. 1957 entstand als erste in Deutschland The International School of Hamburg. Mittlerweile gibt es weltweit über tausend internationale Schulen. Allein in Deutschland sind es über siebzig (meist private) Schulen, die hauptsächlich in der Nähe von Großstädten mit einer hohen Dichte an international tätigen Firmen entstanden sind. 24 davon sind Mitglieder bei AGIS, der Association of German International Schools, und gelten, je nach Bundesland, als Ergänzungs- oder Ersatzschulen (manche bekommen Zuschüsse vom Land). Der Name »Internationale Schule« ist allerdings nicht geschützt, deshalb kann es durchaus große Unterschiede geben.

Der häufigste Schulabschluss, der an internationalen Schulen in Deutschland angestrebt wird, ist das International Baccalaureate Diploma (kurz IB Diploma). Es wurde 1968 von der International Baccalaureat Organization (der IBO) in der Schweiz als weltweit gleicher Abschluss entwickelt und gilt (unter bestimmten Voraussetzungen und nach Anerkennung durch die Kultusministerkonferenz) auch in Deutschland als Hochschulzugang.

Das IB-Programm umfasst die komplette Schullaufbahn eines Kindes und beginnt schon in der Grundschule. Der weltweit einheitliche Lehrplan im Diploma Programme richtet sich nach den Anforderungen der IBO und wird von sogenannten IB World Schools angeboten. Diesen Status können die Schulen nach einem mehrjährigen Autorisierungsprozess ebenfalls durch die IBO erlangen. Um sich IB World School nennen zu können, müssen die räumlichen, pädagogischen und vor allem auch personellen Anforderungen stimmen.

Eines darf man dabei allerdings nicht vergessen: Internationale Schulen sind nicht automatisch gleich IB-Schulen. Es gibt durchaus auch einige Einrichtungen mit anderen (pädagogischen) Konzepten oder anderen sprachlichen Voraussetzungen, wie staatliche bilinguale Schulen, die sich am deutschen Regelschulsystem orientieren, oder französische, griechische oder japanische Einrichtungen, deren

Abschlussprüfungen sich von den Ursprungsländern ableiten, wie zum Beispiel das Abibac, eine Mischung aus Abitur und französischem Baccalaureate.

Übrigens: Wer das IB Diploma zu seinem Abitur zusätzlich machen möchte, hat in manchen Bundesländern, wie Hamburg oder Sachsen, die Möglichkeit dazu. Dort bieten einige staatliche Gymnasien diese Kombination an.

8.3 Das pädagogische Konzept

IB World Schools haben eine Vision: Sie wollen den jungen Schülern und Schülerinnen mit häufigen Ortswechseln zumindest in der Schule eine gewisse zuverlässige Struktur und sehr ähnlich gestaltete Inhalte bieten und somit die Möglichkeit, sich überall auf der Welt zu Hause zu fühlen und lernen zu können.

Während ihrer Schullaufbahn sollen die Lernenden aber nicht nur auf wissenschaftlicher Ebene optimal auf einen Abschluss und das spätere Eintauchen in die Berufswelt vorbereitet werden, auch ihre persönliche Entwicklung ist ein wesentlicher Bestandteil des pädagogischen Konzeptes. Selbstständiges und kritisches Hinterfragen soll ebenso gefördert werden wie kreatives Denken. Die Schülerinnen und Schüler sollen darauf vorbereitet werden, auf respektvolle Weise Verantwortung für sich, andere und ihre Umwelt zu übernehmen, Konsequenzen abzuschätzen und Probleme zu lösen.

Ihre Unabhängigkeit wird genauso gefördert wie ihre Fähigkeit, sich anzupassen. Dazu ermutigen sie die Lehrkräfte, bewusst eigene Erfahrungen zu machen, daraus zu lernen und dabei ihre Belastbarkeit und ihren Einfallsreichtum zu entwickeln.

Ganz besonders aber sollen die Schülerinnen und Schüler angeregt werden, eigene Wege zu gehen und sich dabei immer weiterzuentwickeln, um ein Leben lang neugierige und begeisterte Lernende zu bleiben.

Das IB-Programm ist unterteilt in drei alters- beziehungsweise entwicklungsabhängige Abschnitte.

PYP (Primary Years Programme) für Schülerinnen und Schüler zwischen drei und zwölf Jahren

In dieser Zeit soll die Entwicklung der Kinder und ihre Neugier gefördert werden. Innerhalb des ganzheitlich angelegten Konzeptes üben sie Respekt gegenüber sich selbst und anderen und schulen ihre Fähigkeit, die Welt um sich herum wahrzunehmen und an ihr teilzuhaben. Vergleichbar ist dieser Lernabschnitt mit dem Zeitraum zwischen der Vorschule und der sechsten Klasse des deutschen Schulsystems.

Inhalte: Während der ersten Schuljahre haben die Schülerinnen und Schüler themenübergreifenden Unterricht. Vermittelt wird ihnen dabei die Fähigkeit, sich selbst Wissen anzueignen und vorhandenes Wissen weiterzuentwickeln.
Fächer: Unterrichtet wird in den Fachbereichen Sprache, Mathematik, Wissenschaft, Sozialwesen, Kunst, Musik und Sport. Die Aufgaben werden sowohl wissenschaftlich als auch praktisch erarbeitet. Die Schülerinnen und Schüler sollen sich im Laufe ihrer Schulzeit zusammenhängendes, tiefgreifendes Wissen aneignen, das sie durch das Entwickeln von eigenen Konzepten oder Forschungsarbeiten schulen. Diese Fähigkeiten werden ebenfalls fächerübergreifend gelehrt.
Lernen: Intellektuelle, soziale, emotionale, physische und psychische Möglichkeiten des Einzelnen und der gesamten Klasse werden mithilfe der jeweiligen Aufgaben und der Unterstützung der Pädagogen und Pädagoginnen weiterentwickelt, damit die Schülerinnen und Schüler ihr Wissen und ihre Fähigkeiten innerhalb und außerhalb des Klassenzimmers immer besser und selbstständiger erweitern können. An vielen Schulen gibt es außerdem das Fach

»Drama«. Dort sollen die Schülerinnen und Schüler zum Beispiel ihre Präsentationsfähigkeit schulen, durch Rollenspiele ihr Einfühlungsvermögen weiterentwickeln und durch Erfolgserlebnisse das Selbstbewusstsein stärken.
Haltung: Respektvolle Aufmerksamkeit, das Wohlbefinden der Einzelnen und der Gruppe – soziale Kompetenz und die Fähigkeit, in Gruppen zu agieren, sind wesentlicher Bestandteil des IB-Lernprofils und stehen deshalb auch schon in den ersten Schuljahren ganz oben auf der Prioritätenliste.

MYP (Middle Years Programme) für Schüler und Schülerinnen zwischen elf und sechzehn Jahren

In dieser Zeit sollen die Lernenden die Verbindung zwischen dem, was sie im Unterricht lernen, und der realen Welt herstellen. Ihre Selbstverantwortung wird gefördert und sie werden ermutigt, akademische Herausforderungen anzunehmen. Vergleichbar ist dieser Lernabschnitt mit dem der Realschule.

Mit dem Eintritt in das MYP beginnt die Unterteilung des Unterrichtes außerdem in acht verschiedene Fächergruppen, aus denen sich die Schülerinnen und Schüler sechs aus unterschiedlichen Bereichen aussuchen dürfen.

Gruppe 1: Language and Literature (Muttersprache)
Gruppe 2: Language Acquisition (moderne und klassische Fremdsprache): Deutsche Schülerinnen und Schüler wählen hier meist Englisch, möglich ist aber auch Französisch, Spanisch oder Latein, je nach Schulschwerpunkt. In anderen Ländern kann ebenfalls die Landessprache gewählt werden.
Gruppe 3: Individuals and Societies (Erdkunde, Geschichte, Wirtschaft, Islamgeschichte, Philosophie, Psychologie, Anthropologie)
Gruppe 4: Sciences (Biologie, Physik, Chemie, Technik)
Gruppe 5: Mathematics (Mathematik)

Gruppe 6: Arts (Kunst, Musik, Tanz, Film, Theater)
Gruppe 7: Physical and Health Education (Sport)
Gruppe 8: Design (Design/Technik)

Jedes Jahr entwickeln und bearbeiten die Schülerinnen und Schüler zusätzlich gemeinschaftlich ein umfangreiches Projekt, das mindestens zwei Fächergruppen beinhaltet und am Ende präsentiert wird. Außerdem schreiben die Schülerinnen und Schüler der zehnten Klasse (jeweils einzeln) eine umfangreich angelegte Arbeit über ein frei gewähltes Thema, das sie ebenfalls präsentieren.

DP (Diploma Programme) für Jugendliche zwischen 16 und 19 Jahren

Dieser zweijährige Abschnitt dient der Vorbereitung auf ein Universitätsstudium und darüber hinaus. Vergleichbar ist das IB Diploma Programme mit der Oberstufe am Gymnasium und das IB Diploma mit dem Abitur. Je nach Fächerkombination und Anerkennung durch die jeweiligen Kultusministerien ist mit dem erfolgreich abgeschlossenen IB Diploma ein Hochschulstudium in Deutschland möglich.

Das IB Diploma Programme

Das IB Diploma Programme wird seit über vierzig Jahren angeboten und war ursprünglich als Prüfung für Kinder von Diplomaten gedacht, die häufige Schul- und Ortswechsel erlebten und selten die Möglichkeit hatten, ein ganzes Schulkonzept komplett zu durchlaufen. Das IB Diploma, dessen Erhalt zuerst nur für wenige Schülerinnen und Schüler möglich war, kann nun jeder ablegen, der das IB Diploma Programme durchlaufen hat und die erforderliche Punktzahl erreicht. Mittlerweile wird es an über 1500 Schulen in mehr als 120 Ländern abgelegt.

Um das IB Diploma zu erhalten, muss man am Ende des zweijährigen IB Diploma Programmes zentrale schriftliche Prüfungen (ähnlich dem Abitur) vor externen Prüfern ablegen. In Deutschland wird die IB-Prüfung auf Englisch absolviert. In manchen anderen Ländern wird auch Spanisch oder Französisch angeboten.

Für die Endnoten zählen zusätzlich mündliche Beiträge während des Schuljahres, die Präsentationen der Forschungsarbeiten in den wissenschaftlichen Fächern und die Darbietungen und das Engagement in den künstlerisch-musischen Fächern.

Für die zwei IB-Diploma-Schuljahre dürfen (und müssen) die Schülerinnen und Schüler selbst sechs Unterrichtsfächer aus einem gewissen Rahmen wählen, dabei soll durch ein sehr breit angelegtes Lernspektrum vermieden werden, dass sich die Schüler frühzeitig auf einen Schwerpunkt festlegen und die Lernerfahrung zu einseitig ist.

Die Kurse selbst werden in zwei unterschiedlichen Niveaus angeboten. Die Schülerinnen und Schüler können sich zwischen dem »Higher Level« (vergleichbar mit dem Leistungskurs am Gymnasium) und dem »Standard Level« (Grundkurs) entscheiden. Meistens werden drei Fächer im Higher Level und der Rest im Standard Level gewählt.

Zusätzlich zu den sechs Wahlfächern gibt es noch drei weitere Pflichtaufgaben, die sogenannten »Core Requirements«, die jeder Schüler und jede Schülerin leisten muss.

1. EE – Extended Essay: ein sehr ausführlicher Aufsatz (mindestens viertausend Wörter) über ein Thema aus einem der gewählten Fächer.
2. TOK – der Kurs »Theory of Knowledge«: Ein Kurs aus dem Fachbereich Philosophie muss besucht und ein Essay (mindestens 1600 Wörter) sowie eine Präsentation zu einem inhaltlich passenden Thema vorbereitet werden.
3. CAS – Creativity, Action, Service: Die Schülerinnen und Schüler engagieren sich für mindestens drei Stunden pro Woche und über 18 Monate hinweg zusätzlich zum

eigentlichen Schulunterricht – also 150 Stunden insgesamt – in einem selbst gewählten kreativen, sportlichen oder sozial-ehrenamtlichen Bereich. Am Ende des Projekts gibt es ebenfalls eine Präsentation. Hier sind die Schülerinnen und Schüler allerdings völlig frei. Ob sie nun ein Musikstück erarbeiten, sich auf einen Wettbewerb vorbereiten, ein Buch gestalten oder sich in einer Kindergruppe engagieren, bleibt ihnen überlassen, solange sie eine eigene Idee auf ihre eigene Weise umsetzen.

8.4 Die Noten und Abschlüsse

Die Notengebung im IB Curriculum erfolgt ab dem MYP, davor gibt es sehr ausführliche schriftliche Beurteilungen der einzelnen Schülerinnen und Schüler durch die jeweiligen Lehrkräfte, in denen deren Fähigkeiten und ihre Entwicklung dargestellt sind. Darüber hinaus gibt es mehrmals im Schuljahr Gespräche mit Lehrern, Eltern und Schülern, um inhaltliche und pädagogische Fortschritte zu besprechen. Ab dem MYP werden die Schülerinnen und Schüler nach einem Punktesystem benotet, wobei sieben die beste Punktzahl ist und eins die schlechteste. Die zweimal im Jahr stattfindenden Eltern-Lehrer-Konferenzen finden auch im MYP weiterhin statt und sind bei Bedarf selbstverständlich auch öfter möglich.

Die Benotung des IB Diplomas

Benotet werden die Fächer der Gruppe eins bis sechs nach der Punkteskala von eins bis sieben. Zum Bestehen sind mindestens vier Punkte in jedem Fach notwendig (also insgesamt 24), was einer 4,0 im Abitur entsprechen würde.

Für EE, TOK und CAS werden insgesamt bis zu maximal drei weitere Punkte vergeben, sodass die höchste Punktzahl, die im IB erreicht werden kann, 45 beträgt.

42 bis 45 Punkte entsprechen der Abiturnote von 1,0. 36 Punkte einer 2,0, 30 Punkte einer 3,0.

Die weltweite Durchschnittspunktzahl im IB Diploma liegt jedes Jahr ungefähr bei 30 Punkten, wobei 0,05 Prozent der Absolventen 45 Punkte erreichen.

Die IB-Prüfungen können zweimal jährlich abgelegt werden (jeweils im Mai und im November) und die Ergebnisse werden auf den Seiten der Schulen und der IBO veröffentlicht.

Übrigens: Wie beim Abitur gilt: Je höher die erreichte Punktzahl im Diplom, desto besser die Wahlmöglichkeiten bei den Universitäten.

Die britischen Eliteuniversitäten Oxford und Cambridge verlangen beispielsweise als Aufnahmevoraussetzung eine Mindestpunktzahl von 38 bis 40 Punkten.

Internationale Schulen vergeben ausgesprochen selten deutsche Bildungsabschlüsse wie das Abitur oder die mittlere Reife.

Die Verbreitung des IB Diplomas nimmt immer weiter zu, denn die Aufnahme an Universitäten weltweit ist durch die Anerkennung des IB als Hochschulzugangsberechtigung in über hundert Ländern vergleichsweise einfach. Dennoch sollte man sich zu den jeweiligen Ländern unbedingt vorher auf der Website der IBO informieren und bei den Universitäten zu den Aufnahmekriterien anfragen. In Deutschland ist die Anerkennung von der jeweiligen Fächerwahl und den Kultusministerien abhängig.

Mit 16 kann man an manchen internationalen Schulen außerdem das International General Certificate of Secondary Education (kurz IGCSE) ablegen, das sich am britischen General Certificate of Secondary Education orientiert und mit der mittleren Reife vergleichbar (und von den Kultusministerien auch als solche anerkannt) ist.

8.5 Der Schulwechsel

Je nach Klassenstufe und vorhandenen Sprachkenntnissen ist ein Wechsel auf eine IB World School natürlich nicht ganz einfach, schließlich ist die Unterrichtssprache meist Englisch, Tests und Essays werden ebenfalls auf Englisch geschrieben. Die Schulen sind aber schon aufgrund der Positionierung auf der ganzen Welt auf Quereinsteiger eingestellt und die Lehrkräfte unterstützen die neuen Schülerinnen und Schüler. Ein Wechsel von einer World School auf eine staatliche Regelschule ist meist kein Problem. Die sehr guten Englischkenntnisse sind ein Vorteil.

8.6 Die Pädagoginnen und Pädagogen

Die Lehrkräfte an World Schools bringen als Voraussetzung ein Pädagogikstudium mit oder sind sogenannte Fachlehrerinnen und -lehrer die ein Diplom in ihrem Unterrichtsfach und ein einjährigen Pädagogikstudium vorweisen können. Auch ein Abschluss in europäischem Lehramt wird anerkannt. Wichtig sind sehr gute Englischkenntnisse, da dies die übliche Unterrichtssprache ist. Bis zur fünften Klasse wird in Sindelfingen (und auch an manchen anderen internationalen Schulen) außerdem im Team unterrichtet. Es gibt hier eine Klassenleitung, einen Sprachlehrer beziehungsweise eine Sprachlehrerin und eine Lernassistenz. Von der sechsten bis zur zehnten Klasse wird der Unterricht der fächerübergreifenden Lerneinheiten kollaborativ geplant. Die Klassenlehrer und -lehrerinnen sind für den Englischunterricht zuständig, die Deutschlehrer und -lehrerinnen sind zehn Stunden im Team in der jeweiligen Klasse dabei. Dieses Konzept variiert aber von Schule zu Schule.

8.7 Die Rolle der Eltern

Eltern werden an den World Schools gut integriert und durch die vielen unterschiedlichen Feste und Kulturen auch gefordert: Weihnachten wird genauso gefeiert wie zum Beispiel das indische Holi Fest oder der International Day of Giving Thanks. Dabei beteiligen sich die Familien aus den jeweiligen Ländern natürlich ganz besonders. Manche engagieren sich außerdem in außerschulischen Aktivitäten, in der Bibliothek oder als Klassenvertreter. An World Schools ist die Schule eben zusätzlich Treffpunkt und Kontaktbörse: Kindergruppen, Deutschunterricht, Ausflüge und Gesprächskreise werden oft von Eltern für Eltern ins Leben gerufen und finden regen Zulauf.

8.8 Die Finanzierung

Ersatzschulen, wozu auch die meisten der AGIS-Mitgliedsschulen gehören, können Zuschüsse vom Staat erhalten. Wie hoch diese Zuschüsse sind, variiert allerdings von Bundesland zu Bundesland. Wegen ihres Status als Ergänzungsschule bekommt zum Beispiel die International School of Stuttgart vom Kultusministerium Baden-Württemberg keine finanzielle Unterstützung. So oder so müssen internationale Schulen einen Großteil des Schulbetriebes selbst finanzieren. Dementsprechend hoch sind die Schulgebühren. Pro Jahr und Schüler kostet der Schulbesuch einer internationalen Schule durchschnittlich zwischen circa siebentausend und 18.000 Euro. An manchen Schulen sind die Kosten erheblich niedriger – abhängig unter anderem von Spenden oder Sponsoren aus der Industrie, für die eine internationale Schule vor Ort in Hinblick auf ihre angestellten Mitarbeiterinnen und Mitarbeiter aus dem Ausland oft große Vorteile hat. Sie ermöglichen für ihre Angestellten mitunter außerdem leistungsunabhängige Stipendien.

Eine große Ausnahme ist die Berliner John F. Kennedy School. Sie ist eine der sehr seltenen staatlichen internationalen Schulen in Deutschland, bei denen man keine Schulgebühren bezahlen muss.

Wer nicht so viel Geld für die Schulbildung ausgeben kann oder möchte, hat in Deutschland allerdings noch eine weitere Option: Immer mehr Schulen (von der Grundschule bis zum Abitur) bieten bilingualen Unterricht nach dem deutschen Lehrplan an. Hier werden bestimmte Fächer auf Englisch oder Französisch unterrichtet.

8.9 Was noch zu erwähnen wäre

An manchen internationalen Schulen tragen die Schülerinnen und Schüler eine Schuluniform. Meist sieht man die einheitliche Kleidung an Schulen, die sich am britischen Schulsystem orientieren, aber auch an anderen internationalen Einrichtungen gibt es mitunter dieses Konzept. Der Gedanke dahinter ist, dass sich die Schülerinnen und Schüler auf diese Weise intensiver mit ihrer Schule identifizieren können. Gleichzeitig definieren sie sich bestenfalls weniger über (teure) Kleidung oder Schuhe. Die einheitliche Sportuniform gewährleistet außerdem, dass alle Kinder adäquat für den Sportunterricht ausgerüstet sind.

Abgesehen davon stärkt es den Teamgeist, wenn man »Mannschaftsfarben« trägt.

8.10 Dafür und Dagegen

Die vielen unterschiedlichen Nationalitäten, die sich oft in einem einzigen Klassenzimmer zusammenfinden, lehren den Schülern und Schülerinnen ganz selbstverständlich Toleranz anderen Nationalitäten, Religionen und Kulturen gegenüber. Dadurch und durch den Unterricht auf Englisch haben Schülerinnen und Schüler einer internationalen Schule sicher Vorteile, wenn sie sich in die Arbeitswelt wagen und eine Karriere anstreben. Viele der heute erforderlichen Voraussetzungen für ein erfolgreiches Berufsleben haben sich Absolventinnen und Absolventen einer internationalen Schule schon in ihrer Schulzeit angeeignet: Flexibilität, Offenheit anderen Nationen gegenüber, ein weltweites Netzwerk und eine bilinguale Erziehung, die von Muttersprachlern durchgeführt wird. Für Kinder, deren Eltern oft berufsbedingte Standortwechsel vornehmen müssen, ist es ein großes Plus, wenn sie in jeder neuen Heimat wenigstens bei der Schule vertraute Strukturen und Inhalte vorfinden und da weitermachen können, wo sie an der alten Schule aufgehört haben. Aber die häufigen Wechsel von Mitschülern sind auch für diejenigen, die bleiben, nicht einfach und Abschiede oft schmerzhaft. Dass zudem die Kinder oft aus einem sehr großen Einzugsgebiet kommen, erschwert zusätzlich die oft wenigen, dafür umso kostbareren Freundschaften. Der größte Teil des Soziallebens der Schülerinnen und Schüler findet dank des Ganztagesunterrichts zwar an der Schule statt, aber das heißt auch: Kontakte im unmittelbaren Wohnumfeld der ortsansässigen Kinder gibt es dementsprechend wenige.

Da die Schulferien der internationalen Schulen außerdem selten den deutschen entsprechen, finden Feriencamps und Freizeiten oft so statt, dass internationale Schüler nicht daran teilnehmen und somit auch hier keine Kontakte knüpfen können. Das Gute daran wiederum: Dafür kann man außerhalb der Hochsaison verreisen.

Die Klassen sind klein, das Personal motiviert, die Unterrichtsräume sind gut ausgestattet und eine Ganztagsbetreuung ist gewährleistet. Durch die intensive Betreuung durch die Lehrkräfte kann Mobbing oder Gewalt unter Schülerinnen und Schülern oft verhindert werden.

Im Gegensatz zu vielen anderen Schulen werden Computerfähigkeiten hier von der Grundschule an gefördert und die

Kinder lernen frühzeitig, mit neuen Medien als Lerntool umzugehen. Allerdings wollen natürlich nicht alle Eltern diesen frühen Umgang mit dem Computer für ihre Kinder.

Links

AGIS (Association of German International Schools): www.agis-schools.org
Anabin (Infoportal zu ausländischen Bildungsabschlüssen der Kultusministerkonferenz, Zentralstelle für ausländisches Bildungswesen): www.anabin.kmk.org/anabin.html
CIS (Council of International Schools): www.cois.org
ECIS (Educational Collaborative for International Schools): www.ecis.org
Informationen zum IB und den World Schools: www.ibo.org
International School of Stuttgart: www.issev.de
Voraussetzungen des IB als Hochschulzugang: www.kmk.org/fileadmin/Dateien/pdf/ZAB/Hochschulzugang_Beschlusse_der_KMK/IB-Diploma.pdf

9

LEBEN UND LERNEN UNTER EINEM DACH – INTERNATE IN DEUTSCHLAND

Lucinde Hutzenlaub

Ist ein Internat eine Eliteschmiede? Geben sich hier Prinzessinnen und Scheichs die Ehre? Muss man tief religiös, ein aufstrebender Profisportler, ein Musikgenie oder eine intellektuelle Überfliegerin sein, um überhaupt aufgenommen zu werden?

Nun, in Deutschland besuchen zurzeit circa zehntausend Schülerinnen und Schüler ein Internat. Ihre Internatszeit beginnen die meisten davon ab der siebten oder achten Klasse, und zwar aus sehr unterschiedlichen Gründen: Einige Schülerinnen und Schüler kommen zum Beispiel, weil ihre Eltern im Ausland oder auch innerhalb Deutschlands so abgeschieden leben, dass ein Schulbesuch an einer passenden Schule nicht möglich ist.

Andere haben sich für ein Internat entschieden, weil die Familie sehr oft umziehen muss und ein beständiger Schulbesuch oder verbindliche soziale Kontakte nur schwer möglich sind. Eine schwierige familiäre Situation kann den Ausschlag genauso geben wie der Bedarf einer speziellen Förderung, beispielsweise bei Hochbegabung oder einer ausgeprägten Lese-Rechtschreib-Schwäche, die im normalen Unterrichtsgeschehen nicht individuell genug unterstützt werden könnte. In den beiden letzten Fällen übernimmt oft das Jugendamt einen Teil der Kosten für den Internatsbesuch. Natürlich gibt es auch einige Kinder und Jugendliche, deren sportliches, naturwissenschaftliches oder musikalisches Talent so herausragend ist, dass es auf einem bestimmten Internat mit dem passenden Schwerpunkt inhaltlich und organisatorisch viel individueller gefördert werden kann als auf einer Schule am Wohnort. Und durchaus besuchen auch manche Schülerinnen und Schüler ein Internat, schlicht weil sie neugierig sind und einfach gern diese Erfahrung machen wollen.

Neben einem erfolgreichen Unterrichtskonzept steht bei allen Internaten die Persönlichkeitsbildung im Vordergrund, eine intensive Vermittlung von Werten und eine Erziehung zu sozialfähigen und verantwortungsbewussten jungen Erwachsenen. All dies soll durch eine gute Balance erreicht werden – im pädagogischen, außerschulischen und gesellschaftlichen Bereich. Abgesehen davon bezahlen an den meisten Internaten manche Familien den vollen Preis, manche Schülerinnen und Schüler bekommen ein Teil- oder Vollstipendium und andere können dank der Unterstützung der Jugendhilfe diese Möglichkeit wahrnehmen. Wer also bei einem Internat nur an eine Einrichtung denkt, die privilegierten Kindern und Jugendlichen für einen sehr hohen Preis und mit Druck Leistung abverlangt, der liegt falsch.

9.1 Ein Tag im Internat der Urspringschule

Inmitten der Natur liegt das ehemalige Benediktiner-Kloster aus dem zwölften Jahrhundert, das seit 1930 die Urspringschule beherbergt. Wobei, wie ein Kloster sieht es nun wirklich nicht aus. Es erinnert eher an ein kleines Dorf, mit freundlichen, weiß getünchten Häusern, einer Kirche in der Mitte und einer großen eingefassten Quelle dahinter. Links vor den ersten Wohngebäuden befinden sich ein Pferdestall und eine Weide, dahinter Weite aus Feldern und Wiesen. Die Sonne scheint. Es ist halb neun Uhr und sehr still für eine Schule mit ungefähr zweihundert Schülerinnen und Schülern. Aber das ist auch kein Wunder, denn der Unterricht hat natürlich längst begonnen. Geweckt werden die Jugendlichen jeden Tag zwischen sechs Uhr und sechs Uhr dreißig. Außer am Wochenende, da darf man auch im Internat länger schlafen. Das gemeinsame Frühstück gibt es pünktlich um 7.10 Uhr in den Wohngemeinschaften, den sogenannten Mentoraten, oder in der Mensa. Unterrichtsbeginn ist um 7.40 Uhr.

Gleich im ersten Haus links befindet sich das Sekretariat. Die alte Holztür quietscht ein bisschen und man muss den Kopf ein wenig einziehen, wenn man durch den niedrigen Türrahmen eintreten möchte. Herr Dr. Rainer Wetzler, Vorstand, Schulleiter und Lehrer der Urspringschule Schelklingen, ist noch im Unterricht, aber die Schulsekretärin Stephanie Herrmann hilft gern weiter.

Über eine gewundene, knarrende Holztreppe gelangt man in den ersten Stock und zu Herr Dr. Wetzlers Büro, auf dessen Tür in altdeutscher Schrift und mit Bauernmalerei umrankt das Wort »Schulleiter« steht. Durch das Fenster in der dicken Wand im Treppenaufgang fällt der Blick auf die Pferdekoppel hinter dem Haus.

Ein baumlanger Teenager steigt mit schweren Schritten die Treppe hinauf und geht noch ein Stockwerk weiter nach oben. Dahin, wo die Basketballer wohnen. Es ist Finn, 18 Jahre alt und 2,07 Meter groß. Einer der Jungs aus der Basketball-Leistungsgruppe und Spieler in der 2. Bundesliga. Sie sind wirklich gut, erzählt Frau Herrmann stolz, einige spielen sogar in der deutschen Jugendnationalmannschaft und mancher deutsche Meistertitel der JBBL oder NBBL ging schon nach Urspring. Der Basketballstützpunkt in Urspring ist ein Beispiel für einen besonderen Sportförderungsschwerpunkt, wie es ihn an vielen Internaten gibt. Hier wird neben dem ganz normalen Schulunterricht ein intensives Training für die Sportstipendiaten angeboten.

Die Basketballer haben ihr Mentorat, also ihre Wohngruppe, hier im oberen Stockwerk des Schulleiterhauses und sind die Einzigen, die auch nicht so einfach wechseln können. »Denn«, so sagt Frau Herrmann, »die haben alle überlange Betten. Die kriegt der Hausmeister gar nicht überall rein und sie sind so schwer zu transportieren. Nein, die Basketballer müssen einfach bleiben, wo sie sind.« Kein Problem für die Jungs. Ihre Mentoratswohnung ist sehr großzügig geschnitten, die Decken sind hoch genug, der Blick ist klasse, das gemeinsame Wohnzimmer gemütlich und überhaupt: Jedes Mentorat hat seine ganz eigenen Vorteile. Manchen gefällt es, dass die Wohnungen im Dorment oder dem Mädchenhaus besonders nah am Geschehen, anderen, dass die in der Dreikönigsmühle besonders weit weg davon sind. Das Mentorat im Gärtnerhaus liegt mitten in der Natur, das im Hellhaus unter dem Dach. Das eine hat ein tolles Badezimmer, wieder ein anderes ein besonders großes Wohnzimmer. Das Mentorat der Oberstufenschüler besteht zwar, wie alle anderen auch, aus drei bis vier Zimmern, ist aber wegen seiner besonderen Ausstattung besonders begehrt. Hier gibt es nämlich einen Tischkicker, an dem die Jungs und Mädchen gleichermaßen Spaß haben. Bis zur zehnten Klasse sind alle Mentorate streng nach Geschlecht und Klassenstufe getrennt, danach ist eine gemeinsame Wohnküche und ein gemeinsamer Aufenthaltsraum möglich.

Meistens teilen sich jeweils zwei Schülerinnen oder Schüler eines der spartanisch eingerichteten Zimmer, die sie allerdings nach ihren eigenen Wünschen gestalten dürfen. Natürlich unter der Bedingung, dass es sicher ist und beiden Bewohnern gefällt. In den Schlafräumen fängt übrigens schon der erste Teil der Erziehung an: Rücksichtnahme, Respekt, Kooperations- und Kompromissfähigkeit werden hier beinahe nebenbei geschult.

Zurzeit besuchen 208 Schüler und Schülerinnen die Urspringschule. Knapp 130 davon sind Interne, also Kinder und Jugendliche, die auch auf dem Schulgelände leben, und rund achtzig Externe, die das Tagesinternat besuchen und nach dem Unterrichtsende nach Hause gehen.

Um neun Uhr bietet die Schule für alle ein gemeinsames zweites Frühstück in der Mensa an, danach geht es weiter mit dem Unterricht, bis es für die Oberstufe um 12.15 Uhr und für die unteren Klassen um 13.10 Uhr Mittagessen gibt.

Um kurz nach neun kommt Dr. Rainer Wetzler aus dem Unterricht. Sein Händedruck ist fest und sein Lächeln freundlich. Er sieht gelassen aus, als ob er Humor hat, und wie jemand, mit dem man reden kann. Eine Klausur in der Oberstufe habe ein wenig länger gedauert, entschuldigt er sich und bietet an, das Gespräch im Freien fortzuführen, am besten draußen bei den Pferden. Sie gehören einer Lehrerin, die im Nachmittagsprogramm Reitunterricht für die Schüler anbietet. Eine gute Lösung sei das, sagt Dr. Wetzler, denn nein, eigene Pferde seien nichts für eine Schule. Sogar Blumen seien manchmal schwierig, ergänzt er und lächelt, denn schließlich gebe es ja auch im Internat mal Ferien. Und da sollten natürlich trotzdem alles und alle weiterversorgt werden können.

Um 15.20 Uhr ist dann endgültig Unterrichtsende und ein Shuttle fährt die Tagesschülerinnen und -schüler zum Bahnhof. Alle zwei Wochen ist Heimfahrwochenende, da ist schon nach dem Mittagessen Schulschluss. An den Wochenenden, an denen die Schülerinnen und Schüler in Urspring bleiben, gibt es natürlich auch Programm: ein Besuch im Spaßbad, je nach Jahreszeit Wandern oder Skifahren, Kinoabende, Fußballspiele, Kochkurse, Lasertagging und noch vieles mehr. Für die älteren Schülerinnen und Schüler gibt es eine Disco in einem etwas abgelegeneren Gebäude, dem sogenannten Saustall. Hier haben die Jugendlichen ab 16 die Möglichkeit, sich zu treffen, zu quatschen, Musik zu hören und auch mal ein Bier oder einen Wein zu trinken. Alles natürlich in Maßen und unter Aufsicht. Für die Raucher gibt es hinter dem Bauwagen einen Platz an der Schule – wer an anderer Stelle erwischt wird, zahlt fünf Euro in eine Kasse.

Nach dem Vormittagsunterricht gibt es Mittagessen in der Mensa und eine Mittagspause, danach folgt der Nachmittagsunterricht. Wer danach gleich wieder Hunger hat, kann sich um 15.30 Uhr eine Vesper in der Mensa holen, bevor es mit den vielfältigen Freizeitangeboten weitergeht. Schon montags ist es nicht leicht, sich zu entscheiden: Filzen oder doch lieber Reiten? An den anderen Tagen wird Improvisationstheater, Tischtennis oder Philosophie angeboten, Töpfern, Schwimmen, Debating oder Zirkus, dazu gibt es noch den Chor und für die Basketballer natürlich das Basketballtraining. In der fünften Klasse lernen alle Schülerinnen und Schüler außerdem ein Instrument.

Die vielen gemeinsamen Aktivitäten sind nicht nur spannend, sie bieten auch einen weiteren wesentlichen Aspekt: Wer aktiv ist und Spaß hat, braucht keine Ersatzbefriedigung wie dauerhafte Mediennutzung oder Drogen, erklärt Dr. Rainer Wetzler.

Und noch ein außergewöhnliches Angebot gibt es hier: Ab der achten Klasse kann man sich in Urspring in der Schreinerei, der Maßschneiderei oder der Feinwerkmechanik ausbilden lassen und sogar einen Gesellenbrief zusätzlich zum Abitur erhalten. Zurzeit nutzen rund dreißig Lernende diese Möglichkeit, aber auch die anderen können natürlich die Werkstätten innerhalb ihrer AGs nutzen.

Wer immer noch nicht genug zu tun hat, kann freiwillig Patenschaften für jüngere neue Schülerinnen oder Schüler übernehmen, sich beim Roten Kreuz als Sanitäter ausbilden lassen oder Mitglied bei der freiwilligen Schulfeuerwehr werden. Aber es gibt auch Dienste, die nicht freiwillig sind: Tagesdienste beim Essen und in der Küche zum Beispiel und das Mithelfen in den Mentoraten gehören einfach dazu.

Zusätzlich zu den AGs, dem umfangreichen Sportangebot und den sozialen Diensten gibt es in Urspring (und an manchen anderen Internaten, wie zum Beispiel dem Kloster Wald) ein weiteres Programm, an dem sich die Lernenden beteiligen können: Erasmus+ (früher Comenius genannt).

Die Urspringschule und ihre Schülerinnen und Schüler sind seit 25 Jahren daran beteiligt. Erasmus+ dient dazu, europäisches Denken zu unterstützen. Denn nur wenn man Menschen aus anderen Ländern kennt, kann man andere auch verstehen, so der Gedanke dahinter. Alle drei Jahre gibt es ein neues Projekt, in dem sich die beteiligten Schulen engagieren können – und zwar gemeinsam mit anderen Schulen aus anderen Ländern. Alle zwei Jahre muss ein neuer Antrag für eine neue Aufgabe gestellt werden, an dem dann wieder fünf Schulen aus unterschiedlichen Herkunftsländern arbeiten werden. Aktuell ist Urspring für die Koordination zuständig und arbeitet mit Estland, Schottland, England, Belgien und Ungarn an dem Thema »T.E.A.M«: Together Everyone Achieves More – die Projektsprache ist Englisch.

Was in Urspring alles so los ist, wer wann und wo welche Exkursion gemacht oder welches Sportereignis bestritten hat, was in den letzten beiden Wochen überhaupt an der Schule passiert und was für die nächsten beiden geplant ist, all das erfahren Interne, Externe und Lehrkräfte in der Vollversammlung, die alle zwei Wochen montagnachmittags stattfindet und für alle Lernenden verpflichtend ist. Hier sollen die Schülerinnen und Schüler allerdings nicht nur zuhören, sondern sich auch als Teil des Ganzen fühlen. Ihre Meinung ist genauso gefragt wie ihr Engagement und ihre Ideen.

Urspring ist ein evangelisches Internat und zusätzlich noch formales Gründungsmitglied des Diakonischen Werkes Württemberg, steht im Leitfaden der Schule. Wie aber wird der Glaube hier gelebt?

»An unserer Schule gibt es evangelische, katholische, buddhistische und konfessionslose Schüler und Schülerinnen«, erklärt der Schulleiter Herr Dr. Rainer Wetzler. »Alle besuchen den evangelischen Religionsunterricht. Wir unterrichten allerdings nicht dogmatisch und der Unterricht umfasst viele ethische und weltreligiöse Aspekte. Da die Schule evangelisch geprägt ist, gibt es auch evangelische Gottesdienste oder Andachten, wie beispielsweise in der Weihnachtszeit oder bei der Abiturfeier. Und natürlich haben wir jedes Jahr eine Konfirmandengruppe und feiern hier in der Kirche Konfirmation.«

Das Leben in so einer großen Gemeinschaft ist manchmal sicher eine Herausforderung, aber immer auch eine ganz besondere Chance: Hier lernen die Kinder voneinander, üben Rücksichtnahme und Verantwortung. Es entstehen sehr enge soziale Kontakte und ein intensiver und lebenslanger Zusammenhalt, weil ein Internat eben mehr ist als nur eine Schule mit Unterkunft – es ist eine Lebensgemeinschaft, in der man beinahe alles teilt. »Wie bei einer Familie mit sehr vielen Geschwistern«, sagt Dr. Wetzler, »nur dass auch die Mentoren ein Teil davon sind.« Es entstehen oft lebenslange, tiefe Verbindungen, was man an der intensiven Alumni-Arbeit ablesen und bei dem alle zwei Jahre stattfindenden Sommerfest beobachten kann.

»Außerdem«, betont er, »haben wir das große Glück, dass wir ein vergleichsweise kleines Internat sind. Hier lernen nicht viel mehr als zweihundert Schülerinnen und Schüler. Dadurch können wir uns sehr individuell auf jeden Einzelnen einlassen. Das ist gut so, denn je kleiner die Struktur, desto weniger bröckeln die Ränder.«

Eine der größten Herausforderungen sei es natürlich trotzdem, eine pädagogische und inhaltliche Übereinstimmung zu bewältigen und gleichzeitig jeden Lernenden individuell wahrzunehmen. »Es ist eben auch Teil unserer Aufgabe, den Schülerinnen und Schülern beizubringen, dass sie in Urspring nicht nur schlafen und wohnen, sondern dass sie auch Teil einer Gemeinde sind, in der sie mitberechtigt, aber auch mitverantwortlich sind«, meint Dr. Wetzler. »Eine Gemeinschaft, die eben nicht dazu dient, eine Konsum- oder Nehmerhaltung zu fördern. Wir wünschen uns natürlich, dass sie dies später auch in ihr Erwachsenen- und Berufsleben übernehmen. Die Urspringschule«, so Dr. Wetzler, »hat in der Vergangenheit eine sehr intensive Planungs- und Umsetzungszeit mit der Renovierung und den physischen Strukturen der Schule verbracht. Nun ist es Zeit für die innere Mission.«

9.2 Zur Geschichte

Das erste Internat war vermutlich die 597 n. Chr. gegründete King's School in Canterbury, England. In Deutschland gilt die Fürstenschule Schulpforta als eine der ersten Landschulen für Knaben. Dort wurden von 1543 rund 150 Jungen aus allen gesellschaftlichen Schichten unterrichtet und auf ein Hochschulstudium vorbereitet. Herzog Moritz von Sachsen hatte vorher den Besitz des Klosters in eine Stiftung umgewandelt, die diese Schule (und zwei weitere) finanzierte.

Damals wie heute war ein Internat eine Einrichtung, in der Schülerinnen und Schülern nicht nur Bildung erhalten können, sondern auch in unmittelbarer Nähe und unter der Verantwortung der Schule leben. Allerdings haben sich die Umstände verändert. Früher waren diese Internate oft an ein Kloster oder an eine Universität angebunden. Oft wurden Internate von der Kirche geführt, die meisten von katholischen Trägern finanziert. Viele Absolventen dieser Internate gingen danach an ein Priester- oder Lehrerseminar. Um 1900 schickten außerdem viele Eltern ihre Töchter auf sogenannte Mädchenpensionate, wo sie Bildung, aber auch den letzten gesellschaftlichen Schliff erhalten sollten. Viele Kinder der reichen Landbevölkerung besuchten ein Internat, denn obwohl zwar immer mehr Gymnasien entstanden, so doch beinahe ausschließlich in den Städten. Noch bis zum Beginn des zwanzigsten Jahrhunderts haben die meisten späteren Studenten ihr Abitur also fernab ihres Elternhauses abgelegt.

Während der Sechziger- und Siebzigerjahre entstanden auch außerhalb der Städte immer mehr weiterführende Schulen und die Verkehrsverbindungen in die Stadt verbesserten sich zusätzlich, sodass der unmittelbare Bedarf an Internaten nicht mehr ganz so groß war wie noch ein paar Jahre zuvor. Gleichzeitig stieß die oftmals stark religiös geprägte Ausrichtung der damaligen Einrichtungen in der Gesellschaft zunehmend auf Ablehnung. In dieser Zeit halbierten sich die Internatsschülerzahlen beinahe. Als in den Achtzigerjahren aufgrund der geburtenschwachen Jahrgänge auch noch zusätzlich überall die Schülerzahlen zurückgingen, traf es die Internate erneut.

Während es immer wieder Kritik an Inhalten oder der pädagogischen Ausrichtung gab, waren es doch gerade diese Einrichtungen, die oft in schwierigen politischen Zeiten Jugendlichen Halt gaben und einen Lebensraum, in dem neue Gedanken und pädagogische Konzepte reifen konnten, von denen später viele andere Schulen profitierten. So öffnen sich heute die pädagogischen Konzepte auch an Staatsschulen in Deutschland immer mehr den reformpädagogischen Ansätzen, die unter anderem durch das Engagement des Lehrers und Landschulheim-Gründers Herrmann Lietz ihre Anfänge nahmen.

Die Internate-Vereinigung

1924 wurde die Interessengemeinschaft von reformpädagogisch orientierten Einrichtungen »Vereinigung der Freien Schulen – Landerziehungsheime und freie Schulgemeinden in Deutschland«

gegründet. Während des Zweiten Weltkrieges mussten viele dieser Einrichtungen schließen und der Verein löste sich deshalb wieder auf.

1947 entstand nach diversen Neugründungen die »Vereinigung der Landerziehungsheime« mit demselben Hintergrund.

Nachdem 1998 Fälle von sexuellen Übergriffen an der Odenwaldschule bekannt wurden (einer der Mitgliedsschulen der Vereinigung der Landerziehungsheime) und die Aufarbeitung sehr schleppend vorankam, geriet auch der Verein in die negativen Schlagzeilen. Viele Internate traten daraufhin aus. 14 davon beschlossen 2013 unter dem Namen »Die Internate Vereinigung e. V.« einen neuen Verein zu gründen, der sich maßgeblich mit der Weiterentwicklung der Internatspädagogik, sorgfältiger Personalentwicklung und dem Qualitätsmanagement von Internaten mit besonderer reformpädagogischer Prägung befasst.

Außerdem arbeiten die Mitglieder nach wie vor mit Opferverbänden für sexuelle Gewalt zusammen, um Verantwortung für die Vergangenheit zu übernehmen und um die Zukunft zu gestalten: durch das Schaffen von Transparenz und Schutzkonzepten für Kinder und Jugendliche.

Die Odenwaldschule schloss 2015.

Reformpädagogische Ansätze, Landerziehungsheime und Hermann Lietz

Während die früher maßgeblich nach kirchlichen Regeln und mit strenger Hand geleiteten Internate eine gewisse beängstigende Aura mit sich brachten, so entstand Ende des 19. Jahrhunderts eine starke Gegenbewegung, die sich im Laufe des Jahrhunderts immer stärker durchgesetzt hat: die Reformpädagogik. Eine Pädagogik, die sich am Kind selbst orientiert und eine ganzheitliche Erziehung anstrebt. Maria Montessori (1870–1952), Rudolf Steiner (1861–1925) und Hermann Lietz (1868–1919) entwickelten etwa zur gleichen Zeit ihre jeweils eigene Methode, die mehrere Aspekte der Pädagogik und der Erziehung gemeinsam hatte, aber besonders eines teilte: die Überzeugung, dass Pädagogik vom Kind, vom Menschen ausgehen muss. Alle drei stellten die Wesensbildung des Kindes, die Eigenverantwortung und den Lernerfolg durch eigene Erfahrungen in den Mittelpunkt ihrer Pädagogik.

Während Montessori und Steiner sich auf Schulen und Kindergärten konzentrierten, gründete Hermann Lietz 1889 das erste sogenannte Landschulheim – die Pulvermühle bei Ilsenburg.

Für Lietz waren Internate nicht nur mögliche Lernanstalten, sondern viel mehr: Seine Landschulheime sollten eine Heimat und nicht nur ein Aufenthaltsort für die Kinder sein. Wichtig war ihm auch die soziale Mischung: Ein Großteil seiner Schüler (später auch Schülerinnen) stammte aus nichtprivilegierten Familien.

Geprägt durch seine eigene Kindheit auf dem Land, suchte er für seine Landschulheime Orte in der Natur, da er davon überzeugt war, dass der Einfluss der Städte schädlich und die ländliche Umgebung die gesündeste und beste für die Kinder sei.

Die Lehrkräfte an den Landschulheimen waren gleichzeitig auch Bezugspersonen, ja, konnten sogar so nah wie eine Familie sein. Inspiriert von Johann Heinrich Pestalozzis Motto »Lernen mit Kopf, Herz und Hand« arbeiteten die Schülerinnen und Schüler außerdem parallel zum Unterricht in sogenannten Gilden, die ihnen einen körperlichen Ausgleich zum Lernen verschaffen sollten und gleichzeitig den Internatsbetrieb (beispielsweise durch die Arbeit in der Schreinerei, der Buchbinderei oder dem Garten) mittrugen.

Einer der Lehrer, der im 1906 gegründeten Landerziehungsheim Wickersdorf und später im Landerziehungsheim am Solling für insgesamt 23 Jahre lehrte, war Bernhard Hell (1877–1955), Lehrer, Pfarrer und späterer Gründer sowie Leiter der Urspringschule.

Die meisten Internate in Deutschland unterrichten nach dem deutschen Regelschulplan.

Dadurch, dass Internate ganz bestimmte inhaltliche Schwerpunkte haben, wie zum Beispiel die Sportförderung oder ähnliches, kann der Lehrplan aber variieren.

9.3 Das pädagogische Konzept

Fast alle Internate in Deutschland unterrichten nach den Bildungsplänen der jeweiligen Kultusministerien der Bundesländer und sind an deren Lehrpläne gebunden. Die meisten beginnen ab Klasse fünf. Nur wenige Internate, wie die Urspringschule, kann man von der Grundschule (ab Klasse drei) bis zum Abitur besuchen. In Urspring ist in der Grundschule der Unterricht fächerübergreifend angelegt und orientiert sich am Montessori-Konzept (mehr darüber lesen Sie im Montessori-Kapitel), nur die Kernfächer werden hier getrennt unterrichtet. Auch in den höheren Klassen gibt es hier in den weiterführenden Klassen eine Unterteilung in Dekaden. Eine Dekade ist ein Zeitraum von zwei Wochen, in dem Themenkomplexe behandelt und abgeschlossen werden können. Am Ende einer Dekade steht das Heimfahrwochenende.

Die Häufigkeit der »Heimfahrwochenenden« sowie die Aufteilung der internen Angebote variiert allerdings je nach Internat und Schwerpunkt.

9.4 Die Noten und Abschlüsse

Die Benotung an Internaten in Deutschland erfolgt anhand der Vorgaben der Kultusministerien mit Zensuren von eins (beste Note, sehr gut) bis sechs (schlechteste Note, ungenügend).

In der Oberstufe kann man, wie an allen allgemeinbildenden Gymnasien, das Abitur ablegen. An manchen Internaten, wie auf Schloss Salem, wird als ergänzender Abschluss das IB Diploma, also das International Baccalaureate, angeboten (mehr dazu verrät das Kapitel über internationale Schulen).

Nur wenige Internate, wie das Evangelische Schulzentrum Michelbach oder Schloss Gaienhofen am Bodensee, bieten explizit einen Realschulzweig an.

9.5 Der Schulwechsel

Aufgrund der gleichen pädagogischen Inhalte ist ein Wechsel in beide Richtungen kein Problem.

Die große Herausforderung besteht hier vielmehr im Neubeginn in einer fremden Umgebung und einer völlig anderen Lebensgemeinschaft.

Das Zusammenleben

Jedes Jahr verlassen im Durchschnitt zehn Schüler ein Internat aus den verschiedensten Gründen. Manche gehen ins Ausland, manche wechseln auf ein Berufskolleg, manchmal wird ein Schüler oder eine Schülerin nicht versetzt oder möchte lieber eine Realschule besuchen. Für einige war das Internat vielleicht nur ein geplanter Zwischenstopp und andere haben möglicherweise festgestellt, dass ihnen das Konzept doch nicht so sehr behagt, um nur einige der Gründe zu nennen.

Die Eingewöhnung

Für die im Schnitt zehn Schülerinnen oder Schüler aus unterschiedlichen Kassenstufen, die jedes Jahr das Internat verlassen, kommen mindestens genauso viele neue Lernende dazu. Die meisten neuen Schülerinnen und Schüler beginnen zum Schuljahresanfang, aber auch ein Einstieg im laufenden Schuljahr ist möglich.

Am Schuljahresbeginn dürfen die Schüler und Schülerinnen an den meisten Internaten einen Wunschzettel ausfüllen, auf dem sie gewünschte Zimmerpartner und Betreuer eintragen dürfen. Wenn es im letzten Schuljahr gut geklappt hat, versucht der Internatsleiter oder die Internatsleiterin natürlich, die gewünschte Zusammensetzung möglich zu machen.

Diejenigen, die während des Schuljahres kommen, haben, bevor sie endgültig einziehen, ein Erstgespräch beziehungsweise eine Erstberatung im Aufnahmesekretariat – hieraus ergibt sich eine erste Orientierung, ob sie sich hier überhaupt wohlfühlen würden. Dann gibt es ein Aufnahmegespräch und das Probewohnen. In dieser Zeit kann sich der neue Schüler oder die neue Schülerin alles in Ruhe anschauen und sich noch einmal überlegen, ob das Internatskonzept wirklich so zu ihm oder zu ihr passt. Da die Internatsschüler gewohnt sind, dass immer wieder »Neue« kommen, und weil sie wissen, wie sich das anfühlt, nehmen sie alle Neuankömmlinge freundlich und offen auf, helfen bei der Orientierung und unterstützen bei der Eingewöhnung in den neuen Alltag. Interessengruppen finden sich im Internat im Allgemeinen schnell und je nach Hobby und gewählten Nachmittagsangeboten entwickeln sich neue Freundschaften meist von selbst. Eines ist jedenfalls klar: Im Internat bleibt keiner unfreiwillig allein.

Konflikte

Natürlich entstehen bei so intensivem Zusammenleben auch ab und zu Konflikte, die es zu lösen gilt. Dafür gibt es Klassenleiterstunden, die während des Unterrichts stattfinden und vor allem schulische Belange klären. Bei Schwierigkeiten in der Wohngruppe hat jeder Schüler und jede Schülerin außerdem natürlich die Möglichkeit, mit den Betreuern der Wohngruppe das Gespräch zu suchen. Und genauso, wie an Internaten Krankenschwestern oder Arzthelferinnen arbeiten, die die Kinder medizinisch erstversorgen können, gibt es auch einen pädagogischen Fachdienst. In Urspring (und auch an anderen Internaten) kommt mehrmals pro Woche ein Verhaltenstherapeut und steht ebenfalls zur Verfügung. Dort findet jeder bei Bedarf ein offenes Ohr.

9.6 Die Pädagoginnen und Pädagogen

An Internaten arbeiten Lehrerinnen und Lehrer ähnlich wie an anderen Schulen auch.

Der große Unterschied ist, dass sie meist auch über den Unterricht hinaus betreuerische Aufgaben innehaben. Je nach Internatskonzept leiten viele Pädagoginnen und Pädagogen zusätzlich eine Wohngemeinschaft und leben selbst dort. Das Verhältnis zwischen Lehrern und Schülern ist dementsprechend intensiver als an Schulen, an denen sich die gemeinsam verbrachte Zeit auf die Schulstunden beschränkt. Die ausgewogene Balance zwischen Distanz und Nähe zu halten, ist bestimmt nicht immer einfach. Genauso groß ist sicher die Herausforderung, eine Ansprechpartnerin oder ein Ansprechpartner zu sein, dem man alles erzählen kann, und gleichzeitig eine Respektsperson, die die Regeln der Schule und des Internates vertritt, die Schüler und Schülerinnen benotet und gegebenenfalls auch Konsequenzen durchsetzen muss.

9.7 Die Rolle der Eltern

Die neuen Schülerinnen oder Schüler haben Aufnahmegespräche, Probetage und Eingewöhnungswochen, werden langsam und behutsam eingewöhnt. Dass sie freiwillig im Internat sind, ist meist eine der Hauptvoraussetzungen, damit sie überhaupt aufgenommen werden. Oft geht es den Kindern sehr schnell sehr gut in der neuen Umgebung und auch wenn das ja genau das ist, was sich die Eltern eigentlich für ihr Kind wünschen, so ist es doch auch für manche schmerzhaft, zu sehen, *wie* schnell und gut sich die Kinder integrieren. Leider gibt es keine langsame und behutsame Entwöhnung für die Eltern und so sind sie es oft, die größere Schwierigkeiten mit dem Loslassen haben als die Kinder selbst. Dennoch sind die Eltern nicht ganz außen vor, was die Erziehung und die schulischen Leistungen angeht. Es gibt ein Halbjahreszeugnis und zweimal im Jahr einen sogenannten Statusbogen, einen schriftlichen Überblick über die Leistungen der Schüler. Dabei geht es zwar vor allem um die Motivation für die Lernenden und deren Leistungsstand, aber auch um eine Einschätzung für die Eltern. Zudem finden Elternabende statt und natürlich ist auch bei Bedarf ein Kontakt per E-Mail oder Telefon zwischen Lehrern und Eltern möglich.

Die Beziehung zwischen dem Internat und den Eltern sollte, wenn möglich, eine Erziehungskooperation sein, was manchmal für beide Seiten nicht ganz einfach ist.

9.8 Die Finanzierung

Die meisten Internate sind staatlich anerkannte Schulen in freier Trägerschaft, wodurch sie Zuschüsse vom Staat erhalten können. Ein Internatsplatz an einem privaten Internat kostet zwischen fünfhundert und fünftausend Euro im Monat. Oft gibt es einen Sozialfonds oder eine Ehemaligen-Stiftung, bei der man (eventuell leistungsunabhängig) Unterstützung beantragen kann. Viele Stipendien wiederum sind leistungsgebunden.

Konfessionelle oder staatliche Internate sind oft günstiger, da sie maßgeblich vom jeweiligen Bundesland, der Stadt, der Kommune oder der Kirche getragen werden. Sie haben oft einen bestimmten Schwerpunkt, wie zum Beispiel die Sportförderung oder die Diakonie. Darüber hinaus gibt es das sogenannte Schüler-BAföG, eine finanzielle Unterstützung vom Staat, die jeder Schüler beantragen kann und die auch (im Gegensatz zum BAföG für Studierende) nicht wieder zurückgezahlt werden muss.

9.9 Was noch zu erwähnen wäre

Sportinternate funktionieren noch einmal anders: In den staatlichen Einrichtungen leben die Schülerinnen und Schüler zwar in einem Wohnheim zusammen, gehen aber vor Ort auf unterschiedliche Schulen. Hier steht die sportliche Förderung im Vordergrund und eine hohe sportliche Leistung ist Grundvoraussetzung. Vor und nach dem Unterricht findet immer ein sehr intensives Training der jeweiligen Leistungsgruppe statt. Wenn die Schülerinnen und Schüler für Wettkämpfe fehlen, müssen sie dennoch keine schulischen Einbußen in Kauf nehmen, da Privatlehrer den Unterrichtsstoff mit ihnen nachholen. Wann und wie oft Lernende in diesen Leistungszentren nach Hause fahren können, ist von den jeweiligen Wettkämpfen abhängig. Aber ab einem bestimmten Leistungsniveau sind Sport und Abitur anders nur schwer vereinbar.

9.10 Dafür und Dagegen

Für Familien, die weit weg von einer passenden Schule leben oder deren Lebensmittelpunkt instabil ist, sei es durch häufige Ortswechsel oder einen Umzug ins Ausland, kann ein Internat auf ideale Weise Beständigkeit für die Kinder schaffen. Aber auch wenn ein Zusammenleben von Eltern und Kindern so schwierig geworden ist, dass eine Trennung guttut, ist das Internat eine Chance. Für Leistungssportler, die sich so ganz ihrer sportlichen Karriere widmen können, oder für Kinder mit besonderen Bedürfnissen kann ein Internat eine große Erleichterung sein. Alle diese Einrichtungen bemühen sich sehr, mehr zu sein als ein bloßer Aufenthaltsort, an dem man seinen Abschluss macht und dann weiterzieht. Das Engagement von Internatsleitern und Schulleiterinnen, Pädagoginnen und Pädagogen ist groß und ihr Bestreben, einen Ort zu schaffen, an dem sich Kinder und Jugendliche wohl und zu Hause fühlen, meist sehr erfolgreich. Enge Freundschaften und soziale Verbindungen können entstehen und viele Schülerinnen und Schüler optimal gefördert werden. Aber ganz wie zu Hause ist es eben doch nicht. Denn natürlich ist es für Kinder und Jugendliche am schönsten, in einer gesunden und zugewandten Familie und in einem vertrauten und liebevollen Umfeld leben und sich darin entwickeln zu können. Und eine Trennung bedeutet auf jeden Fall, dass einem wesentliche gemeinsame Erlebnisse, Entwicklungsschritte und Lebensphasen fehlen.

Literaturtipps

Mäder, Silke; Klemann, Manfred: *Der große Internate-Führer – das Internate-Handbuch für Eltern und Schüler.* Verlag Unterwegs. Erscheint jährlich.

Links

Die Internate Vereinigung e.V.:
www.die-internate-vereinigung.de
Urspringschule: www.urspringschule.de

Internate an Olympiastützpunkten:
Eliteschule des Sports: www.dosb.de/de/eliteschule-des-sports/

Internate mit Realschulabschluss:
Evangelisches Schulzentrum Michelbach: http://www.eszm.de
www.schloss-gaienhofen.de/schloss-gaienhofen/

Stipendien:
BAföG Aktuell: www.bafoeg-aktuell.de
Dornier Stiftung: www.dornierstiftung.de
myStipendium: www.mystipendium.de
Neumayer Stiftung: www.neumayer-stiftung.de

10

INTERVIEW MIT PROF. DR. JOHN HATTIE UND PROF. DR. KLAUS ZIERER ÜBER DIE HERAUSFORDERUNGEN DES DEUTSCHEN SCHULSYSTEMS HEUTE – UND ELTERLICHE VERANTWORTUNG

»Je mehr sich Eltern mit der Schule identifizieren, desto eher werden sie einen nachhaltigen Einfluss darauf haben, was in dieser Schule passiert.«

Prof. Dr. John Hattie aus Neuseeland gilt als einer der wichtigsten Bildungsforscher der Welt. Seine 2009 erschienene Studie *Visible Learning,* die Daten aus circa achthundert Meta-Analysen und von mehr als 250 Millionen Schülerinnen und Schülern in einen Zusammenhang brachte, machte ihn zum internationalen Star in den Erziehungswissenschaften. Für den Lernerfolg, so legt *Visible Learning* nahe, braucht es keine Mini-Klassen, keine Whiteboards und keine Reformpädagogik, sondern vor allem engagierte, effiziente Lehrpersonen. Hattie, der im australischen Melbourne Erziehungswissenschaften lehrt, wurde 2016 Ehrendoktor der Philosopisch-Sozialwissenschaftlichen Fakultät der Universität Augsburg – den Lehrstuhl für Schulpädagogik dort hat Prof. Dr. Klaus Zierer inne. Zierer und Hattie arbeiten seit Jahren zusammen, 2016 brachten sie gemeinsam das Fachbuch *Kenne deinen Einfluss! Visible Learning* für die Unterrichtspraxis heraus.

Gemeinsam beantworteten sie im E-Mail-Interview mit Petra Plaum Fragen zu Vor- und Nachteilen des deutschen Schulsystems und auch dazu, wie Eltern die Schullaufbahn ihrer Kinder gut auf den Weg bringen und begleiten können.

2013 haben Sie, Herr Professor Hattie, das System der weiterführenden Schulen in Deutschland kritisiert. Wie sehen Sie beide das deutsche Schulsystem vier Jahre später?
»Aus einem international vergleichenden Blickwinkel wissen wir heute, dass das deutsche Schulsystem ein gutes ist. Und wenn wir den Wohlstand und Fortschritt eines Landes betrachten, dann müssen wir betonen, dass das deutsche Schulsystem zu den erfolgreichsten der Welt zählt. Das bedeutet nicht, dass alles perfekt läuft. Natürlich werden auch in Deutschland viele nicht zielführende Debatten geführt, die wir ›Politics of Distraction‹, eine Politik der Ablenkung, nennen.

Was vor diesem Hintergrund sehr spannend ist, sind die sogenannten PISA-E-Studien. In den PISA-E-Studien wurden die Testergebnisse der Schülerinnen und Schüler nach Bundesländern geordnet analysiert, um ein innerdeutsches Ranking zu erhalten. Die Frage war: Welches Bundesland ist das beste und welche innerdeutsche Schule ist die beste? Das Resultat war deutlich, an einem Beispiel veranschaulicht: Bayern mit Gymnasium, Real- und Mittelschule lag immer auf einem der vordersten Plätze, Bremen mit seinen Gesamtschulen immer auf einem der hintersten. Dann analysierten die Wissenschaftler die Schülerergebnisse in Bezug zur Schulart. Was war hier das Resultat? Bayern hatte offensichtlich einen guten Weg gefunden, die besten Schülerinnen und Schüler zu fördern, aber die schlechtesten blieben auf der Strecke. Bundesländer mit Gesamtschulen wie Bremen hingegen sind viel weniger erfolgreich darin, die besten Schülerinnen und Schüler aufzubauen, aber viel besser in der Förderung der schlechtesten. Was sollen wir also tun? Welches Schulsystem ist das beste? Unsere Schlussfolgerung: Wir brauchen ein multiples System mit mannigfaltigen Wegen für Schülerinnen, Schüler und ihre Familien. Das scheint für uns die große Herausforderung und die große Verantwortung für Regierungen in aller Welt zu sein. Die eine Lösung für alle gibt es nicht.«

Sie erwähnen Politics of Distraction, eine Politik der Ablenkung von den wirklich wichtigen Fragen in der Schulpolitik. In welchen Aspekten erleben wir diese gerade in Deutschland?

»Fangen wir mit der Diskussion um G8 und G9 im Gymnasium an, die sehr leidenschaftlich geführt wird. Doch der Kern des Problems kommt in der Diskussion oft zu kurz: *Wie* und *Was* wird im jeweiligen System unterrichtet? Das ist viel wichtiger als die Frage nach acht oder neun Jahren Gymnasium.

Die Diskussion um Ganztagsschulen läuft ähnlich ideologisch. Ganztagsschulen sind inzwischen sehr gefragt und pädagogische Pseudo-Argumente werden hervorgeholt, um zu belegen, dass die Ganztagsschulen am vorteilhaftesten für alle Lernenden seien. Doch empirisch lässt sich das nicht belegen, vor allem nicht mit diesem Absolutheitsanspruch.

Ein drittes Beispiel: Digitalisierung. Viele glauben, dass sie das Lernen mit genug neuen Technologien revolutionieren werden. Jedoch wurde trotz all der Innovationen in diesem Bereich in den letzten dreißig Jahren nur ein geringer Zuwachs an Effektivität erreicht – und es ist nicht realistisch, dass sich daran auch in Zukunft grundlegend etwas ändern wird, solange wir nicht die Menschen in den Blick nehmen, die die neuen Technologien nutzen sollen. So konzentrieren sich viele Politiker auf Forderungen, die das Lernen der Kinder kaum beeinflussen, was dann wiederum vom Kern der Pädagogik ablenkt, nämlich wie Menschen interagieren.«

Wird die Situation in Schulen in Deutschland gerade besser oder schlechter und warum?
»Das lässt sich schwer allgemein beantworten. Es gibt Bereiche, in denen sie schlechter wird – Stichwort: Gymnasium –, und Bereiche, in denen sich viel verbessert – Stichwort: Ausstattung. Bei beiden Beispielen fällt auf: Der Fokus liegt noch immer vor allem auf strukturellen Fragen. Wir könnten sicherlich davon profitieren, wenn stattdessen berufliche Standards für Lehrkräfte und Schulleitungen festgelegt und verteidigt würden. Auch sollten wir es besonders erfolgreichen Lehrkräften ermöglichen, aufzusteigen und als versierte Führungskräfte zu gelten. Der Punkt ist, dass wir Exzellenz zuverlässig identifizieren, respektieren und dann auch belohnen müssen – es gibt viel Exzellenz in deutschen Schulen und wenn wir sie nicht würdigen, geht sie uns verloren.«

Welche Lernstrategien oder Aspekte, die aus der Reformpädagogik stammen – zum Beispiel Montessori, Jenaplan, Waldorf etc. –, stehen für besonders viel Exzellenz und erweisen sich als besonders effektiv?
»Das ist eine typisch deutsche Sicht der Dinge – in Deutschland wurde immer leidenschaftlich darüber gestritten, ob, salopp gesagt, offene Lernformen besser sind als geschlossene. Doch in keiner Klasse ist die Methode allein der Garant für Erfolg. Uns sollte weniger interessieren, auf welche Weise eine Lehrkraft lehrt, sondern vielmehr, wie ihre Art zu lehren sich auf die Schülerinnen und Schüler auswirkt. Wenn man überprüft, was in Klassen von sehr versierten Lehrkräften passiert – das haben wir getan –, entdeckt man wenige Gemeinsamkeiten in den Lehrmethoden. Doch egal, welche Methoden diese Lehrenden anwenden, sie hinterlassen jeweils einen tiefen Eindruck bei den Schülerinnen und Schülern. Es sind die Einschätzungen der Lage von Moment zu Moment und die Entscheidungen der Lehrkräfte, was jeweils zu tun ist, die den Unterschied bedingen, nicht die Lehrmethoden. Großartige

Lehrkräfte sind anpassungsfähig im positiven Sinn und mit Blick auf den Lernprozess. Sie wissen, wenn sie sich ändern müssen, und sie wissen, wie sie ihre Erfolge messen können, und nehmen ihren Einfluss auf den Lernzuwachs der Kinder und Jugendlichen sehr ernst. Die Haltung der Lehrkräfte ist viel wichtiger als irgendeine spezielle Methode. Lehrerinnen und Lehrer sollten sich außerdem immer fragen: Passt diese Methode zum Lernziel und den Lernenden? Mehr noch: Können wir nachweisen, dass jene Methode zu jenem Zeitpunkt die richtige war?«

Können Sie ein Beispiel für eine Methode nennen, bei der es von den Lernenden und dem Zeitpunkt abhängt, ob sie funktioniert?
»Nehmen wir Problembasiertes Lernen – eine Methode, die sehr nah ist am reformpädagogischen Denken. Im Kern geht es darum, dass Lerninhalte den Lernenden in Form einer alltäglichen oder alltagsnahen Lebenssituation präsentiert und von ihnen Lösungsstrategien gefordert werden. Die Idee dahinter: Beim Lösen von Problemen lernen Menschen besser. Wir haben erforscht, dass Problembasiertes Lernen für einige Lernende sehr wichtig ist und bei anderen hingegen kaum Auswirkungen hat. Die Wirkung hängt davon ab, wo ein Schüler oder eine Schülerin sich gerade im Lernprozess befindet. Während Lernende noch am Anfang des Wissenserwerbs stehen, hat Problembasiertes Lernen kaum bis negative Effekte.

Wenn die Lernenden den Stoff schon besser beherrschen, zeigt die Methode oft Wirkung. Lehrkräfte müssen also wissen, wo ihre Schülerinnen und Schüler im Lernprozess stehen und wann sie Methoden wie das Problembasierte Lernen einsetzen können.«

Sie werben für »Collaborative Expertise«, also gemeinschaftliche Expertise, die Schulen besser machen soll. Was muss in Deutschland zuerst passieren, damit es zu einer Kultur der gemeinschaftlichen Expertise kommen kann?
»Hervorragende Schulen sind diejenigen, in denen Lernende in einem Schuljahr mindestens das einem Jahr entsprechende Wachstum

in Bezug auf ihr Wissen erfahren. Die Lehrkräfte erarbeiten dort miteinander, was die Vorstellung für ›einem Jahr entsprechendes Wachstum‹ in dieser Schule ist. Dazu braucht es natürlich Zeit, Vertrauen und Unterstützung für viele Diskussionen – also eine großartige Schulleitung, die das gewährleistet. Für die Lehrenden kann das ein Prozess mit großer Anspannung sein, denn diese Arbeit trifft ins Herz des beruflichen Selbstverständnisses.

Ideal wäre, wenn die Lehreraus- und -fortbildungen sich auch veränderten. Zum Beispiel sollten Seminare und andere Institutionen, die Lehrkräfte aus- und fortbilden, Evidenz dafür liefern müssen, dass ihre Ausbildungen gut sind. Wir sollten fragen: Wie verbessern eure Absolventinnen und Absolventen das Leben der Lernenden? Stattdessen wird aktuell gefragt: Wer lehrt bei euch, was für Kurse gebt ihr und haben die Lehrkräfte Spaß dabei?«

Was kann junge Lehrer am Anfang ihrer Karriere besser auf ihr Berufsleben vorbereiten?
»Professionell zu sein, Expertise zu haben, ist nicht nur eine Frage des Wissens und der Fähigkeiten – das ist eine der Kernaussagen von *Visible Learning.* So wichtig Wissen und Fähigkeiten sind, der Erfolg von Lehrkräften hängt maßgeblich von anderen Faktoren ab: Wie sie denken, was ihnen wichtig ist, warum sie tun, was sie tun. Wir nennen das ›Mindframes‹, auf Deutsch: Haltungen. Diese sollten nicht in Widerspruch stehen zu den Kompetenzen, aber es sollte klar sein, dass es hinter und neben den Kompetenzen noch etwas gibt, das wichtig und effektiv ist. Insofern ist die Reflexion zu Fragen der Haltung nicht nur ein Garant dafür, dass man seine Karriere vorantreiben kann, sondern auch für ein erfolgreiches Leben als Lehrerin oder Lehrer.«

Wenn Eltern sich unsicher sind, welche Schule für ihr Kind die beste ist – welche Fragen können ihnen die Entscheidung erleichtern?
»Viele Eltern wählen Schulen nicht auf Grundlage dessen, was für sie das Wertvollste wäre – schon aus dem Grund, dass sie das auch

nur selten erfahren. Mund-zu-Mund-Propaganda, Prestige- und Strukturfragen (Gebäude, Möglichkeiten, Sicherheit) werden viel häufiger in den Vordergrund gestellt. Eltern bekommen auch oft belastbare Informationen darüber, ob ihr Kind an dieser Schule die Art von Freundinnen und Freunden finden kann, die sie ihm wünschen. Was Schulen Eltern nicht geben, ist die Möglichkeit, die viel wichtigere Wahl zu treffen: die Wahl der Lehrkräfte – dafür gibt es natürlich viele gute Gründe.

Wir ermutigen aber Eltern, Lehrende zu fragen, wie sie über das Unterrichten denken, wie sie über die Schülerinnen und Schüler denken, wie sie darüber denken, was ›einem Jahr entsprechendes Wachstum‹ für sie bedeutet, und diese Antworten an der Realität zu überprüfen. Die wichtigste Entscheidung sollte auch davon abhängen, ob Lehrkräfte in dieser Schule zusammenarbeiten, um solche Fragen beantworten zu können. Ob sie realisieren, dass Lernen vor allem davon abhängt, was Lernende noch nicht wissen. Ob sie Fehler als Gelegenheiten zu lernen ansehen oder doch eher als Blamage.«

Was ist die Rolle der Eltern in einem System von gemeinschaftlicher Expertise? In anderen Worten: Wie können Eltern ihre Kinder, Lehrkräfte, Schulen und das ganze Bildungssystem hierzulande erfolgreicher machen?

»Bildungserfolg allgemein und Schulerfolg insbesondere hängt nie nur von einer Person ab. So wie die Lehrkräfte mit Lernenden und ihren Eltern kooperieren müssen, müssen auch die Eltern sowohl mit ihren Kindern als auch mit den Lehrpersonen kooperieren. In dieser Hinsicht ist es notwendig, dass alle ihre Kompetenzen zeigen – und die dazugehörige Haltung haben, die es braucht, um die schulische Herausforderung gemeinsam zu meistern.

Je mehr sich Eltern mit der Schule identifizieren und mit ihr kooperieren und je mehr sie sich in eine Schule einbringen, desto eher werden sie einen nachhaltigen Einfluss darauf haben, was in dieser Schule passiert.

Eltern haben zudem einen großen Einfluss darauf, wie ihre Kinder erfolgreiche Lernstrategien entwickeln. Ihre Rolle besteht auch darin, der Schule zu vertrauen, dass die Schülerinnen und Schüler die Strategien dort anwenden. Zu Hause können Eltern ihre Schulkinder in vielen Aufgaben rund um Hausarbeiten und Freizeit herausfordern: Sie können ihren Kindern dabei helfen, Fehler als wertvoll anzusehen und das Fehlermachen zu genießen. Sie können Kindern vermitteln, wie man das Um-Erfolg-Ringen braucht. Sie können ihnen zeigen, wie schön es ist, freiwillig Übungsaufgaben zu machen. Das Zuhause kann der Ort sein, wo Kinder mehrere Sprachen hören, wo ihnen zugehört wird und wo sie mit Freude lernen. In dieser Hinsicht spielen Eltern eine enorme Rolle.«

Literaturtipps

Hattie, John (2013): *Lernen sichtbar machen.* Deutschsprachige Ausgabe von *Visible Learning*, übersetzt und bearbeitet von Wolfgang Beywl und Klaus Zierer. Schneider Verlag.

Hattie, John; Zierer, Klaus (2016): *Kenne deinen Einfluss! Visible Learning für die Unterrichtspraxis.* Schneider Verlag.

Links

PDF und Videos zu den Politics of Collaborative Expertise: www.visible-learning.org/2015/08/8-solutions-works-best-education/

PDF und Videos zu den Politics of Distraction: www.visible-learning.org/2015/06/download-john-hattie-politics-distraction/

11

FREIHEIT UND GRENZEN – FREIE AKTIVE SCHULEN MIT NICHTDIREKTIVEM ANSATZ NACH WILD

Hendrik Lambertus

»Eine Aktive Schule? Was soll das denn sein? Als ob die staatliche Schule, auf die meine Kinder gehen, nicht aktiv wäre! Die Kinder bekommen da total viel geboten: Jedes Kind lernt ein Instrument und nachmittags kann man sich aussuchen, ob man Handball, Schach oder Spanisch machen will. Und im Fachunterricht sorgen die Lehrkräfte schon dafür, dass alle Kinder immer ordentlich zu tun haben und aktiv sind.«

Solche Aussagen erhält man gelegentlich, wenn man von einer »Aktiven Schule« spricht. Hier liegt ein Missverständnis vor. »Aktiv« bedeutet im Zusammenhang mit dieser Schulform, dass die Kinder ihr Lernen eigenverantwortlich nach ihren Bedürfnissen und ihrer inneren Motivation gestalten können. Sie konsumieren keine Inhalte, die ihnen geboten werden, sondern gehen ihren eigenen Weg. Das klingt nach einer großen Herausforderung und das ist es auch. Doch das Ergebnis ist die Mühe wert: Freiheit, Selbstständigkeit und ein Gefühl dafür, was man wirklich im Leben will.

11.1 Ein Tag an der Freien Aktiven Schule Tübingen

Es ist kurz vor acht. Die Schülerinnen und Schüler der Freien Aktiven Schule Tübingen trudeln nach und nach schlaftrunken in den warm beleuchteten Räumen ein, die in einem alten Industriebau am Stadtrand untergebracht sind. Eine neue Holzfassade und liebevoll ausgebaute Innenräume sorgen dafür, dass das Gebäude eher Nestwärme als Post-Industrial-Feeling ausstrahlt.

Ich befinde mich im Dachgeschoss, das als Lernbereich für die älteren Kinder eingerichtet ist, und beobachte, während ich möglichst unsichtbar zu sein versuche - wie es sich an einem Hospitationstag gehört. Es handelt sich um einen großen, durchgehenden Raum, den niedrige Regale in viele halb geschlossene Ecken unterteilen. In den Regalen sind Bücher und Lernmaterial einladend drapiert, ich erkenne auch viele Montessori-Materialien wieder. Dazwischen gibt es verstreute Sitzgruppen, die zur gemeinsamen Arbeit einladen, und jede Menge Platz auf dem Boden.

Klassenzimmer mit Sitzreihen und Tafeln sucht man hier vergebens. Dafür gibt es kleine Räume für besondere Lernangebote, einen Bereich für naturwissenschaftliche Versuche, eine Computerecke und die sogenannten Chill-Räume, wo es sich die Schülerinnen und Schüler auf Sofas und einem Berg von Kissen und Matratzen auf anarchische Art gemütlich machen können. Außerdem liegt hier oben die geräumige Schulküche mit Essbereich.

Allmählich kommen alle Kinder an, es werden gemurmelte Begrüßungen und Neuigkeiten ausgetauscht. Jeder Neuankömmling sucht sich selbstständig eine Beschäftigung aus dem Angebot in den Regalen.

Eine Gruppe jüngerer Schülerinnen und Schüler der Sekundarstufe vertieft sich in der Mathe-Ecke in ein Spiel mit Zahlenkärtchen. Leise handeln die Kinder aus, welche Regel-Varianten gelten sollen, dann geht es auch schon los. Immer wieder stoßen weitere Kinder dazu.

»Darf ich zugucken?«

»Kannst auch mitspielen.«

Sie werden sofort ins Geschehen integriert, ohne dass der Spielfluss ins Stocken kommt.

Sarah hat sich ein Englisch-Material aus dem Regal gezogen. Sie bittet eine Lernbegleiterin um Hilfe bei den Vokabeln. Diese setzt sich dazu, begleitet die Arbeit für eine Weile eins zu eins und hilft etwa dabei, herauszufinden, dass sich hinter dem Wort »Koohke« eine Dose »Coke« verbirgt.

Schnell geht es bei der wachsenden Gruppe mit dem Zahlenspiel lebhaft zu. Die Kinder tauschen nebenbei Erlebnisse vom Vortag aus, immer wieder wird prustend gelacht.

Die Lernbegleiterin wendet sich der Gruppe zu: »Ihr wisst, wo der Ort ist, um sich so zu unterhalten?«

Sofort wird das Gespräch gedämpfter fortgesetzt, denn die Kinder wissen es in der Tat. Hier, in der Lernumgebung, ist leises Reden angesagt, um die anderen nicht zu stören. Wer seinen Mitteilungsdrang voll ausleben möchte, kann das in den Chill-Räumen oder im Essbereich der Küche tun.

Ich gehe hinunter in die Räume der Primaria auf der mittleren Ebene des Gebäudes. Sie sind geschlossener gestaltet als der Sek-Bereich und im Wesentlichen zweigeteilt: Im Roten Raum gibt es unter anderem eine Bauecke, einen Bereich für Rollenspiele und eine kleine Küchenzeile. Im Gelben Raum ist Platz für Runden im Kreis, Basteln am Tisch und verschiedene Lernangebote, in den Regalen finden sich Materialien dafür. Schon von Weitem hört man, dass es bei den Kleinen lebhafter zugeht als in der Sekundarstufe oben. Aus dem Roten Raum dringen brodelnde Gesprächsfetzen und der Lärm von freiem Spiel.

Im Gelben Raum hocken einige Kinder zusammen mit einer Lernbegleiterin rund um einen Teppich auf dem Boden. Sie hantieren mit einem großen Haufen goldener Holzperlen. Manche Perlen liegen einzeln herum, andere sind zu Zehner-Strängen verbunden, bilden Hunderter-Plättchen oder Tausender-Würfel. Die Kinder sind eifrig dabei, die Perlengebilde auf dem Teppich anzuordnen.

»Aber es muss gerecht sein!«, betont Mareike. Der rätselhafte Kommentar erschließt sich mir, als ich den Weg der Perlen genauer beobachte: Vier Kinder, die der Lernbegleiterin gegenübersitzen, teilen die Perlen gleichmäßig unter sich auf. Geteilt durch vier eben. Vier Personen und Tausende von Perlen. 78.495, um genau zu sein. Mathe zum Anfassen.

Unterdessen streift ein Junge rastlos im Raum herum. Offensichtlich weiß er nicht so recht, was er mit sich anfangen soll. Er greift sich einen Stuhl, ruckelt ein wenig daran herum, probiert seine Stärke aus, schiebt ihn wieder zurück. Beim Mathe-Angebot bleibt er kurz stehen und schaut halb überzeugt zu. Dann trottet er weiter und verschwindet im Roten Raum.

Die Kinder sind inzwischen mit dem Teilen fertig, es bleiben drei einzelne Perlen über, die ratlos betrachtet werden.

»Wir schreiben erst mal ›R 3‹ für den Rest und machen dann nach der Morgenrunde weiter«, schlägt die Lernbegleiterin vor.

»Ist das auch offiziell?«, hakt Niclas, ein blonder Junge, misstrauisch nach.

»Ja, das kann man offiziell so schreiben«, wird er beruhigt.

»Können wir die Morgenrunde nicht ausfallen lassen und gleich weitermachen?«, fragt Mareike hoffnungsvoll.

Aber die Runde ist ohnehin schon spät dran und die Mathe-Sachen werden erst einmal gemeinsam für später weggeräumt.

Bei der Morgenrunde treffen sich alle Schülerinnen und Schüler der Primarstufe im Kreis auf einem Teppich auf dem Boden. Die Runde ist ein verbindlicher Eckpunkt des Tages.

Auf ein gemeinsames Lied mit Gitarrenbegleitung folgen die Ankündigungen zum Tag: Nachher wird es für Interessierte ein

Bratapfel-Projekt geben. Dann möchten Gabriel und Martino etwas sagen. Sie beschweren sich darüber, dass ihre Festung aus Bauklötzen von Unbekannten teilweise niedergerissen wurde, und zwar gerade die Türme, die »besonders viel Mühe« gemacht haben. Es kommt zu einigen Spekulationen darüber, wie das passiert sein könnte – hat sich jemand heimlich nachmittags in der Schule einschließen lassen, um sich als Festungsrandalierer zu betätigen? Die Diskussion endet mit Überlegungen, wie künftig mit größeren Bauprojekten zu verfahren ist, die möglicherweise im Weg herumstehen.

Anschließend stellen einige Kinder im Kreis ein paar vorbereitete Fakten über den Winterschlaf der Murmeltiere inklusive selbst gestalteter Bilder vor. Danach ist die Morgenrunde beendet und die Kinder verteilen sich wieder auf die Räume. Einige machen mit Mathe weiter, andere basteln oder sind in der Bauecke im Roten Raum tätig. Wieder andere strömen nach unten. Es geht in eine Halle im Erdgeschoss, deren hohe Decke noch am ehesten den ursprünglichen Industrie-Charakter des Gebäudes ausstrahlt. Sie ist zur Hälfte als Atelier mit großen Tischen zum Malen, Basteln und Werkeln und Regalen voller Rohmaterial eingerichtet. Die andere Hälfte dient als Bewegungsbereich mit Turnmatten, Kästen und Sprossenwand. Lediglich ein offenes Raumteiler-Regal trennt diese sehr verschiedenen Welten.

Die Halle ist je nach Tageszeit für die Kleinen, die Großen oder beide zusammen geöffnet. An schönen Tagen lockt auch das Außengelände zum Ausleben des Bewegungsdrangs, doch heute ist ein verregneter Januartag und die Kinder toben lieber drinnen.

Vier Grundschüler verprügeln gerade hingebungsvoll einen vielleicht 13-jährigen Schüler der Sekundarstufe mit Kissen und jagen ihn gemeinsam über die Turnmatten. Er ist doppelt so groß wie sie, lässt es sich aber gutmütig gefallen und genießt es, gelegentlich zu zeigen, dass er doch der Stärkere ist, wenn die Kleinen es gar zu heftig treiben. Das Spiel ist wild und actionreich, aber nie aggressiv. Niemand tut sich weh.

Doch nicht nur für freundschaftliche Rangeleien ist im Bewegungsbereich Platz. Drei Primarschülerinnen erscheinen mitten im wilden Treiben und wollen für ein Akrobatik-Projekt trainieren. Gemeinsam mit einem Lernbegleiter stecken sie sich einen eigenen Bereich mit Turnkästen ab und beginnen schließlich mit dem Bau einer menschlichen Pyramide, die immer wieder lachend in sich zusammenfällt.

Nebenan, jenseits des Raumteiler-Regals, wird unterdessen in aller Ruhe gebastelt. Papierflieger entstehen, ein Junge übt einen Zaubertrick mit verschlungenen Papierstreifen. Es ist, als sei der ganze Raum von unsichtbaren Grenzen durchzogen, die jedem sein ungestörtes Tun garantieren.

Schließlich erscheint Hannah, eine Sekundarschülerin, in der Halle und verkündet, dass jetzt die Vorbesprechung für das Spanisch-Angebot beginnt. Die Halle leert sich schlagartig, als alle »Großen« zur Besprechung stürmen. Die Sekundarschülerinnen und -schüler haben sich Spanisch als Sprachangebot gewünscht. Heute wird eine externe Lehrkraft das Angebot mit ihnen besprechen. Oben in der Sekundarstufe haben die Lernbegleiterinnen inzwischen Einführungen in verschiedene Montessori-Materialien gegeben. Anschließend können die Schülerinnen und Schüler sich selbstständig mit dem Material beschäftigen. Ein Junge sitzt an einem Tisch und hat eine Kartei mit Aufgaben zur Bruchrechnung vor sich aufgebaut, offenbar angeordnet nach steigendem Schwierigkeitsgrad. Konzentriert zieht er ein Kärtchen nach dem anderen heraus und lässt sich nicht davon stören, dass er gerade allein im Mathe-Bereich ist.

Für die Themen, die nicht so gut zum Selbststudium geeignet sind, gibt es für die Größeren Lernangebote im Block, bei denen sie etwa chemische Versuche durchführen, über Wirtschaft und

Verbraucherschutz reden oder sich mit Geometrie beschäftigen. Auch diese Angebote sind freiwillig, wobei sie bei den ältesten Schülerinnen und Schülern auch dazu dienen, sich Stoff für die bevorstehenden externen Abschlussprüfungen anzueignen. Sie finden in den kleinen Angebotsräumen statt, wo gerade auch das Spanisch-Angebot besprochen wird, sodass der große Lernraum oben ziemlich ruhig und leer ist.

Ein einzelner Junge streift durch die Gegend. Er schaut kurz gedankenverloren aus dem Fenster, geht weiter, bleibt am Aquarium stehen. Auch die Fische können seine Aufmerksamkeit nicht lange fesseln. Noch weniger die Lernmaterialien in den Regalen. Der Junge schlendert vor sich hin, sein Gesichtsausdruck ist irgendwo zwischen ernst und entspannt gestrandet, gelangweilt eben. Er verschwindet in der Küche.

Ich muss an den kleinen Jungen unten denken, der kurz die Mathe-Gruppe beobachtet hat. Nicht jeder findet sofort ins Tun. Manchmal muss man sich langweilen dürfen, um herauszufinden, was man wirklich will.

Im Primarbereich ist inzwischen eine Gruppe Kinder aus dem Kindergarten zu Besuch, der ebenfalls im Haus untergebracht ist. Die Besuchskinder werden im nächsten Jahr in die Grundschule kommen und wollen sich schon einmal umsehen.

Für mich ist es schwierig, auszumachen, wer jetzt eigentlich Schulkind und wer Kindergartenkind ist. Gemeinsam spielen Kinder beider Gruppen in der Rollenspielecke Kaufmannsladen. Mareike ist entzückt, als ihr eine Kindergarten-Kollegin beim Kauf eines Baguettes einen Fünfzigeuroschein im Wechsel für ihr Kleingeld herausgibt. Immer wieder fällt mir auf, wie wenige Berührungsängste die verschiedenen Altersstufen hier im Haus untereinander haben.

Nach dem Besuch aus dem Kindergarten folgt das angekündigte Bratapfel-Projekt. Die Primarkinder verwalten selbstständig auf einer Liste, wer alles einen Bratapfel möchte und ob Rosinen oder sonstige Extras gewünscht sind. Dann werden hingebungsvoll Äpfel ausgehöhlt, gefüllt und in den Ofen oben in der Schulküche verfrachtet. Am liebsten würden die Kinder direkt am Ofen auf ihre Äpfel warten. Doch sie wuseln dabei so ungeduldig herum, dass sie schließlich mit einem Hinweis auf den Bewegungsbereich aus der Küche geführt werden. Aber auch der langsamste Apfel ist irgendwann durchgebraten und schließlich geht es ans Vertilgen der Projekt-Ergebnisse. Gewissenhaft und mit großem Ernst wird zugeteilt, wer Äpfel mit oder ohne Rosinen bestellt hat, mit oder ohne Schokostreusel, mit Rosinen und Schokostreuseln usw. Die Kombinationen sind vielfältig, doch schließlich hat jeder Apfel seinen Besitzer oder seine Besitzerin gefunden.

Gleich nach dem Bratapfelessen ist der Schultag auch schon zu Ende und alle strömen zu ihren Fächern, um ihre Taschen zu schnappen.

Nur die Ältesten, die kurz vor dem Abschluss stehen, bleiben heute noch länger für die Mittagsschule. Nach einem Stündchen Pause geht es für sie weiter. Heute werden die Deutschprüfungen vorbereitet, konkret geübt wird der Umgang mit Sachtexten zum Thema Ernährung. Ich habe die Rolle gewechselt und bin nun nicht mehr länger stiller Beobachter, sondern leite das Deutsch-Angebot, wie ich es schon seit einigen Jahren gelegentlich an dieser Schule tue. Gemeinsam erarbeiten wir den Aufbau eines informierenden Textes. Immer wieder gibt es kritische Zwischenfragen. Muss man die Zitate in exakt dieser Form bringen? Reicht es nicht, wenn man die Quelle auch anders deutlich erkennen kann? Warum muss sich der Text an ein fiktives Publikum wenden, wenn ihn am Ende doch nur ein Prüfer oder eine Prüferin liest? Ich komme immer wieder in Erklärungsnot und kann oft nur auf die Konventionen der Prüfung verweisen.

Unsere kurze Zwischenpause zieht sich ein paar Minuten länger hin, weil einige Jungs sich unbedingt frische Crêpes als Pausensnack backen wollen. Im Anschluss riecht es appetitlich im Angebotsraum.

»Das kommt in Wellen«, verrät mir eine Lernbegleiterin. »Sie machen sich seit Wochen regelmäßig Crêpes. Davor war es überbackener Toast und davor Nudelsuppe. Und die Kleinen übernehmen das dann von den Großen.« Als das Deutsch-Angebot zu Ende ist, sind alle erschöpft, aber zufrieden. Schließlich waren die Teilnehmenden freiwillig da und haben in eigener Sache gelernt.

11.2 Zur Geschichte

Im Jahr 1977 eröffneten Rebeca und Mauricio Wild in Tumbaco, Ecuador, das Projekt Centro Experimental Pestalozzi, kurz Pesta genannt, in Anlehnung an Johann Heinrich Pestalozzi, einem Vordenker der modernen Reformpädagogik. Das Projekt umfasste einen Kindergarten, eine Grundschule und eine Sekundarstufe. Es wuchs schnell, sodass hier schließlich um die 180 Kinder und Jugendliche verschiedener Altersstufen miteinander lernten. Die Vision des Projekts war eine Lebens- und Lernumgebung, in der den Kindern und Jugendlichen freies und selbstbestimmtes Lernen nach ihren inneren Bedürfnissen ermöglicht werden sollte. Das Pesta-Projekt konnte sich trotz großer äußerer Widerstände durchsetzen und bestand bis 2005. Die Erfahrungen aus diesem Projekt hat Rebeca Wild in diversen Büchern festgehalten. Sie bilden wichtige Grundlagenwerke der sogenannten nichtdirektiven Pädagogik, die den Kindern zutraut, eigenverantwortliche Entscheidungen nach ihren authentischen Bedürfnissen zu treffen, wobei eine entsprechend vorbereitete Umgebung den nötigen geschützten Rahmen für ihre Entwicklung bieten soll.

Auch in Deutschland, wo Rebeca und Mauricio Wild immer wieder pädagogische Seminare und Vorträge angeboten haben, wurden diese Ansätze aufgegriffen und führten schließlich zu ersten Schulgründungen in Anlehnung an das Pesta-Projekt. Dem Ehepaar Wild war jedoch immer wichtig, dass ihr Ansatz kein Patentrezept darstellt. Stattdessen waren sie eher beratend für Schulgründungen tätig und gingen von dem Grundsatz aus, dass jede Schule ihren speziellen Weg auf der Grundlage eigener Erfahrungen finden muss.

11.3 Das pädagogische Konzept

Freie Aktive Schulen mit nichtdirektivem Ansatz arbeiten in der Regel nach dem aus der Montessori-Pädagogik bekannten Grundgedanken, dass jeder Mensch beim Lernen seinem individuellen »inneren Bauplan« folgt. Darum ist es sinnlos, Lerninhalte vorzugeben, die zu einem bestimmten Zeitpunkt von allen Schülerinnen und Schülern gleichermaßen zu bearbeiten sind. Stattdessen ist es Aufgabe einer Schule, eine möglichst geeignete »vorbereitete Umgebung« zu schaffen, in der die Kinder ihren Interessen und (Lern-) Bedürfnissen nach ihrem Rhythmus nachgehen können.

In der klassischen Montessori-Pädagogik steht hierbei die Vermittlung wichtiger Kulturtechniken wie Lesen, Schreiben und Rechnen im Vordergrund. Freie Aktive Schulen nach Wild hingegen nehmen diese Fertigkeiten zwar ebenfalls ernst, gehen jedoch davon aus, dass auch Spielen, Wühlen im Matsch, miteinander Diskutieren und Streiten oder schlicht gemeinsames Chillen genauso wichtig für die Schülerinnen und Schüler sind und ebenfalls eine Form von Lernen darstellen. Die Kinder werden während des Schultags nicht dazu angehalten, solche Aktivitäten sein zu lassen und stattdessen »endlich zu arbeiten«, sondern es wird darauf vertraut, dass sie im Allgemeinen selbst am besten wissen, was sie gerade brauchen.

Entsprechend gibt es keine festen Schulklassen und keinen vorgegebenen Unterrichtsstoff. Die Schülerinnen und Schüler lernen als altersübergreifende Gemeinschaft, nur grob getrennt zum Beispiel in eine Primarstufe und eine Sekundarstufe.

Dabei wählen die Kinder sich ihre Lernthemen individuell nach ihren Interessen und Bedürfnissen aus und haben auch Gelegenheit, die Schulzeit mit anderen Aktivitäten wie gemeinsamem Spiel,

Unterhaltungen mit Freunden, Tätigkeiten im Freien oder Kochen zu verbringen.

In der Regel stehen neben klassischen Montessori-Lernmaterialien auch viele verschiedene »unstrukturierte« Spiel- und Bewegungsmöglichkeiten sowie kreative Gestaltungsmaterialien zur Verfügung.

Freiheit und Grenzen

Rebeca Wild geht davon aus, dass Leben an sich immer Begrenzt-Sein bedeutet – angefangen von den Membranen um einzelne Zellen über die natürliche Körpergrenze unserer Haut bis hin zu den Regeln einer Gemeinschaft. Dabei sind sinnvoll formulierte Regeln jedoch keine willkürlichen Vorgaben von außen, die die eigenen Grenzen möglicherweise sogar verletzen. Stattdessen geht es darum, respektvoll und zugewandt einen schützenden Rahmen zu setzen, innerhalb dessen Entwicklung in Freiheit möglich ist. Ganz konkret heißt das: An einer Freien Aktiven Schule wird es wahrscheinlich zu den schützenden Rahmen-Grenzen gehören, dass die Kinder sich nicht gegenseitig wehtun oder dass in einem Bereich für Stillarbeit nicht laut herumgetobt wird.

Es wird jedoch keine Grenzen der Art geben, dass ein Kind sich an eine bestimmte Lernaktivität setzen muss, obwohl es eigentlich den Drang hat, draußen durchs Gelände zu strolchen.

Lernen als Bedürfnis

Also macht das Kind, wozu es gerade Lust hat, solange es andere dabei nicht stört? Wild unterscheidet hier zwischen echten Bedürfnissen und Ersatzbedürfnissen. Die echten Bedürfnisse sind die Dinge, die das Kind gerade wirklich braucht und die es in seiner Entwicklung weiterbringen. Bei Grundschulkindern gehören zum Beispiel wilde Spiele im Freien, begeistertes Buddeln in der Erde oder kreatives Improvisieren mit Holzresten unbedingt dazu, denn hierbei schulen sie wichtige motorische und soziale Fähigkeiten und legen einen Grundstein für ihre weitere Lern- und Handlungsfähigkeit.

Ersatzbedürfnisse hingegen sind Dinge, die das Kind als Wünsche empfinden mag, die ihm aber nur kurzfristige Lustbefriedigung ohne wirkliche Entwicklung bieten. Offensichtliche Beispiele hierfür sind Süßigkeiten oder passiver Medienkonsum. Aber auch ein Kind, das sich immer nur Aufgaben sucht, die es schon lange sicher beherrscht und die somit keine Herausforderung bieten, flüchtet sich in eine Ersatzhandlung jenseits seiner eigentlichen Bedürfnisse. Häufig kann man den Unterschied daran erkennen, wie es dem Kind hinterher geht: Nach der Erfüllung eines authentischen Bedürfnisses strahlt es innere Zufriedenheit aus, während es durch ein Ersatzbedürfnis nicht »satt« wird und unausgeglichen und maulig wirkt.

Die Kinder an einer Freien Aktiven Schule tun also in der Tat, was sie wollen, doch die Lernbegleiter haben dabei einen Blick darauf, dass sie sich an ihren wirklichen Bedürfnissen orientieren und sich nicht zu sehr von Ersatzbedürfnissen ablenken lassen. Sie übernehmen die Verantwortung dafür, dass Lernen möglich ist, aber sie nehmen keinem Kind die individuelle Verantwortung für seinen eigenen Lernprozess ab.

Die authentischen Bedürfnisse schließen immer auch in irgendeiner Form den Drang zum Lernen und zur persönlichen Entwicklung mit ein. Das ist nach Wild im menschlichen »Grundbauplan« so angelegt, so wie auch Tierkinder bei ihrem Drang zum Spiel danach streben, die Fertigkeiten für ihr künftiges Leben zu schulen.

Die Lernumgebung als flexibler Rahmen

Eine ideal vorbereitete Lernumgebung setzt durch das Zusammenspiel von Freiheit und Grenzen einen Rahmen, innerhalb dessen die Schülerinnen und Schüler sich ungestört entwickeln können.

Insbesondere im Grundschulbereich ist der Schulalltag von großen Freiheiten geprägt. Die Kinder haben viel Gelegenheit, sich im freien Spiel, beim Herumstromern auf dem Außengelände und im aktiven Miteinander auszuprobieren. Auch hier gibt es Lernimpulse, doch im Vordergrund steht die Auseinandersetzung mit konkret-greifbaren Dingen, bei der die Grundlagen für viele spätere Entwicklungen gelegt werden.

In der Sekundarstufe werden dann häufig strukturiertere Lernformen angeboten, etwa im Nebeneinander von freien Lernzeiten und konkreten Angeboten in Gruppen. Den Schülerinnen und Schülern steht es frei, ob sie jeweils daran teilnehmen.

Natürlich ist solch ein perfekter Rahmen ein Idealbild, dem man sich in der Praxis nur annähern kann. Dabei muss man immer wieder neu achtsam auf das horchen, was für die einzelnen Schülerinnen und Schüler gerade »dran ist«, und den Rahmen an ihre aktuellen Bedürfnisse anpassen.

11.4 Noten und Abschlüsse

An Freien Aktiven Schulen gibt es in der Regel keine Noten. Die Eltern und die Lernenden erhalten individuelle Rückmeldungen.

Die Schulen sind zumeist als Ersatzschulen mit besonderer pädagogischer Prägung genehmigt, aber nicht anerkannt. Das bedeutet, dass sie keine eigenen Abschlüsse vergeben. Die Schülerinnen und Schüler können sich stattdessen einer externen Abschlussprüfung unterziehen, auf die sie sich mit der Unterstützung der Lernbegleiterinnen und Lernbegleiter vorbereiten. Für gewöhnlich geht es um den Hauptschulabschluss oder die mittlere Reife. Wenn das (Fach-)Abitur angestrebt wird, besucht der oder die Lernende anschließend eine weiterführende Schule. Alternativ dazu gibt es in einigen Bundesländern auch das Modell eines Kollegs, in dem sich junge Menschen mithilfe der Lernbegleiterinnen und Lernbegleiter selbstständig auf die externe Abiturprüfung an einer Regelschule vorbereiten.

11.5 Der Schulwechsel

Der Wechsel an eine Freie Aktive Schule kann für ein Kind, das an einer anderen Schule zum Beispiel aufgrund des Lerndrucks unglücklich war, eine große Befreiung darstellen. Möglicherweise blüht es regelrecht auf, wenn es endlich in seinem eigenen Rhythmus lernen darf.

Kinder, die schon länger im Regelschulsystem unterrichtet wurden, haben allerdings zuweilen Schwierigkeiten, an einer Freien Aktiven Schule »anzukommen« und Verantwortung für ihr Lernen zu übernehmen – die lange Zeit der Fremdbestimmung wirkt sich hier aus. Auch das Wahrnehmen und Respektieren der Grenzen anderer fällt Kindern, auf deren eigenen Grenzen lange Zeit herumgetrampelt wurde, oft schwer. Es kann daher zu einer längeren Phase kommen, in der das Kind erst einmal »gar nichts« mehr tut (es ist natürlich nicht wirklich »nichts«) oder sogar aktiv die Gruppe aufmischt, sich aggressiv verhält, Regeln nicht einhält. Diese Phase kann für alle Beteiligten sehr anstrengend sein und erfordert jede Menge Geduld. Je länger die bisherige Schulzeit gedauert hat, desto mehr Zeit wird wahrscheinlich vergehen, bis das Kind sich gefunden hat und wieder seine eigenen (Lern-)Bedürfnisse wahrnehmen kann.

Und der Wechsel auf eine Schule des Regelschulsystems? An einer Freien Aktiven Schule lernen die Schülerinnen und Schüler nach ihren inneren Interessen und Bedürfnissen und nicht nach Vorgaben von außen. Eine Schülerin, die sich für Astronomie begeistert, kann auf diesem Gebiet ihren Altersgenossinnen und -genossen aus anderen Schulen weit voraus sein. In den Bereichen, die sie weniger interessieren, etwa Rechtschreibung, hinkt sie ihnen dafür vielleicht hinterher.

Das langfristige Ziel der schulischen Ausbildung ist natürlich dennoch ein anerkannter Abschluss, beispielsweise die mittlere Reife nach zehn Schuljahren. Doch der Weg zu diesem Abschluss gestaltet sich flexibel und es wird in der Regel nicht erwartet, dass zu einem bestimmten Zeitpunkt, etwa am Schuljahresende, ein bestimmtes Pensum an Stoff bewältigt wurde. Bei einem Schulwechsel kann nicht davon ausgegangen werden, dass die gleiche Basis an Schulstoff besteht.

Jedoch entwickeln Schülerinnen und Schüler einer Freien Aktiven Schule durch das selbstbestimmte Lernen die Fähigkeit, sich Wissen und Fertigkeiten selbstständig anzueignen und kritisch zu durchleuchten. Dadurch können sie sich bei einem Schulwechsel gut in das neue System und seine spezifischen Anforderungen einfügen und den möglicherweise fehlenden Stoff rasch nachholen. Zudem fällt es ihnen in der Regel durch ihre weit entwickelten sozialen Kompetenzen leicht, sich in der neuen Umgebung zu integrieren.

11.6 Die Pädagoginnen und Pädagogen

Das Lernbegleiterteam an einer Freien Aktiven Schule ist häufig ein bunt gemischter Haufen: Lehrerinnen und Lehrer verschiedener Schultypen arbeiten hier mit Erzieherinnen und Erziehern, Sozialpädagoginnen und Sozialpädagogen oder Menschen mit weiteren pädagogischen Ausbildungen zusammen, manche haben auch einen Quereinstieg aus einem ganz anderen beruflichen Hintergrund hinter sich. Das Kollegium muss in seiner Zusammensetzung vom Schulamt genehmigt werden.

Es gibt keinen genormten Ausbildungsgang für die Arbeit an Freien Aktiven Schulen. Dafür sind die Team-Mitglieder verbunden durch ihre gemeinsame Begeisterung für das selbsttätige Lernen und die Bereitschaft, ihre pädagogische Praxis in zumeist wöchentlichen Teamsitzungen zu reflektieren und weiterzuentwickeln. Mehrarbeit ist dabei an der Tagesordnung.

Die meisten Lernbegleiterinnen und Lernbegleiter sammeln nach und nach verschiedene Fort- und Ausbildungen zur nichtdirektiven Pädagogik an. Häufig wird auch eine Montessori-Ausbildung, zum Beispiel das Montessori-Diplom, vorausgesetzt.

Im Schulalltag ist das Lernen durch Materialarbeit allerdings nur einer von vielen Aspekten, die die pädagogischen Fachkräfte im Blick haben müssen. Ihre Hauptaufgabe besteht darin, als ganze Person achtsam und aufmerksam für die lebendigen Bedürfnisse der Schülerinnen und Schüler zur Verfügung zu stehen.

Zum einen müssen sie in der Lage sein, Lernangebote zu verschiedenen Themen je nach Interesse der Schülerinnen und Schüler selbstständig zu gestalten. Die simple Überlegung, warum Vögel eigentlich fliegen können, kann sich dann unter kritischen Kinderfragen schnell zu komplexen Erwägungen darüber ausweiten, wo in hohlen Röhrenknochen eigentlich das Knochenmark bleibt. Da ist Spannung durch regelmäßige Herausforderungen weit jenseits des eigenen Fach- und Alltagswissens garantiert. Glücklicherweise müssen die Lernbegleiterinnen und Lernbegleiter dabei nicht alles wissen. Für die Lernenden ist es manchmal viel lohnender, Dinge zusammen mit den Erwachsenen zu erforschen und dabei vielleicht sogar mehr Expertenwissen als die Großen anzusammeln.

Vor allem aber ist es Aufgabe der Pädagoginnen und Pädagogen, die Schülerinnen und Schüler auf ihrem individuellen Lernweg achtsam zu begleiten und ihr Potenzial zu fördern, ohne ihnen künstliche Lernvorgaben von außen überzustülpen. Lernbegleiterinnen und Lernbegleiter sind dabei keine pädagogischen Autoritäten, die kraft ihrer Weisheit Entscheidungen treffen, sondern Menschen, die sich gemeinsam mit den Schülerinnen und Schülern auf eine Entwicklung einlassen. Das erfordert die hohe Kunst des Beobachtens ohne Wertung und Eingreifen.

Wer schon einmal verfolgt hat, wie ein Kind verzweifelt auf ein Klettergerüst zu kommen versucht, für das es eine Spur zu klein ist, kennt dieses Gefühl: Man ist geneigt, dem verzweifelt kämpfenden Wesen zu helfen, indem man es leicht anhebt. Für das Kind jedoch ist es eine wichtige Erfahrung, aus eigener Anstrengung Erfolg zu haben – oder auch zu scheitern und mit den eigenen Unzulänglichkeiten zurechtzukommen (»Ich muss eben erst noch ein bisschen wachsen«) beziehungsweise aus seinen Fehlern zu lernen (»Wenn ich das Bein ganz weit ausstrecke, kann ich vielleicht herankommen«). Genau das gilt auch für die Lernprozesse an einer Freien Aktiven Schule. Die Lernbegleiterinnen und Lernbegleiter unterstützen, aber sie nehmen dem Kind die Eigenverantwortung nicht ab. Andererseits tragen sie dafür Sorge, dass das Kind einen Rahmen vorfindet, in dem es Erfahrungen machen kann, die zu seinem aktuellen Entwicklungsschritt passen. Das Klettergerüst darf also weder übertrieben hoch noch lächerlich niedrig sein. Dieser Balanceakt macht vielleicht die größte Herausforderung in der nichtdirektiven Pädagogik aus und erfordert neben dem pädagogischen Hintergrundwissen auch ein gutes Bauchgefühl und die Bereitschaft, sich unvoreingenommen auf Menschen einzulassen.

11.7 Die Rolle der Eltern

Lernen und andere Aktivitäten lassen sich an einer Freien Aktiven Schule kaum voneinander trennen. Entsprechend ist auch eine strikte Trennung von Schulumgebung und Elternhaus wenig sinnvoll. Es mag sein, dass ein Kind von einem Schulprojekt so begeistert ist, dass es zu Hause nahtlos daran weiterarbeitet – und es mag sein, dass es zu Hause gerade ein Päckchen zu tragen hat, das auch in der Schule die Arbeit an den eigenen Lernaufgaben unmöglich macht. Auch kann es durchaus passieren, dass ein Kind zu Hause selbstständig Lesen und Schreiben lernt, während es in der Schule »nur spielt«, weil es hier schließlich seinen Freundeskreis um sich hat. Die Erwachsenen sollten entsprechend eng zusammenarbeiten, damit die »vorbereitete Umgebung« über die Schule hinaus auch die anderen Lebensbereiche des Kindes umfasst.

Die Eltern sind aktiv bei der Gestaltung der Schulumgebung beteiligt und legen beispielsweise an Bautagen einen Sandkasten an oder bringen vielleicht einmal ihre Fach- und Lieblingsthemen in einem Lernangebot in die Schulumgebung ein.

Andererseits achten sie darauf, dass auch die häusliche Umgebung den Bedürfnissen des Kindes entspricht. Der nichtdirektive Ansatz in der Schule kann nur funktionieren, wenn das Kind auch zu Hause Raum zur Entwicklung hat und sein Verhalten zum Beispiel nicht ständig durch Lob oder Tadel manipuliert wird. Viele Freie Aktive Schulen bieten darum pädagogische Workshops und Arbeitskreise für Eltern an. Neben den Schülerinnen und Schülern und dem Lernbegleiterteam haben auch die Eltern die Aufgabe, offen zu bleiben und sich auf den gemeinsamen Entwicklungsprozess einzulassen.

Dabei ist es insbesondere wichtig, den Druck durch Vergleiche mit anderen herauszunehmen. Vielleicht beherrscht die beste Freundin von der städtischen Grundschule schon diesen und jenen Rechenweg, der dem eigenen Kind noch fremd ist. Vielleicht schleicht sich dadurch das besorgte Gefühl ein, das Kind würde hinterherhängen und gar nichts lernen. Dann gilt es, dieses Gefühl auszuhalten und dem Kind trotzdem den Raum zu geben, sich in seiner Geschwindigkeit und nach seinen Bedürfnissen zu entwickeln – auch wenn Baumhausbauen gerade wichtiger ist als Rechnen und Grammatik. Das ist der vermutlich anspruchsvollste Teil der Elternarbeit an einer Freien Aktiven Schule.

11.8 Die Finanzierung

Als Schulen in freier Trägerschaft sind Freie Aktive Schulen in der Regel auf Beiträge der Eltern in Form von Schulgeld angewiesen, um existieren zu können. Die genaue Höhe dieser Beiträge ist von Schule zu Schule je nach den Rahmenumständen verschieden. Da

Finanzielles jedoch kein Hinderungsgrund für einen Schulbesuch sein sollte, bieten die Schulen verschiedene Formen an, die Beiträge an die eigenen Möglichkeiten anzupassen, zum Beispiel durch Schulgeld, das nach dem Einkommen der Eltern gestaffelt ist.

11.9 Was noch zu erwähnen wäre

Viele der von Wild inspirierten Schulen führen die Bezeichnung Freie Aktive Schule, um zu betonen, dass die Kinder hier selbstbestimmt und aus eigenem Antrieb tätig sind. Allerdings ist dieser Begriff nicht exakt festgelegt und auch Schulen, die auf anderen reformpädagogischen Ansätzen des selbstständigen Lernens beruhen, tragen häufig mit gleichem Recht das Attribut »aktiv« im Namen.

Freie Aktive Schulen sind übrigens relativ oft im Bundesverband der Freien Alternativschulen (BFAS) organisiert.

11.10 Dafür und Dagegen

Wenn Ihr Kind auf eine Freie Aktive Schule geht, gibt es viel zu lernen – nicht nur für das Kind. Auch die Eltern durchlaufen dabei einen Lernprozess und müssen sich zum Beispiel darauf einlassen, ihre Haltung zum herkömmlichen Begriff von »Lernen« zu überdenken. Selbst wenn das Kind in der Schule scheinbar »nur« spielt und mit seinen Freunden »chillt«, statt sich auf typische Schulthemen wie Deutsch oder Mathe zu stürzen, lernt es etwas. Das ist allerdings für die Eltern nicht immer leicht auszuhalten. Hier gilt es, Vertrauen darin aufzubauen, dass das Kind am besten weiß, was gerade dran ist – unabhängig von Lehrplänen oder sorgenvollen Überlegungen, wie das später mit dem Abschluss aussieht. Man sollte sich im Vorfeld gut überlegen, ob man sich auf diesen Prozess einlassen möchte.

Das ist insbesondere herausfordernd, wenn man im Umfeld mit Eltern von Kindern im Regelschulsystem zu tun hat, die vielleicht schulisch schon »weiter« sind. Der aktuelle Trend, möglichst schon im Grundschulalter auf eine »erfolgreiche« berufliche Karriere hinzuarbeiten, trägt ein Übriges dazu bei, zu verunsichern.

Wenn ein Kind sich feste Strukturen wünscht und Schwierigkeiten hat, sein Tun selbst zu organisieren, könnte es an einer Freien Aktiven Schule möglicherweise überfordert sein. Umso lohnender ist es dann natürlich, in der Schule dennoch die Fähigkeit zum selbstständigen Lernen zu erwerben, die für die Zukunft eine unschätzbare Ressource darstellt!

Auch ist zu bedenken, dass Freie Aktive Schulen, wie viele Alternativschulen, zumeist sehr klein sind. Dadurch ist das Kind nur von einer sehr überschaubaren Peergroup Gleichaltriger als mögliche Freunde und Arbeitspartner umgeben. Wenn es sich mit dem Kontaktefinden eher schwertut, ist das durch die begrenzte »Auswahl« vielleicht nicht einfach. Andererseits können in den Kleingruppen natürlich auch Bindungen entstehen, die viel fester und persönlicher sind als ein loser Klassenverband im Regelschulsystem.

Auf jeden Fall aber wird Ihr Kind an einer Freien Aktiven Schule Gelegenheit haben, herauszufinden, was es wirklich will, und an diesen Zielen zu arbeiten. Es darf auf eine respektvolle Umgebung hoffen, wo es von den Pädagoginnen und Pädagogen achtsam behandelt wird. Das Ergebnis sind häufig eigenständige, lebenstüchtige und zum Querdenken neigende Persönlichkeiten, die ihren Weg gehen werden.

Literaturtipps

Wild, Rebeca (1986): *Erziehung zum Sein. Erfahrungsbericht an einer aktiven Schule.* Arbor.

Wild, Rebeca (1998): *Freiheit und Grenzen – Liebe und Respekt.* Mit Kindern wachsen Verlag.

12

EXKURS: GELEBTE SELBST- UND MITBESTIMMUNG – DEMOKRATISCHE SCHULEN

Hendrik Lambertus

Die Neue Schule Hamburg e.V. ist in einer kleinen Villa im Stadtteil Rahlstedt untergebracht. Ich folge einem Fußweg durch den Park zur Eingangstreppe und schlüpfe in meine Hausschuhe, wie es hier drinnen als Regel festgelegt ist. Im Treppenhaus herrscht lebhaftes Getrappel und Stimmengemurmel. Kinder und Jugendliche verschiedener Altersklassen wuseln geschäftig durcheinander.

Ich bin heute hier, um mir bei einem Besuchstag für interessierte Eltern, Kinder und sonstige Wissbegierige einen ersten eigenen Einblick in eine Demokratische Schule zu verschaffen. Nach einer kurzen Einführung werde ich zusammen mit einigen anderen Besuchern und Besucherinnen von einer 15-jährigen Schülerin durch die Räumlichkeiten geführt. Das Schulhaus wirkt auf mich ein bisschen wie eine chaotisch-gemütliche WG mit alten Möbeln und ungezwungenen Umgangsformen. Die Jugendliche erklärt alles souverän, geht auf Fragen ein und freut sich sichtlich über die Gelegenheit, ihre Schule zu präsentieren. Sie zeigt uns verschiedene Arbeits- und Aufenthaltsräume und ein kreatives Atelier, einen reich ausgestatteten Musikraum und ein naturwissenschaftliches Labor.

Nach einer Weile verkündet eine Durchsage der Hausprechanlage, dass nun der Punkt des Tages folgt, auf den ich am meisten gespannt bin: die Schulversammlung.

12.1 Die Schulversammlung

An der Neuen Schule Hamburg ist die wöchentliche Schulversammlung (kurz SV) das Gremium, in dem alle die Schulgemeinschaft betreffenden Belange besprochen und entschieden werden. Im Laufe der Woche werden Anträge gesammelt und auf die Tagesordnung gesetzt. Zwei Tage vor der SV wird öffentlich ausgehängt, welche Punkte zur Diskussion stehen werden.

Jeder hat die Möglichkeit, eigene Anträge einzubringen. Und jeder hat eine Stimme – Schülerinnen und Schüler wie Mitarbeiterinnen und Mitarbeiter. Die Pädagoginnen und Pädagogen sind genauso Mitglieder der Schulgemeinschaft wie alle anderen auch, ihre einzelne Stimme wiegt nicht mehr als die eines sechsjährigen Schulanfängers.

Die Versammlung findet im Großen Saal statt, einem einer Aula ähnlichen Raum, in dem ein Flügel und ein Tischkicker stehen und der sonst unter anderem für festgelegte Bewegungszeiten, Präsentationen, Vorführungen oder andere Versammlungen genutzt wird. An einer Stirnwand ist eine Leinwand aufgebaut, auf deren Fläche die Tagesordnung der heutigen SV als Textverarbeitungsdatei projiziert wird. Ein Schüler sitzt als Protokollant an einem Laptop und tippt während der Sitzung die Beschlüsse und Abstimmungsergebnisse für alle sichtbar direkt ins Dokument. Neben ihm hat der zu Beginn des Schuljahres gewählte Vorsitzende der Schulversammlung Platz genommen, ein etwa 15-jähriger Junge. Die anderen Kinder und Jugendlichen verteilen sich im Halbkreis auf Hockern, Stühlen, festen Sitzelementen und auf dem Fußboden, sodass alle eine gute Sicht auf die Leinwand haben. Mitten zwischen ihnen sitzen hier und dort die Mitarbeiterinnen und Mitarbeiter. Die Besucherinnen und Besucher haben einen Platz im hinteren Bereich des Raumes bekommen und verfolgen das Geschehen gespannt.

Die Teilnahme an der Versammlung ist keine Pflicht. Wer allerdings nicht dabei ist, kann natürlich auch nicht abstimmen und mitentscheiden. Der Saal ist entsprechend gut gefüllt, viele der insgesamt 85 Schülerinnen und Schüler sind anwesend.

Dann beginnt die Versammlung offiziell. Als erster Tagesordnungspunkt fragt der Vorsitzende die Schulgemeinschaft, ob es für alle okay ist, dass heute Besucherinnen und Besucher zuschauen. Es wird formalisiert und routiniert darüber abgestimmt: Dafür? Dagegen? Enthaltungen? Das Ergebnis wird direkt abgetippt und erscheint auf der Leinwand. Glücklicherweise spricht nichts dagegen, dass wir dabei sind. Es geht weiter mit den eigentlichen Themen, die heute behandelt werden sollen. Dabei folgt der Ablauf der Versammlung einer eigens festgelegten Ordnung. Nach der Infozeit werden zuerst die Anträge auf Regeländerungen bearbeitet. Heute wird ein Antrag mit einigen Änderungsvorschlägen zum genauen Ablauf von LK-Sitzungen thematisiert. »LK« bedeutet »Lösungskomitee«. Dabei handelt es sich um ein von wiederum gewählten Schülerinnen und Schülern und Mitarbeiterinnen und Mitarbeitern gemeinsam gestaltetes Gremium, das bei Regelverstößen Konsequenzen verhängt und in Konfliktfällen zwischen Mitgliedern der Schulgemeinschaft vermittelt. Im Haus liegen an verschiedenen Stellen Formulare aus, mit denen man sich an das LK wenden kann, wenn man sich zum Beispiel von jemandem ungerecht behandelt fühlt. Gemeinsam wird nach einer Lösung für den bestehenden Konflikt gesucht. Auch hierbei werden die Mitarbeiterinnen und Mitarbeiter wie alle anderen behandelt – sie können Schülerinnen und Schüler vor das LK laden oder auch selbst vorgeladen werden. Im Fall von Regelverstößen werden (zum Teil vorab festgelegte) Konsequenzen verhängt. Erledigt man beispielsweise seinen wöchentlichen Putzdienst nicht, muss man in der darauffolgenden Woche zweimal putzen.

Als Besucher verstehe ich nicht genug von den Abläufen rund um das LK, um die Regeländerungen nachzuvollziehen, die heute vorgeschlagen werden. Die Schülerinnen und Schüler hingegen offensichtlich schon. Sie sprechen sich dafür aus, woraufhin die neuen

Regeln ins Protokoll übernommen werden. Nun gelten sie vorerst für mindestens drei Wochen und können nach dieser Frist auf Antrag neu diskutiert werden, falls sie sich nicht bewährt haben.

Beim nächsten Antrag auf eine neue Regel kann sich der Vorsitzende ein Grinsen nicht verkneifen: Pupsen und Furzen soll in der Schule nur noch auf den Toiletten erlaubt sein. Es kommt zu irritierten Nachfragen, was es damit auf sich hat. Eine Schülerin erklärt, dass manche Personen in letzter Zeit andere zuweilen gezielt mit ihren Körpergeräuschen genervt hätten. Die Regel soll dies unterbinden.

»Und was genau soll der Unterschied zwischen Pupsen und Furzen sein?«, hakt ein Junge trocken und ohne jede Ironie nach. Die Schülerin führt aus, dass sie beide Formulierungen in den Antrag aufgenommen hat, damit niemand als Ausrede behaupten kann, er würde ja nur das jeweils andere tun.

»Und wenn man gerade draußen Fußball spielt, muss man dann schnell reinrennen auf die Toilette?«, fragt ein anderer Schüler. Nein, die Regel würde ja nur im Schulhaus gelten. Die Frage war durchaus nicht provokant gemeint. Die Diskussion bleibt trotz des eigentümlichen Themas respektvoll.

Und wenn man mal nur aus Versehen muss? Und welche Sanktionen soll es geben? In der Diskussion wird schnell klar, dass der Regelantrag nicht ganz ausgereift ist. Er wird schließlich in der Abstimmung mehrheitlich abgelehnt. Dennoch bin ich beeindruckt, wie sachlich und durchdacht die Schülerinnen und Schüler dieses eigenwillige Thema besprochen haben. Niemand hat einen Witz daraus gemacht oder den Antrag ins Lächerliche gezogen.

Als weiterer Themenblock wird die Verausgabung des Schulbudgets besprochen. Eine Mitarbeiterin hat die Anschaffung neuer Arbeitshefte beantragt. Die Schulgemeinschaft bewilligt die dafür veranschlagte Summe.

Der Vorsitzende leitet die Sitzung souverän. Wenn ein Tagesordnungspunkt auszuufern droht, kann jeder einen Antrag auf Schließung der Rednerliste stellen, woraufhin rasch darüber abgestimmt wird, ob nur noch die aktuellen Meldungen zu Wort kommen sollen, bevor es an die Abstimmung geht. Es braucht eine Zweidrittelmehrheit, um die Schließung der Rednerliste zu erwirken. Durch diese Möglichkeit versandet keine Diskussion in endlosem Für und Wider. Das hätte ich mir selbst während so manch langweiliger Sitzung in meinem Leben so gewünscht. Gelegentlich verschafft sich der Vorsitzende mit einer Klangschale Gehör, wenn es während der Diskussion zu unruhig wird. Das ist jedoch nur selten nötig.

Nach einigen weiteren Anträgen ist die SV schließlich vorbei. Die Mitglieder der Schulgemeinschaft strömen nach draußen, um sich wieder den Aktivitäten ihres Schultags zuzuwenden. Pflichtunterricht, der auf sie warten würde, gibt es keinen. Vielleicht sind einige aber zu einem bestimmten Thema, Projekt etc. verabredet. Andere wollen nach der SV vielleicht erst einmal ein bisschen chillen. Es steht ihnen frei, womit sie sich während der Schulzeit beschäftigen möchten. Sie alle haben ihre eigenen Pläne und Vorhaben, so unterschiedlich wie ihre Persönlichkeiten. Und doch funktionieren sie als Gemeinschaft, das hat die Schulversammlung eindrucksvoll demonstriert. Wie wohl ein Staat aussähe, in dem alle von der Schule an geübte Demokratinnen und Demokraten sind?

12.2 Die Wurzeln – Summerhill und Sudbury

Im Jahr 1921 gründete der schottische Pädagoge Alexander Sutherland Neill ein Internat, das nach dem Prinzip der sogenannten selbstregulativen Erziehung arbeitete: Die Schülerinnen und Schüler entschieden eigenverantwortlich, ob und was sie genau lernen wollten, zudem verwaltete sich ihre Gemeinschaft durch demokratische

Abstimmung selbst. Neills Schule wurde unter dem Namen Summerhill weltbekannt und gilt als eine der frühesten Demokratischen Schulen. Sie existiert bis heute.

Fast fünfzig Jahre später, im Jahr 1968, wurde in den USA in Framingham, Massachusetts, die Sudbury Valley School gegründet, an der inzwischen rund zweihundert Schülerinnen und Schüler eigenverantwortlich ihren Schulalltag gestalten. Auch ihr Konzept fußt auf der Selbstverantwortung der Schülerinnen und Schüler und ihrer demokratischen Selbstorganisation als Gemeinschaft. Sie wurde zu einem prägenden Vorbild für Demokratische Schulen auf der ganzen Welt, die dann die Bezeichnung Sudbury-Schule führen, wenn sie den Ansatz der Eigenverantwortlichkeit und Mitbestimmung besonders konsequent praktizieren.

12.3 Selbstbestimmung und Verantwortung für die Gemeinschaft

Wie bei anderen Freien Alternativschulen sind das Konzept von Demokratischen Schulen und seine praktische Umsetzung sehr individuell. Ein genauer Blick ins Konzept und ein Besuchstermin sind darum unerlässlich, wenn man eine Schule dieses Typs ins Auge gefasst hat. Als Gemeinsamkeit lässt sich aber festhalten, dass ihre tragenden Säulen die Selbst- und Mitbestimmung der Schülerinnen und Schüler sind.

»Ich bin so gern an der Sonne«, erzählt eine Schülerin. »Und ich mag es an unserer Schule, dass ich hier ganz viel draußen sein kann und zum Beispiel auch draußen lesen kann. Mir tun die Schüler an Schulen leid, die bei dem schönen Frühlingswetter den ganzen Tag drinnen sein müssen.«

Neben der Eigenverantwortlichkeit der einzelnen Kinder und Jugendlichen fußt eine Demokratische Schule auch auf der politischen Dimension der Verantwortung für die Gemeinschaft: Die basisdemokratische Gestaltung des Schullebens und seiner Regeln bilden einen wichtigen Kern des Konzepts. Neben Versammlungen und Gremien gibt es dabei häufig noch Teams, die einzelne Aspekte des Schulalltags organisieren und zum Beispiel bestimmte Fachräume und ihr Angebot verwalten.

Die demokratische Mitgestaltung findet nicht auf einem künstlich abgegrenzten Areal statt, sondern betrifft oft auch grundsätzliche Entscheidungen zur Schule – etwa die Frage, wie das freie Monatsbudget eingesetzt wird oder welche Pädagoginnen und Pädagogen zum neuen Schuljahr hin weiterbeschäftigt werden.

Es gibt keinen verpflichtenden Unterricht und keine vorgeschriebenen Lernziele. Die Kinder und Jugendlichen bestimmen innerhalb der Regeln der Gemeinschaft selbst über ihren Lern- und Entwicklungsprozess.

»Unser Ziel sind selbstbewusste, lebensfähige und entscheidungsfreudige Menschen«, fasst eine Mitarbeiterin zusammen.

Dabei streben die meisten Schülerinnen und Schüler am Ende der Schullaufbahn einen staatlich anerkannten Abschluss an, auf den sie sich selbstständig mit Unterstützung der Mitarbeiterinnen und Mitarbeiter und Mitschülerinnen und Mitschüler vorbereiten.

»Für mich ist so ein Abschluss wie ein Führerschein, eine Zugangsberechtigung«, erklärt eine 17-jährige Schülerin. »Er eröffnet mir beruflich bestimmte Dinge, die sonst nicht möglich wären. Darum ziehe ich die Sache halt durch. Aber die Prüfungen sind nur eine Momentaufnahme. Sie sagen nicht wirklich etwas aus über mich oder das, was ich kann.«

Auch der Abschluss bleibt letztendlich die Entscheidung der Jugendlichen. Und wie man Entscheidungen trifft, haben sie ja grundlegend gelernt.

12.4 Interview mit Astrid Hoffmann über die Chancen und Perspektiven der Demokratiepädagogik

»Denn eine echte demokratische Bildung ist gerade in Zeiten, in denen die Demokratie vor großen Herausforderungen steht, von einem nicht zu überschätzenden Wert.«

Astrid Hoffmann ist Lehrerin für Politik und Musik sowie abgeordnete Lehrkraft für die Didaktik der Sozialwissenschaften an der Technischen Universität Dortmund. Im Rahmen eines Dissertationsprojekts forscht sie über Partizipation an Demokratischen Schulen in Deutschland. Im folgenden Interview mit Hendrik Lambertus wird die Meinung Hoffmanns über die Bedeutung der demokratischen Partizipation an Schulen deutlich.

Frau Hoffmann, was ist für Sie die Grundlage der Demokratie-Pädagogik, das Besondere am Konzept?
»Häufig werden verschiedene pädagogische Ansätze unter dem Sammelbegriff ›Demokratiepädagogik‹ zusammengefasst. Diese reichen von der Mitbestimmung im Unterricht über die Partizipation in Gremien auf Klassen- und Schulebene bis hin zu sozialem Engagement außerhalb der Schule. Ein zentrales Ziel besteht häufig darin, die Schülerinnen und Schüler an der Planung des Unterrichts sowie an der Schulorganisation zu beteiligen. Über den Grad der Beteiligung besteht in der Demokratiepädagogik jedoch kein einheitlicher Konsens. Demokratische Schulen gehen dabei über die Forderungen vieler anderer Demokratiepädagoginnen und -pädagogen hinaus. In Bezug auf das Lernen geht es dort nicht nur um Mitbestimmung, sondern um möglichst vollständige Selbstbestimmung. Die Kinder und Jugendlichen können frei entscheiden, ob oder welche Lernangebote sie wahrnehmen beziehungsweise selbst initiieren, sofern sie sich dabei an die Schulregeln halten und keinem anderen schaden.«

Was ist der größte Vorteil einer Demokratischen Schule für die Kinder und Jugendlichen?
»Die Kinder und Jugendlichen lernen sehr schnell, Verantwortung zu übernehmen. Dies bezieht sich zum einen auf ihren eigenen Lernprozess und ihre eigene Lebensgestaltung. Sie müssen lernen, die Freiheiten, die ihnen an Demokratischen Schulen gegeben werden, auf Basis selbstgetroffener Entscheidungen zu nutzen. Zum anderen bezieht sich die Verantwortungsübernahme auf das Leben in der Gemeinschaft. Jedes Schulmitglied kann in der Schulversammlung Vorschläge einbringen, sich zu Wort melden und abstimmen.

Natürlich können Schülerinnen und Schüler auch im regulären Schulwesen Einfluss auf die Schulregeln nehmen. In Nordrhein-Westfalen kann man an weiterführenden Schulen zum Beispiel über die Klassensprecherinnen und Klassensprecher ein Anliegen in die Schülervertretung einbringen. Diese wiederum kann dieses Anliegen dann in die Schulkonferenz tragen, die letztendlich eine Entscheidung über den beantragten Sachverhalt trifft. Das Kind kann hier, sofern es nicht auch Mitglied der Schulkonferenz ist, im Gegensatz zu Demokratischen Schulen jedoch nur auf sehr indirektem Wege Einfluss nehmen. Ich vermute, dass dies einen negativen Effekt auf die Partizipationsbereitschaft der Schülerinnen und Schüler hat.

Hinzu kommt, dass der Entscheidungsspielraum der Schulkonferenz an staatlichen Schulen kleiner ist als der Entscheidungsspielraum der Schulversammlung an Demokratischen Schulen.

Kinder und Jugendliche haben an Demokratischen Schulen also sehr viel mehr und vor allem sehr viel direkter Einfluss auf das Schulleben. Dies führt nach meinen bisherigen anfänglichen Beobachtungen und Befragungen dazu, dass sie motivierter sind, das Schulleben mitzugestalten, Verantwortung zu übernehmen und sich stärker mit der Schule und ihren Prinzipien und Regeln zu identifizieren.

Ich würde sogar vermuten, dass dies langfristig auch einen positiven Effekt auf die politische Partizipationsfähigkeit und

-bereitschaft außerhalb der Schule hat, aber das ist empirisch sehr schwer überprüfbar.«

Wo sehen Sie besondere Herausforderungen bei der Umsetzung?
»Demokratische Schulen umfassen in aller Regel nicht nur die Sekundarstufe, sondern auch die Primarstufe. Konkret bedeutet das, dass beispielsweise auch Erstklässlerinnen und Erstklässler in der Schulversammlung abstimmen dürfen. Eine besondere Herausforderung besteht darin, auch jüngeren Kindern zu ermöglichen, die auf den Schulversammlungen geführten Diskussionen zu verstehen, sich hieran zu beteiligen und souverän abstimmen zu können.

Herausfordernd gestaltet sich ebenfalls, dass die Schülerinnen und Schüler in der Schule zwar frei entscheiden dürfen, was und wie sie lernen, der Druck von außen diese Freiheit jedoch einschränkt. Sofern sie einen Schulabschluss erwerben möchten, und dies ist bei den meisten Jugendlichen der Fall, müssen sie (zum Beispiel im Rahmen externer Prüfungen) letztendlich doch vorgegebene Curricula erfüllen. Dieses Spannungsverhältnis auszuhalten und so konstruktiv wie möglich mit ihm umzugehen, ist eine besondere Herausforderung für die Lernenden, ihre Eltern und natürlich auch die Mitarbeiterinnen und Mitarbeiter.«

Was ist nach Ihrer Einschätzung die Rolle der Pädagoginnen und Pädagogen an einer Demokratischen Schule?
»Die allgemeine Hierarchie zwischen Lernenden und Lehrenden, die an staatlichen Schulen besteht, ist an Demokratischen Schulen deutlich schwächer ausgeprägt. Dies hat mehrere Gründe: Zum einen vergeben die Lehrenden in aller Regel keine Zensuren. Leistungsbeurteilung findet nur statt, wenn ein Schüler oder eine Schülerin das ausdrücklich wünscht. Zum anderen üben die Pädagoginnen und Pädagogen keinen Lernzwang auf die Schülerinnen und Schüler aus. Und drittens begünstigt das gleiche Stimmgewicht

in der Schulversammlung eine Beziehung auf Augenhöhe. Diese gleichberechtigte Beziehung ist für ein vertrauensvolles Verhältnis und einen respektvollen Umgang sehr förderlich.«

Was würden Sie Eltern raten, die mit einer Demokratischen Schule für ihr Kind liebäugeln? Was sollte man bedenken?

»Eltern sollten sich im Vorfeld auf jeden Fall sehr gut über das Konzept einer Demokratischen Schule informieren. Sofern sie sich für eine Demokratische Schule entscheiden, halte ich es für sinnvoll, dass das Leben zu Hause ebenfalls freiheitlich und demokratisch organisiert ist. Insbesondere jüngere Kinder könnten sonst durch die unterschiedlichen Erziehungsstile überfordert werden.

Des Weiteren sollten die Eltern viel Vertrauen und eine offene Erwartungshaltung gegenüber dem Lernprozess des Kindes mitbringen. Es kann gut sein, dass das Kind bestimmte Fähigkeiten erst später erwirbt als erwartet oder ganz andere Lernschwerpunkte setzt.

Meiner Auffassung nach profitieren Kinder und Jugendliche an Demokratischen Schulen am stärksten, wenn sie neugierig sind, ein hohes Maß an Eigeninitiative mitbringen und in der Lage sind, unterschiedliche Lernimpulse sinnvoll für sich zu nutzen. Es gibt jedoch auch Kinder und Jugendliche, die durch ein hohes Maß an Freiheit überfordert werden und stattdessen klare Strukturen und Anweisungen brauchen. Ob eine Demokratische Schule dies bieten kann, ist zumindest fraglich.«

Sehen Sie Chancen, gelebte Partizipation auch stärker an öffentlichen Schulen zu etablieren? Welche Perspektiven und Chancen sehen Sie für die Zukunft?

»Demokratiepädagogik ist auch im staatlichen Schulsystem seit vielen Jahren ein sehr populärer Begriff. Demokratielernen, Partizipation und Verantwortungsübernahme sind beispielsweise explizite Kriterien des Deutschen Schulpreises.

Doch wie oben bereits beschrieben, ist nicht immer klar, was genau mit diesen Schlagwörtern gemeint ist: Wie viel Einfluss haben Schülerinnen und Schüler wirklich? Wie sind die Diskussions- und Entscheidungsprozesse konkret organisiert? Kann man trotz ausgeprägter Hierarchien und einem Ungleichgewicht der Stimmen wirklich von einer demokratischen Schulkultur sprechen? Demokratische Schulen können hier mit ihren sehr konsequenten basisdemokratischen Ansätzen als Vorreiter fungieren. Ich bin mir nicht sicher, ob sich alle Elemente Demokratischer Schulen auch auf (meist deutlich größere) staatliche Schulen übertragen lassen. Dennoch halte ich es für wichtig, dass Demokratische Schulen in der politischen und pädagogischen Diskussion sehr viel mehr Aufmerksamkeit erfahren, als dies bis jetzt der Fall ist. Denn eine echte demokratische Bildung ist gerade in Zeiten, in denen die Demokratie vor großen Herausforderungen steht, von einem nicht zu überschätzenden Wert.«

Literaturtipps

Mintz, Jerry (2008): *Keine Hausaufgaben und den ganzen Tag Pause. Wie es Bildung in Freiheit und Demokratie geben kann.* tologo.

Links

Europäische Gemeinschaft für demokratische Bildung: www.eudec.org/de.

13

EXKURS: NOCH MEHR VIELFALT UND FREIHEIT – WEITERE ALTERNATIVE SCHULEN

Hendrik Lambertus und Petra Plaum

Die verbreitetsten und/oder in jüngerer Zeit meistdiskutierten Privatschultypen kennen Sie nun. Aber das waren natürlich längst nicht alle. Denn erstens haben über Jahrzehnte bewährte, wenn auch seltener vertretene Schulformen, zum Beispiel jene mit Freinet- oder Jenaplan-Pädagogik, nach wie vor eine große Anziehungskraft. Nicht umsonst setzen auch immer mehr staatliche Schulen Elemente aus beiden Konzepten ein. Zweitens entstehen immer neue Schulformen. Aufgrund der großen Auswahl konzentrieren wir uns hier auf einige reformpädagogische. Dabei gibt Ihnen auch ein Interview mit Tilmann Kern vom Bundesverband der Freien Alternativschulen e.V. spannende Impulse.

13.1 Reformpädagogik-Klassiker – Jenaplan-Schulen nach Peter Petersen

Der Jenaplan nach Peter Petersen ist ein echter Großvater unter den reformpädagogischen Konzepten – er feiert dieses Jahr seinen neunzigsten Geburtstag. Vor wenigen Jahren fiel ein Schatten auf seine Geschichte: Neu gefundene Schriften wiesen darauf hin, dass Peter Petersen (1884–1952), obgleich kein NSDAP-Mitglied, der Partei näher stand als lange vermutet und vehement gegen Juden hetzte. Das führte dazu, dass einige nach ihm benannte Schulen ihre Namen ändern ließen. Die von Petersen begründete Jenaplan-Pädagogik (ursprünglich Jena-Plan geschrieben) erfreut sich jedoch unverändert großer Beliebtheit. Das liegt mit daran, dass sie im Laufe der Jahrzehnte stark modernisiert wurde und jetzt als sehr integrations- und inklusionsfreundlich gilt. So prägt der Jenaplan in ganz Europa Schulen, die für Kinder aller Herkunftsländer und Religionen da sind.

Peter Petersen studierte unter anderem evangelische Theologie, Geschichte, Englisch, Hebräisch und Psychologie, promovierte 1908, legte 1909 das Staatsexamen ab und arbeitete anschließend als Lehrer in Hamburg. Zusätzlich war er wissenschaftlich tätig, habilitierte sich und wurde 1923 an den Lehrstuhl für Erziehungswissenschaften an der Universität Jena berufen. An der dortigen Universitätsschule, für die er ebenfalls die Verantwortung trug, entwickelte er sein pädagogisches Konzept. 1927 stellte er es auf dem Weltkongress der New Education Fellowship in Locarno unter dem Namen Jena-Plan vor.

Pate für sein Konzept standen mehrere große Köpfe der Pädagogik. Neben Maria Montessori zum Beispiel Ovide Decroly (1871–1932): Der belgische Arzt, Neurologe und Psychologe gründete eine Schule für Kinder mit und ohne Lernbehinderungen, in der Frontalunterricht eine untergeordnete Rolle spielte. Ausflüge und Arbeiten unter freiem Himmel hatten eine große Bedeutung. Decroly plädierte dafür, zuerst das Interesse der Kinder zu wecken – dann gelinge auch das Lernen. In Belgien, Frankreich und Spanien gibt es bis heute Decroly-Schulen.

Hermann Lietz (1868–1919) inspirierte Petersen ebenfalls – mehr über Lietz erfahren Sie im Internats-Kapitel dieses Buchs.

Zudem hatte Berthold Otto (1859–1933) Einfluss auf Petersens Konzept – Otto gründete seine eigene Schule, die bis heute besteht.

Was den Jenaplan, so wie er heute bekannt ist, besonders macht, ist zum einen die Bedeutung der Gemeinschaft. In Jenaplan-Schulen gibt es statt Klassen jahrgangsübergreifende Stammgruppen. Petersen empfahl, drei Schuljahrgänge zusammenzufassen, was in Bundesländern mit nur vier Jahren gemeinsamer Grundschulzeit organisatorisch schwer möglich ist – dort lernen jeweils zwei Jahrgänge gemeinsam. Wer neu an die Schule beziehungsweise in eine Stammgruppe kommt, wird von Patinnen und Paten liebevoll eingeführt.

Zum anderen werden die Interessen von Schülerschaft und Lehrerschaft hier als gleichwertig angesehen. Die Schülerinnen und Schüler erschließen sich einen Großteil der Inhalte in Freiarbeit. Auch Kurse und Gesprächskreise ersetzen den Frontalunterricht, sooft sinnvoll. In vielen der Schulen finden sich statt 45-Minuten-Einheiten längere Lernblöcke im Stundenplan. Die Klassenzimmer sollen als Wohnstuben, die Schulen als liebenswerte Lebensräume empfunden werden, lautete das Ziel.

Statt Noten erhalten Kinder in klassischen Jenaplan-Schulen Lernentwicklungsberichte, auch entfällt das Sitzenbleiben.

Feierlichkeiten und besondere Veranstaltungen spielen eine wichtige Rolle, hinzu kommen zahlreiche Versammlungen der einzelnen Stammgruppen oder sogar der (meist relativ überschaubaren) Schülerschaften.

Deutschlandweit gibt es aktuell 41 Jenaplan-Schulen sowie mindestens doppelt so viele, die einige Elemente dieser Pädagogik umsetzen. Letztere sind meistens in staatlicher, erstere oft in freier Trägerschaft. Auch katholische freie Schulen mit dem Marchtaler Plan enthalten Elemente des Jenaplans.

13.2 Berthold-Otto-Schulen

Berthold Otto (1859–1933) studierte unter anderem Philologie, semitische Sprachen, Philosophie, Pädagogik und Finanzwissenschaften. Seine Doktorarbeit wurde nicht anerkannt – statt eine wissenschaftliche Karriere zu machen, war Otto zunächst Privatlehrer, dann Journalist. Er hatte fünf Kinder, die er selbst unterrichtete, statt sie an die »Zwangs- und Strafschule«, wie Otto die Bildungsstätten seiner Umgebung nannte, zu schicken. Lieber wollte er mit den Kindern viel diskutieren und sie ihren Anliegen und Interessen entsprechend bilden. Bis zur offiziellen Genehmigung dieser Entscheidung dauerte es lange, doch Otto blieb stur und überzeugte die Behörden. Bald gab er zusätzlich die Wochenschrift »Der Hauslehrer« für Pädagogen und Eltern heraus, die seine Ziele teilten, und bekam vom preußischen Kultusministerium eine Unterstützung dafür, sein pädagogisches Konzept auszubauen. Ab 1906 nahmen auch Nachbarskinder an dem Unterricht teil, den Ottos Kinder genossen – nun war Otto Leiter einer sogenannten Hauslehrerschule. 1911 zog die Schule auf ein eigenes Grundstück, 1930 – Otto war inzwischen erkrankt – übernahm seine Tochter die Leitung und benannte die Institution nach ihrem Gründer.

Die originale Berthold-Otto-Schule in Berlin besuchte auch der Schauspieler Götz George. Es gibt sie noch, als zehnjährige Gesamtschule in privater Trägerschaft. Kleine Klassen, jahrgangsübergreifender Unterricht, viel Zeit im Freien und mit Projektarbeit, Sitzenbleiben nur in Ausnahmefällen und die Möglichkeit, den mittleren Bildungsabschluss abzulegen, zeichnen die Schule aus. Otto veröffentlichte einige Schriften zur Pädagogik allgemein und zur Bildung von Kindern mit geistigen Beeinträchtigungen andererseits. So ist es nicht verwunderlich, dass seine Ideen für einige Grund- und Förderschulen in staatlicher wie privater Trägerschaft Pate standen und mehrere Schulen seinen Namen tragen.

13.3 Freinet-Schulen

Das französische Pädagogenehepaar Elise Freinet (1898–1983) und Célestin Freinet (1896–1966) formte ab den Zwanzigerjahren des vergangenen Jahrhunderts eine Schulform, die Schülerinnen und Schüler besonders eigenständig und selbstbestimmt machen sollte. »Den Kindern das Wort geben« – dieses Motto von Célestin Freinet sagt alles. Das Motto gilt bis heute: Die Lehrkraft gibt den Takt nicht vor, jedes Kind findet seinen eigenen Weg, sich Neues zu erschließen, wobei die Lehrenden es durch ihre Präsenz und Hilfsbereitschaft unterstützen. Sie stellen den Schülerinnen und Schülern eine Vielzahl von Arbeitsmaterialien zur Verfügung und vermitteln, wie wertvoll Fehler sind. Vor der Schulgründung tauchte der Dorfschullehrer Freinet ein in die Pädagogik der Maria Montessori und des Hermann Lietz, die ihn in gewisser Weise inspirierten. Auch seine kapitalismuskritische Haltung prägte sein Handeln; bis 1948 war er Mitglied der Französischen Kommunistischen Partei, bevor seine Meinung und Pädagogik nicht mehr zu deren Vorgaben passten.

1935 schon hatte das Pädagogenpaar die erste Freinet-Schule, die l'Ecole Moderne in Vence, mit 13 Schulkindern gegründet. Im Zweiten Weltkrieg wurde sie geschlossen, danach wiedereröffnet – sie ist bis heute geöffnet. Im romanischen Sprachraum sind Freinet-Schulen sehr beliebt, weltweit gibt es rund 150.

In von den Freinets inspirierten Schulen wachsen Kindern früh hinein in ihre Rolle als politische Menschen, denn es gibt Klassenräte und Klassenversammlungen, in denen Konflikte demokratisch gelöst werden. Typisch für Freinet-Schulen sind Schuldruckereien, weil sie es ermöglichen, dass die Kinder ihre Meinungen und Erfahrungen Schwarz auf Weiß ausdrücken und verbreiten können. Auch Klassen- und Wandzeitungen gehören in Freinet-Schulen zum Alltag.

Besonders ist auch: Hier lernen alle Schülerinnen und Schüler nach ihren individuellen Wochenplänen. Sie dokumentieren und bewerten ihre Arbeit, so wie auch die Lehrkräfte ihren Unterricht reflektieren. Die kritische Auseinandersetzung nicht primär mit sich selbst, sondern mit der Umwelt ist eine weitere Säule dieser Pädagogik. Umwelt, damit sind Natur und Gesellschaft gleichermaßen gemeint. Exkursionen, Experimente und Erkundungen helfen dabei, so viel wie möglich zu verstehen und Dinge dadurch kritisieren zu können.

Nicht zuletzt spielt die Kooperation mit anderen eine große Rolle – jeder ist angehalten, auch für die Mitschülerinnen und Mitschüler Verantwortung zu übernehmen.

In Deutschland wird die Freinet-Pädagogik immer beliebter, in mehreren Kindergärten, Grund- und weiterführenden Schulen arbeiten Teams ausschließlich oder partiell nach den Ansätzen der Freinets. Die Kenntnisse dafür können sie sich in zweijährigen Weiterbildungen aneignen. Deutschlandweit gibt es aktuell rund zwei Dutzend Schulen, in denen ganz oder teilweise im Sinne der Freinets unterrichtet wird – etwa die Hälfte sind in freier, die anderen in staatlicher Trägerschaft. Das Gros sind Grundschulen, die wenigen Gemeinschaftsschulen bereiten auf Haupt- und Realschulabschlüsse vor.

13.4 Der Blick hinter die Kulissen einer neuen Schulform – Naturschulen

Eine Flöte tönt durch den Wald, leise und selbstversunken. In einiger Entfernung bewegt sich ein Mädchen durchs Gehölz. Es hat die Augen verbunden und ist entsprechend vorsichtig. Immer wieder muss es abstoppen, wenn ein Strauch oder ein Baumstamm seinen Weg versperrt. Dennoch strebt es zielstrebig in eine bestimmte Richtung: immer auf die lockende Flöte zu, so gut es das Gelände eben zulässt. Ringsum sind weitere Kinder unterwegs, jedes für sich und jedes mit verbundenen Augen. Ab und zu ist Gekicher oder auch ein unterdrücktes Schimpfen zu hören, wenn jemand mal wieder an einem Busch hängengeblieben ist. Die Aufgabe ist anspruchsvoll, doch nach einiger Zeit haben alle den Wildnispädagogen erreicht, der sie mit seinem Instrument erwartet.

Björn Hombergs ist Leiter der Wildnisschule Schattenwolf und bietet unter anderem Projekte und Wildnis-Aktivitäten für Schulen an. Er begleitet die sechs- bis zehnjährigen Kinder regelmäßig bei ihrem Waldtag. Das Spiel mit der Flöte ist eine Übung zur bewussten Wahrnehmung, bei der die Schülerinnen und Schüler sich darauf einlassen, sich ohne die vertraute Hilfe ihrer Augen im Wald zu orientieren. Irgendwann haben sie den Dreh raus und Björn darf beobachten, dass sie kurz vor einem Baum instinktiv abstoppen, noch ehe sie ihn berühren.

Die Kinder besuchen eine Freie Alternativschule. Die sogenannte vorbereitete Umgebung, die aus der Montessori-Pädagogik bekannt ist, spielt hier eine große Rolle. Das Lernumfeld der Kinder soll anregend gestaltet sein, übersichtlich strukturiert und ausgestattet mit ausgewählten Lernmaterialien, die den aktuellen Lernbedürfnissen der Kinder entsprechen.

Dabei denkt man leicht an Regale mit bunten Perlen zum Rechnen, Büchern und jeder Menge Anregungen zum Aneignen der Kulturtechniken wie Lesen und Schreiben.

Die freie Natur kommt einem unter dem Stichwort »vorbereitete Umgebung« vermutlich nicht so schnell in den Sinn. Doch Kinder finden dort ganz viel, woran sie wachsen können. Der Wald ist vielleicht nicht so aufgeräumt wie ein Klassenzimmer. Struktur und

Klarheit herrschen dort aber sehr wohl. Oder sind Sie schon einmal im Wald spazieren gegangen und haben sich überfordert gefühlt von den vielen Eindrücken?

Die Natur bietet den Kindern gleichermaßen anregende Forschungsobjekte und Spielmöglichkeiten, Raum zum Toben und Raum zum Beobachten, kreative Gestaltungsmöglichkeiten und die notwendige Ruhe, um auf das eigene Innere zu lauschen. Hier gibt es gleichermaßen Gelegenheit für Selbsterfahrung und Gruppenerfahrung.

Einige freie Schulen bieten deshalb zum Beispiel einen monatlichen oder sogar wöchentlichen Waldtag an, an dem die Kinder viel Zeit draußen verbringen. Manche unterhalten auch ein Waldklassenzimmer, also einen eigenen kleinen Bereich im Wald.

Außerdem gibt es seit einiger Zeit schwerpunktmäßige Naturschulen in Deutschland, weitere befinden sich gerade in der Gründung. Die Gründerinnen und Gründer finden die Natur als Lern- und Entwicklungsraum so wichtig, dass sie ihr Schulkonzept daran ausrichten. Die Schülerinnen und Schüler sollen möglichst viel Gelegenheit dazu haben, im Freien zu sein, bei Wind und Wetter den Wald zu erkunden und schöpferisch mit Holz und anderen Naturmaterialien umzugehen. Hierbei können sie mit allen Sinnen lernen und ihre Umwelt ganz unmittelbar in der Tätigkeit erfahren.

Das ist nicht nur lehrreich in Hinblick auf die Naturkunde und viele praktische Fertigkeiten, sondern zudem anregend für das Lernen in anderen Kontexten: Auch Kulturtechniken wie Lesen, Schreiben und Rechnen lernen sich besser, wenn ein Kind Gelegenheit hat, sich nach Herzenslust im Freien zu bewegen. Ausgiebiges Balancieren auf Baumstämmen etwa kann sich direkt positiv auf die Fähigkeiten in Mathematik auswirken, weil die Raum- und Körperwahrnehmung eine Grundlage des mathematischen Verständnisses ist.

Dabei geht es jedoch nicht nur darum, den Naturraum als anregende Lernumgebung wahrzunehmen. Es geht auch um das größere

Ganze, um Eingebunden-Sein und Verantwortung. Der Mensch ist mit der Natur verwoben und ein Teil ihrer Kreisläufe. Aus diesem Selbstverständnis heraus sollen ökologisches Bewusstsein und ein Gefühl für einen achtsamen und nachhaltigen Umgang mit der Umwelt erwachsen.

Wie genau dieses Lernen in und von der Natur umgesetzt wird, ist von Schule zu Schule unterschiedlich. Es gibt kein verbindliches Rahmenkonzept, das mit der Bezeichnung »Naturschule« verbunden ist. Ein genauer Blick ins Konzept und ein Hospitationstermin sind darum unumgänglich, wenn man mit einer Naturschule für sein Kind liebäugelt.

Gemeinsam ist den meisten Naturschulen das selbstständige und eigenverantwortliche Lernen. Manche orientieren sich an den Ansätzen Maria Montessoris und setzen verstärkt auf Freiarbeit mit Lernmaterialien, andere arbeiten nach der nichtdirektiven Pädagogik mit ihrer Betonung der freien Entfaltung im Rahmen schützender Grenzen. Auch Aspekte aus den Demokratischen Schulen werden zuweilen eingebracht, wenn etwa eine Schulversammlung über wichtige Entscheidungen für die Gemeinschaft abstimmt. Oft nimmt freies Spiel in der Natur einen besonderen Stellenwert ein, manchmal gibt es einen naturwissenschaftlichen Schwerpunkt. Häufig greifen Naturschulen auch auf wildnispädagogische Konzepte zurück, zum Beispiel das von den indigenen Völkern inspirierte »Coyote Teaching«, bei dem die Lehrkraft zurückhaltend, aber anregend als Mentor oder Mentorin fungiert, der oder die den Kindern Perspektiven für ihre eigenen Erfahrungen und Antworten bietet. Wenn ein Kind zum Beispiel die Fährte eines Tieres entdeckt, verrät ihm der Pädagoge oder die Pädagogin nicht gleich, um welches Tier es sich handelt, und doziert dazu. Stattdessen begleitet er oder sie das Kind dabei, die Fährte selbstständig zu erforschen und das Rätsel aus eigener Kraft zu lösen, ohne dabei das Mysterium durch Input von außen zu zerstören.

Naturschulen bieten auch einen Raum für Kulturtechniken, etwa in Form eines naturnahen Schulhauses, das als Umgebung für selbstständiges Lernen eingerichtet ist. Hier kann sich ein produktives Wechselspiel zwischen Natur und Kultur entfalten.

Manche Naturschulen arbeiten zudem mit einem Waldkindergarten zusammen, der zuweilen sogar direkt an der Schule untergebracht ist. So kann ein Kind vom Kindergarten bis zum Schulabschluss durchgehend in einem vertrauten Rahmen von und in der Natur lernen.

13.5 Interview mit Tilmann Kern über die Situation der Freien Alternativschulen in Deutschland und die Arbeit des Bundesverbandes der Freien Alternativschulen e.V.

»Einerseits neue gesellschaftliche Entwicklungen reflektieren und in die Schule aufnehmen – andererseits Impulse für die Gesellschaft setzen.«

Tilmann Kern studierte Politik, Journalistik und Religionswissenschaft in Leipzig und engagiert sich seit seiner Jugend für eine demokratischere Bildungspolitik. Er ist Geschäftsführer beim Bundesverband der Freien Alternativschulen e.V. Im folgenden Interview mit Hendrik Lambertus wird deutlich, wie Kern die Situation und die Chancen der Freien Alternativschulen in Deutschland einschätzt.

Was macht aus Ihrer Sicht eine gute Schule aus?
»Die Schulen, die im BFAS organisiert sind, teilen drei wesentliche Grundsätze: selbstbestimmtes Lernen, demokratische Mitbestimmung und respektvollen Umgang miteinander.

›Lernen‹ ist dabei sehr weit gefasst und meint nicht nur schulische Inhalte, sondern auch Spielen und das soziale Miteinander. Die Schule soll ein Ort des Lebens und Lernens sein.

Beim zweiten Fokus, der demokratischen Mitbestimmung, geht es darum, dass an selbstverwalteten Schulen mit kleinen Trägern viele Menschen direkt vor Ort beteiligt sind, die alle das Projekt mitgestalten und entsprechend auch mitentscheiden sollten – auch die Schülerinnen und Schüler.

Der Respekt bezieht sich vor allem auf eine positiv gedachte Heterogenität oder Vielfalt. Die Schule wird als ein Ort gedacht, an dem alle willkommen sind, wie sie sind, in ihrer ganzen Verschiedenheit.«

Sind diese Grundsätze dann die Kriterien für die Mitgliedschaft im BFAS?

»Bis auf zwei historisch bedingte Ausnahmen sind alle Schulen des Verbandes in freier Trägerschaft. Wir haben eine Reihe von Grundsätzen entwickelt, die eine Schule bejahen sollte, um bei uns Mitglied zu sein.

Grundsätzlich hängt eine gelungene Schule übrigens nur bedingt an der freien Trägerschaft, es gibt schließlich auch sehr engagierte Menschen an staatlichen Schulen. Unsere Mitglieder wählen die Form der freien Trägerschaft in der Regel, weil das einiges erleichtert und ihnen mehr Freiheiten gibt, neue pädagogische Wege zu gehen, als das bei einer Schule in staatlicher Trägerschaft möglich wäre.

Als Verband vertreten wir nicht eine einzelne geschlossene Schulidee. Stattdessen entscheiden die Menschen an den einzelnen Schulen vor Ort, wie sie ihr jeweiliges Schulkonzept umsetzen wollen, und gehen dabei von einer großen Bandbreite an pädagogischen Ansätzen aus. Das ist schon dadurch bedingt, dass an verschiedenen Standorten zu verschiedenen Zeiten ganz unterschiedliche

Bedingungen herrschen und jeweils auch verschiedene Menschen ihre Impulse einbringen.«

Wenn Sie auf die letzten Jahre zurückblicken: Welche Entwicklung haben die Freien Alternativschulen in der letzten Zeit genommen? Gibt es da Tendenzen?
»Seit circa zwei Jahren besteht eine sehr große Nachfrage nach Schulgründungen. Es gibt momentan viele Initiativen, die mit der Gründung einer eigenen Schule beschäftigt sind. Insbesondere wird derzeit häufig die Gründung von Demokratischen Schulen in der Sudbury-Tradition angestrebt, immer wieder aber auch Aktive Schulen nach den Ideen des Ehepaars Wild. Und natürlich gibt es auch oft den Ansatz, dass bei der Gründung verschiedene pädagogische Konzepte bunt gemischt werden. Wir begrüßen das und sehen uns explizit nicht als Vertreter irgendeiner ›reinen Lehre‹, wie Schule auszusehen hat.«

Was würden Sie Eltern raten, die mit einer Freien Alternativschule für ihr Kind liebäugeln und sich in dieser Vielfalt von Ansätzen orientieren müssen?
»Auf jeden Fall sollte man zunächst mal die infrage kommenden Schulen im näheren Umfeld anschauen, sie besuchen und mit den Menschen dort reden. Dafür gibt es oft Gelegenheiten wie einen Tag der offenen Tür, Infoabende oder individuelle Hospitationstermine. Man sollte dabei vor allem den Blick darauf haben, was zum jeweiligen Kind passen könnte, und es nach Möglichkeit vermeiden, die eigene Schulbiografie an ihm aufzuarbeiten. Zudem kann man sich auch mithilfe der Verbände informieren, etwa auf der Website des BFAS. Manchmal sind die interessanten Möglichkeiten vor Ort nicht ganz leicht zu finden.

Wenn keine der Schulen im Umfeld zu passen scheint, besteht alternativ auch die Möglichkeit, selbst eine Schule zu gründen.«

Und was würden Sie Eltern raten, die so eine eigene Schulgründung anstreben? Wie ist dann das Vorgehen?

»Es ist wichtig, sich bei so einem Gründungsprojekt bewusst zu machen, dass man da etwas gründet, das über die Bedürfnisse der eigenen Kinder hinausgeht und länger Bestand haben wird. Als erster Schritt ist es sinnvoll, sich Verbündete für das Vorhaben zu suchen. Man sollte sich Zeit lassen, um als Gruppe zusammenzuwachsen und gemeinsam ein pädagogisches Konzept zu entwickeln. Dafür kann man sich aus verschiedensten Richtungen inspirieren lassen und zum Beispiel an bestehenden Freien Alternativschulen hospitieren, Fachtagungen besuchen und sich mit anderen Gründerinnen und Gründern vernetzen. Auch der BFAS berät gern Gründungsinitiativen. Insgesamt muss man für so ein Gründungsprojekt schon mindestens anderthalb bis zwei Jahre Zeit einrechnen.

Bei der Gründung gibt es zwei wesentliche Aspekte, die bearbeitet werden wollen: Zum einen ist da die Idee der Schule, das pädagogische Konzept, das man umsetzen will. Das ist der Bereich, aus dem in der Regel die Motivation stammt und in dem das Herzblut steckt. Zum anderen muss man sich aber auch bewusst machen, dass man da gerade ein kleines bis mittleres Unternehmen gründet. Darum ist es gut, auch Leute mit im Boot zu haben, die sich zum Beispiel gern mit Finanzen beschäftigen oder fit darin sind, passende Räumlichkeiten zu finden. Gerade bezahlbare Schulräume werden in den Ballungszentren zunehmend zum Problem.

In der Regel läuft solch ein Gründungsprojekt schließlich auf die Gründung eines Vereins hinaus, der dann als Träger der Schule fungiert. Das Konzept wird schließlich fertiggestellt und gegengelesen, ein Behördenantrag zur Schulgründung gestellt und nachgebessert – und irgendwann ist es dann endlich so weit und die neue Schule wird eröffnet.«

Sie erwähnten gerade schon, dass der BFAS bei Schulgründungen berät. Was tut der Verband darüber hinaus für die Schulen, die in ihm organisiert sind?
»Der BFAS ist ein Verband, in dem bestehende Schulen und Gründungsinitiativen gleichermaßen organisiert sind.

Unsere Beratung für Schulgründerinnen und -gründer umfasst viele praktische Aspekte wie die Hilfe bei der Erstellung eines Haushaltsplans und der Erarbeitung eines pädagogischen Konzepts oder Unterstützung bei den notwendigen Behördengängen.

Für bereits bestehende Schulen bieten wir zum Beispiel verschiedene Fortbildungen oder Vernetzungstreffen für die Pädagoginnen und Pädagogen und die Mitarbeiterinnen und Mitarbeiter an. Außerdem sehen wir uns auch als Impulsgeber in der Landschaft der Freien Alternativschulen, etwa durch unsere jährlichen Fachtage mit Rahmenthemen wie ›Alternativschule morgen – Pädagogik jenseits von Reform‹.

Zudem leisten wir Lobby- und Öffentlichkeitsarbeit für unsere Schulen, gestalten die Zusammenarbeit mit anderen Verbänden und unterstützen die Vernetzung zwischen bestehenden Schulen und Gründungsinitiativen.«

Welchen Herausforderungen müssen sich Freie Alternativschulen typischerweise stellen? Wo ist die Unterstützung besonders nötig?
»Das lässt sich standardisiert kaum sagen, weil die einzelnen Schulen und ihre Rahmenbedingungen einfach so unterschiedlich sind. Was besonders häufig anliegt, ist die Gestaltung der internen Strukturarbeit: die Frage, wer in der Schule was und wie entscheidet, wie die Schulgemeinschaft sich findet und definiert. Dadurch, dass immer wieder andere Leute dazukommen und sich einbringen, geraten Freie Alternativschulen relativ oft in die Situation, dass sie sich überdenken müssen und gegebenenfalls neue Strukturen für die Gestaltung und Entscheidungsfindung entwickeln müssen.

Auch sind häufig staatliche Auflagen Thema, die von den Schulen zu erfüllen sind. Diese Auflagen sind oft so formuliert, dass sie auf die besondere Situation und Pädagogik der Freien Alternativschulen nicht sehr gut anwendbar sind. Wir leisten dann gegebenenfalls Hilfe bei der Suche nach Wegen, wie man den Auflagen dennoch gerecht wird.

Ein dritter häufiger Punkt ist die Personalsuche: Damit eine Schule wachsen kann, braucht sie zuweilen Zuwachs an pädagogischen Mitarbeiterinnen und Mitarbeitern. Diese sind allerdings derzeit sehr gefragt und nicht immer einfach zu finden. Es ist wichtig, potenziell interessierten Pädagoginnen und Pädagogen aufzuzeigen, welche spannenden Möglichkeiten ihnen die Arbeit an einer Freien Alternativschule bietet.

Schließlich gestalten sich oft auch Finanzierungsfragen für die freien Schulen herausfordernd. Wenn eine Schule wächst, muss oft früher oder später gebaut werden. Dann helfen wir zum Beispiel bei der Suche nach Fördermöglichkeiten.«

Welche Zukunftsperspektiven sehen Sie für die Freien Alternativschulen in Deutschland? Was wünschen Sie sich in diesem Zusammenhang?

»Die Zukunft der Freien Alternativschulen sehe ich sehr positiv, wir erleben gerade einen regelrechten Boom an Schulgründungen. Hoffentlich schaffen es möglichst viele von ihnen!

Wichtig finde ich, für die Zukunft auch die besondere Bedeutung der Schule als Sozialisationsort hervorzuheben. Es geht einerseits darum, neue gesellschaftliche Entwicklungen zu reflektieren und in die Schule aufzunehmen. Andererseits sollen die Freien Alternativschulen aber auch Impulse für die Gesellschaft setzen. Wir müssen offen für die Entwicklungen sein und uns interessiert einbringen. Darum dürfen wir uns nicht abschotten und lauter kleine, feine Schulen für ganz wenige Leute betreiben, sondern müssen in der Gesellschaft aktiv sein, geben und aufnehmen.

Von der Politik würde ich mir wünschen, die Anerkennung der Freien Alternativschulen zu verbessern und stärker dafür zu sorgen, dass gleiche Bedingungen für Schülerinnen und Schüler an Regelschulen und Freien Alternativschulen herrschen. Da müsste sich ein gedeihliches Miteinander finden lassen, immerhin besuchen schon rund zehn Prozent der Schülerinnen und Schüler in Deutschland eine Schule in freier Trägerschaft. Dazu sagen wir gern: Wir sind auch öffentliche Schulen, wir sind für die Öffentlichkeit da, nicht nur für ein bestimmtes Segment.«

Gibt es konkrete Zahlen zu den Freien Alternativschulen in Deutschland und ihren Schülerinnen und Schülern?
»Dazu muss man zunächst sagen, dass wir keinen ›Label-Schutz‹ für Freie Alternativschulen betreiben und sie nicht exklusiv vertreten. Alle unsere Mitglieder sind freiwillig im Verband, nicht jede Schule mit alternativem Konzept ist bei uns Mitglied.

Aktuell sind im Verband 93 Schulen in ganz Deutschland vertreten, von Rügen bis Freiburg. Diese Schulen besuchen circa 7700 Schülerinnen und Schüler der Klassenstufen 1 bis 13. Oft leisten die Schulen auch Vorschularbeit und unterhalten etwa einen eigenen Kindergarten, der an die Schule angeschlossen ist, im Sinne eines ›Bildungshauses‹.

Die Schulen sind so verschieden, dass es schwierig ist, so etwas wie eine durchschnittliche Größe anzugeben. Die Zahlen der Schülerinnen und Schüler schwanken je nach Einrichtung zwischen circa zwanzig und dreihundert. Es sind also generell eher kleine und übersichtliche Schulen. Das ist auch sinnvoll für die Umsetzung der demokratischen Mitbestimmung.

Auch zu den anfallenden Schulgebühren lassen sich wegen der verschiedenen Rahmenbedingungen keine Durchschnittswerte angeben. Es ist aber unvermeidlich, dass freie Schulen auch Elternbeiträge zum Existieren brauchen. Alle Schulen bemühen sich jedoch, die Gebühren so zu staffeln, dass jede Familie sie sich leisten kann, beispielsweise durch eine Abstufung je nach Einkommen. Eltern, die sich für eine Freie Alternativschule interessieren, sollten sich nicht von irgendeiner Zahl abschrecken lassen, die sie dabei vielleicht lesen. Es lohnt sich, mit den Menschen vor Ort zu reden und gemeinsam eine Möglichkeit zu suchen, wie der Schulbesuch realisiert werden kann.

Wir versuchen auch nicht zu erfassen, welchem pädagogischen Konzept sich unsere Schulen jeweils zuordnen, also wie viele Demokratische oder Aktive Schulen es zum Beispiel im Verband gibt. Die Grenzen sind hier fließend, weil die Schulen sich beständig entwickeln und verändern und dabei aus verschiedenen pädagogischen Strömungen schöpfen. Es geht darum, offen zu bleiben, selbst etwas zu entwickeln und nicht stur einer bestimmten Lehre zu folgen, getreu dem Slogan: ›Schule selbst machen!‹«

Literaturtipps

Barth, Gernot; Henseler, Joachim (2008): *Berthold Otto. Pädagogische, psychologische und politische Schriften.* Schneider Verlag.

Hofmann, Matthias (2013): *Geschichte und Gegenwart Freier Alternativschulen. Eine Einführung.* Klemm und Oelschläger.

Kriesel, Nicola; Kasiske, Jan (2014): *Schätze bergen. Alltag an Freien Alternativschulen.* tologo.

Links

Freinet-Kooperative e. V.: www.freinet-kooperative.de

Gründungsmappe des BFAS zu bestellen unter: www.freie-alternativschulen.de/index.php/startseite/publikationen/bfas-publikationen

Selbstverständnis des BFAS: www.freie-alternativschulen.de/index.php/startseite/ueber-uns/selbstverstaendnis

Berthold-Otto-Schule: www.berthold-otto-schule.de/ueberuns/organisation_der_schule.htm

Jenaplan: www.jenaplan.eu/jenaplan/merkmale/index.html

14

ALTERNATIVE ZU DEN ALTERNATIVEN: »DANN GRÜNDEN WIR DOCH EINFACH SELBST!«

Petra Plaum

14.1 Schulbesuch in der Freien Schule Lech-Donau

Wer morgens um acht Uhr das lichtdurchflutete Schulgebäude im bayerisch-schwäbischen Dorf Lauterbach betritt, wird von Musik begrüßt. Flötenklänge und Gesang schallen aus den Klassenzimmern. In der Klasse sechs/sieben bei Miriam Rau steht *Die Sonne tönt* aus Goethes *Faust* auf dem Programm, vertont von Otto Crusius. Harmonisch klingt es und innig; dass die Jungen und Mädchen viel und gern gemeinsam musizieren, ist leicht zu erkennen. Vor zwei Tagen haben sie ein großes Kirchenkonzert bestritten. Miriam Rau gibt Silben vor und die Jungen und Mädchen werden beim Lautieren sichtlich munterer. »Nü nü nü«, machen alle, die Tonleiter rauf und wieder runter. »Wollt ihr euch eine Silbe raussuchen?«, bietet die Lehrerin an. »Ka«, schlägt sofort ein Junge vor. Beim gemeinsamen »Ka ka«-Singen zuckt so mancher Mundwinkel, es blitzt in den Kinderaugen. »Noch ein Vorschlag?«, fragt die Pädagogin. Wie aus der Pistole geschossen antwortet ein Mädchen grinsend: »Pi!«

Nach der Stimmbildung und einer Runde Gelächter sind die Kinder aus der Kombiklasse sechs/sieben um kurz vor halb neun wach und aufnahmebereit. Zeit für den Hauptunterricht – heute Mathe und Deutsch. Unter anderem geht es darum, ein Gedicht zu rezitieren, Kopfrechnen mit Gramm und Kilogramm zu wiederholen und mit dem Zirkel komplizierte Sterne zu zeichnen.

»In diesem Alter, in der Pubertät«, erklärt mir Klassenlehrerin Miriam Rau an meinem ersten Hospitationstag, »müssen wir Lehrerinnen und Lehrer die Kinder zunehmend machen lassen und uns zurücknehmen. Am Anfang hat das schon Überwindung gekostet.« Rau ist, wie das Gros der zwölf Lehrkräfte hier, deutlich unter vierzig. Wie alle Pädagoginnen und Pädagogen im Haus steht sie hinter dem Konzept, das auf der Waldorfpädagogik fußt, obwohl die Schule (noch) keine anerkannte Waldorfschule ist (mehr über die

Grundsätze verrät das Kapitel über Waldorfschulen). Alle Lehrkräfte sind Waldorfpädagoginnen beziehungsweise -pädagogen oder werden gerade dazu ausgebildet. Für Romana Sier, die Schulleiterin, ist eine freie Schule wie diese die bessere Alternative zum Gymnasium, auf das sie sich zuerst vorbereitete, denn: »Wir bieten einen Weg abseits von Lernfabriken, in denen man das Wissen in die Kinder hineinpressen muss. Und anders als in Gymnasien haben wir viel weniger soziale Selektion. Jedes Kind hat doch eine natürliche Entdeckerfreude!«

Bei der dritten Klasse der Freien Schule Lech-Donau kann ich das wenige Tage später, ebenfalls um halb neun, gut beobachten. Sieben Kinder, davon eines mit autistischen Zügen und Schulbegleiterin, haben sich um einen großen Bollerwagen geschart und ziehen ihn in Richtung Ortsausgang. Ihn füllen Proviant, Gartengeräte, Eimer, Mülltüten und Handschuhe. Für die Kinder ist heute mal wieder Ackerbau dran. Während die anderen Klassen rechnen, schreiben und lesen, sorgen die Drittklässler drei Stunden lang dafür, dass Salat, Getreide, Heilpflanzen und Gemüse wachsen können.

»In diesem Alter, mit etwa neun Jahren«, erklärt Viktoriya Siebenhüter, die Klassenlehrerin, »erkennen die Kinder sich laut Rudolf Steiner in einer neuen Weise. Das Ich löst sich von der Umwelt ab. Das Kind sucht nach Geborgenheit und es hilft ihm, mit den Händen in der Natur zu arbeiten und die Gemeinschaft zu erleben.« Im Stundenplan hat Ackerbau keinen festen Platz, denn Klima und Witterung müssen zum Säen und Ernten passen. Nach zehn Minuten erreichen die Kinder das Grundstück des Gartenbauvereins, auf dem sie mehrere Beete nutzen dürfen. Landwirtin Beate Kleinle, die im nahen Donauwörth einen Demeterhof nach den Erkenntnissen von Rudolf Steiner biologisch-dynamisch bewirtschaftet, hat Sämereien und Steckzwiebeln mitgebracht und erklärt den Kindern, wie sie ihr Beet erst vorbereiten, dann bepflanzen können. Womit, suchen sie sich selbst aus. »Radieschen sind immer gut, die wachsen schnell«, empfiehlt Viktoriya Siebenhüter. Zwiebeln, Kresse und Karotten erfreuen sich ebenfalls großer Beliebtheit. »Ich pflanze Ringelblumen«, verkündet ein Junge, während ein Mädchen sich zwischen diversen Pflücksalaten nicht entscheiden kann. Dann wird das Beet kräftig angegossen und erst mal der Proviant verzehrt.

Wie die Klassengemeinschaft funktioniert, alle zusammenhalten, das macht Viktoriya Siebenhüter stolz. »Eins unserer Kinder war vorher schon in drei Schulen, überall war es eine Katastrophe«, berichtet sie. Heute ist auf den ersten Blick nicht zu erkennen, welches Kind das gewesen sein könnte. Die Klassengemeinschaft hat sich gefunden. »Fünf Schülerinnen und Schüler mehr in dieser Klasse wären allerdings schon schön«, räumt die Lehrerin ein. Laut Gesetz müssen in einer Grundschule, also in Klasse eins bis vier, mindestens 14 Kinder sein, um staatliche Zuschüsse nach dem Schulfinanzierungsgesetz bekommen zu können. Die Verteilung über die Klassen ist nicht relevant, jedoch darf kein Jahrgang ausgelassen werden. Mehr Kinder bedeuten zudem mehr Schulgeld, mehr unterstützende Eltern. Und mehr Sicherheit, falls doch mal jemand wegzieht oder aus anderen Gründen auf eine andere Schule wechselt. »Manchen ist die Fahrerei hierher doch zu viel«, seufzt Siebenhüter.

Die Lage der Schule ist Fluch und Segen zugleich, bestätigt auch Sandra Gärtner-Rohrlack, die die Freie Schule Lech-Donau ins Leben gerufen hat und ihre Geschäftsführerin ist. Natürlich genießen hier im ländlichen Raum die Landwirtschaft, das Gärtnern, der Anbau von Obst, Gemüse und Getreide einen hohen Stellenwert und viele Landwirtinnen und Landwirte, auch mit Biobauernhöfen, prägen die Region. Doch dass in das Gebäude der früheren Mittelschule eine freie Schule mit Waldorfpädagogik einzog, hat einige im Dorf befremdet. Der Umstand, dass hierher keine Züge fahren, aus vielen Orten im Umland nicht mal eine direkte Busverbindung besteht, schreckte viele Familien ab, die sich anfangs für das pädagogische Konzept begeisterten. Mehrere Stunden Kindertaxi am Tag spielen – viele können das nicht bewerkstelligen, zusätzlich zur Elternmitarbeit, die bei einer kleinen freien Schule nun mal dazugehört. »Darum leisten wir uns jetzt einen eigenen Schulbus, der aber natürlich auch nicht alle Orte ansteuern kann, aus denen unsere Kinder kommen«, bedauert die Geschäftsführerin.

Wieso aber brauchte die Region überhaupt diese neue Schule? Neben staatlichen, leistungsorientierten Grundschulen gab es im Umkreis nur eine private Schule – eine Montessori-Schule. Gärtner-Rohrlack war Waldorfschülerin und für ihre vier Söhne wünschte sie sich diese Pädagogik auch. »Erst habe ich mich um die Gründung eines Waldorfkindergartens bemüht, er eröffnete Anfang 2010«, berichtet Gärtner-Rohrlack. »Zeitgleich wurde die Gründung einer darauf aufbauenden Schule auf waldorfpädagogischer Grundlage vorangetrieben. Der Gedanke kam anfangs von meinem Mann und mir, dann fand sich eine Freundin, die mitmachen wollte, danach immer mehr.«

Der Plan war von Anfang an: ohne Noten, mit kleinen Klassen und viel Bezug zu Natur und Landwirtschaft ab der ersten Klasse zu unterrichten. Alle Kinder werden zudem zu den staatlichen Abschlüssen geführt – bislang sind das mittlere Reife und Abitur. Mit der Idee und einer Handvoll Mitstreiterinnen und Mitstreiter platzierte Gärtner-Rohrlack Meldungen in der lokalen Presse, immer mehr Eltern kamen zu den Infotreffen und versprachen: »Wir sind dabei!«

Im September 2010, strebte das Gründungsteam an, sollte es losgehen. Ausreichend Kinder für die Kombiklassen eins/zwei, drei/vier und die fünf/sechs waren angemeldet, die meisten Lehrkräfte gefunden. Dann wurde ausgerechnet das Schulhaus zum Problem – trotz intensiver Bemühungen konnte kein geeignetes Haus gefunden werden und für einen Neubau fehlten die finanziellen Mittel. Es stand fest: Der Start würde sich um ein Jahr verschieben.

»Das Gebäude«, sagt Gärtner-Rohrlack rückblickend, »ist der wichtigste Stolperstein. Wer schon eines hat oder mit viel Geld ein neues bauen lassen kann, kann in zwei, drei Jahren von der Idee zur Gründung einer neuen Schule kommen. Wenn sich kein geeignetes Gebäude findet, kann die Gründung bestimmt auch mal 15 Jahre dauern.« Auch die Finanzen wollen geklärt sein, ergänzt Gärtner-Rohrlack. Die Freie Schule Lech-Donau ist eine genehmigte Ersatzschule. Der Staat beteiligt sich hier zwar an den Kosten, übernimmt sie aber nicht vollständig und alles, was vor der Eröffnung anfiel, übernimmt er gar nicht. Wie lange es in einer neu gegründeten Schule dauert, bis staatliche Unterstützung kommt, und wie hoch diese ist, ist übrigens von Bundesland zu Bundesland verschieden. Damit so eine Gründung zu leisten ist, müssen viele mit anpacken. »Ich selbst habe bis zu dreißig Stunden die Woche ehrenamtlich die Geschäftsführung gemacht«, berichtet Gärtner-Rohrlack, »und die Eltern, die ihre Kinder angemeldet haben, haben uns zum Glück von Anfang an finanziell und tatkräftig unterstützt. Ohne die Eltern wäre es nicht gegangen!« Endlich war auch die Zusage für das Schulhaus der ehemaligen Mittelschule im Ort da, da kam – im Frühling 2011, drei Monate vor Start des neuen Schuljahrs – eine alarmierende Information von der Schulbehörde. Die freie Schule musste einen Nutzungsänderungsantrag stellen, da sie eine andere Trägerin hatte als die Vorgängerschule. Reine Formsache, hofften die Aktiven. Doch kurz darauf, im Juli, erfuhren sie, dass der Brandschutz so nicht haltbar war. »Wir brauchten ein neues Brandschutzkonzept. Für die Mittelschule hatte es noch einen Bestandsschutz gegeben. Wir mussten, da eine Schule mit neuem Träger, nun ganz schnell neue Fluchtwege planen und Türen einbauen«, erinnert sich die Geschäftsführerin.

Zum Glück gaben die Eltern der angehenden Schüler nicht auf. Einige stornierten den gebuchten Urlaub, andere nahmen im

Büro frei. Fünf von sechs Ferienwochen hämmerten, renovierten, strichen, putzten die Schulgründerinnen und -gründer und ihre Familien, richteten die freundlich gestalteten Zimmer Raum für Raum ein. Zum Brandschutzkonzept passende Türen landeten an den dafür vorgesehenen Stellen, neue Fenster wurden eingebaut, ein Gebäudeteil außen wurde trockengelegt und saniert, Böden wurden picobello, Wände herrlich bunt, Gänge beschildert. »Während der Bauarbeiten meinte der Zuständige aus der Regierung immer wieder: Das wird nichts mehr! Sagt den Eltern und Lehrkräften endlich ab und meldet die Kinder in anderen Schulen an!« Doch die Aktiven machten unbeirrt weiter. Und Anfang September, vier Tage vor dem ersten Schultag, konnte das Brandschutzkonzept abgenommen, die Schulgenehmigung erteilt und dann auch die Eröffnung gefeiert werden.

Die ältesten Schülerinnen und Schüler aus dem Gründungsjahrgang der freien Schule besuchen jetzt die Klasse acht/neun. Nach zwölf Jahren Schule können sie in einer Externenprüfung an einer staatlichen Schule die mittlere Reife ablegen, die meisten wollen bis zum Abitur weitermachen. »Einen Hauptschulabschluss bieten wir zurzeit nicht an, da wir als Gymnasium genehmigt sind, es ist jedoch geplant, die Vorbereitung darauf über eine durch die Eltern organisierte Lerngruppe extern aufzubauen«, berichtet Gärtner-Rohrlack. »Die Prüfungen zur mittleren Reife werden spannend werden, da stehen wir als Schule noch einmal unter genauer Beobachtung.« Sorgen macht sie sich indes nicht. Sie erreichte über die Waldorfschule das Abitur und betont: »Wir triggern hier ein breites Spektrum an Fähigkeiten an.« Französisch und Englisch ab Klasse eins, ein Fokus auf Musik, Theater, Kunst, Feldmesspraktika, Handwerk, Praktika auf Biobauernhöfen und in sozialen Einrichtungen gehören dazu.

Baustellen – im übertragenen Sinn – gibt es weiterhin einige, räumt die Geschäftsführerin ein. Erstens dürfen gern mehr

Schülerinnen und Schüler nachkommen, die Grundschulklassen größer werden, doch die Schulgebühren von 305 Euro im Monat schrecken viele ab. Dass es bei Geschwistern Nachlass gibt und die Gebühren je nach Familieneinkommen stark ermäßigt werden können, bekommen nicht alle Interessierten mit. Und wer sein Kind morgens einfach abgeben und mit der Schule weiter nichts zu tun haben möchte, empfindet sich womöglich als nicht zu den anderen Eltern passend. Was alles passt, sieht, wer die Kinder im Unterricht beobachtet. Wie der Ackerbau-Vormittag der dritten Klasse zu Ende geht, etwa. Das Beet ist fertig, nun darf alles wachsen, die Brotzeit ist verzehrt, der Bollerwagen vollgepackt. Jedes Kind trägt Handschuhe und eine Tüte, denn auf dem Rückweg wird Müll von den Wegen gesammelt. Da entdecken zwei Kinder, dass auf dem Feld nebenan ein Pferd frei herumgaloppiert, außerhalb des Gatters. Mutig klingeln die Kinder an jedem Nachbarhaus, fragen sich durch, bis sie den Pferdebesitzer gefunden haben, der sofort zu seinen Tieren radelt und sich kümmert. Mit einem guten Gefühl und gut gefüllten Mülltüten kehren alle in die Freie Schule Lech-Donau zurück.

14.2 Wie kommt man zur eigenen freien Schule? In 10 Schritten zum Erfolg

Im Grundgesetz, Artikel 7, sieht es ganz einfach aus (siehe Kapitel zwei zu Ersatz- und Ergänzungsschulen). Jeder kann eine freie Schule gründen – theoretisch. Also einfach ein paar Freundinnen und Freunde zusammentrommeln, ein leer stehendes Schulhaus finden, bei der zuständigen Schulbehörde den Antrag einreichen und loslegen? So einfach ist das nicht, wissen die, die es gewagt haben, eine Schule zu gründen. Die folgenden 10 Schritte muss jeder, der von der eigenen freien Schule träumt, gehen:

1. Eine(r) muss anfangen

Eine Schulgründung beginnt immer mit einer Person, die nicht nur den Traum vom anderen Lehren und Lernen hat, sondern sich auch aktiv auf den Weg macht, den Traum zu verwirklichen. Die sich dessen bewusst ist, dass eine Schulgründung zunächst über eintausend Stunden unbezahlter Arbeit bedeutet, die am Schreibtisch, bei Behörden, in Fortbildungen, vor Ort im Schulhaus und bei öffentlichkeitswirksamen Veranstaltungen an diversen Orten anfallen. Dieser Mensch muss nicht dauerhaft diese Rolle innehaben, aber von zwei Jahren mit kaum Freizeit ist auszugehen.

2. Suchen und Finden einer Schulform

Waldorf-, Konfessions-, Jenaplan-, Montessori-Schule, eine Kombination aus zweien davon oder doch etwas ganz anderes? Von der Antwort hängt Entscheidendes ab, zum Beispiel:

- Ist das Konzept in dieser Region außergewöhnlich genug, damit eine Genehmigung wahrscheinlich wird?
- Wo rekrutieren die Gründerinnen und Gründer ihre Lehrkräfte?
- Welchen Verband kann das Gründungsteam um Rat und Hilfe bitten?

Folgende Verbände sind geeignete Ansprechpartner:

- Arbeitsgemeinschaft Freier Schulen: www.agfs.org
- Arbeitskreis Katholischer Schulen in freier Trägerschaft: www.katholische-schulen.de
- Arbeitsgemeinschaft Evangelischer Schulbünde e.V.: www.evangelische-schulbuende.de
- Bund der Freien Waldorfschulen e.V.: www.waldorfschule.de
- Bundesverband der Freien Alternativschulen e.V.: www.freie-alternativschulen.de

- VDP Verband Deutscher Privatschulverbände: www.privatschulen.de
- Montessori Dachverband Deutschland e. V., Landesverbände: www.montessori-deutschland.de/landesverbaende.html

3. Aus Gründerin oder Gründer wird Gründerteam

Für die ersten Diskussionen reicht eine Handvoll Mitstreiterinnen und Mitstreiter, die zum Gründungsteam zusammenwachsen. Um ein Schulhaus mit Leben zu füllen, braucht es zusätzlich jedoch Dutzende von Menschen, die unterschiedlich unterstützen: Eltern mit ihren Kindern und Kommunalpolitikerinnen, Sponsoren aus der Wirtschaft wie ehrenamtliche Schulweghelfer, Handwerksmeisterinnen wie wohlwollende Nachbarn. Auch ohne das Interesse der Presse, die Einladungen zu Infoabenden oder Tagen der offenen Tür abdruckt, geht es nicht.

4. Schauen, wie es die anderen machen

Im Idealfall hat jemand aus dem Gründungsteam selbst eine freie Schule besucht, die als Vorbild dienen kann. Schön auch, wenn man – im eigenen Bundesland oder woanders – Bildungsstätten entdeckt, die Ideen und Inspiration liefern. Noch besser: wenn Schulleitungen solcher Schulen sich bereit erklären, jemanden aus dem Gründungsteam hospitieren zu lassen. Oft sind Lehrkräfte bereit, die Fragen der Neugründerinnen und -gründer zu beantworten oder sie sogar als Mentorinnen und Mentoren zu ihrer eigenen freien Schule zu begleiten. Manchmal gelingen auch Schulpatenschaften – die neue Schule lernt von der alten, die alte bekommt neue Werbung und Ideen, gemeinsame Projekte bereichern beide.

5. Der Feinschliff des pädagogischen Konzepts

Das Gründungsteam steht, das pädagogische Konzept grundsätzlich auch – nun ist der richtige Zeitpunkt, am pädagogischen Konzept zu feilen. Die Schulen, die als Vorbilder dienen, und ein Landes- oder Bundesverband der gewählten Schulform können fachkundig beraten. Aus dem pädagogischen Konzept muss klar hervorgehen, warum diese Schule in der Bildungslandschaft dieser Region gerade noch gefehlt hat. Einige Beispiele: Sind die Betreuungszeiten serviceorientierter als die der bestehenden Schulen? Welche ungewöhnlichen Schwerpunkte gibt es – Mehrsprachigkeit oder Naturnähe etwa? Welche Methoden kommen zum Einsatz? Sind die Klassen auffallend klein? Was wird gegen eine soziale Auslese getan – wie schafft die Schule es, möglichst alle Kinder, die dorthin gehen wollen, auch aufzunehmen?

6. Es braucht das richtige Gebäude

Ein Glücksfall ist, wenn ein altes Schulgebäude übernommen werden kann. Aber Achtung: Wann immer die Schulformen und Träger sich unterscheiden, kann es passieren, dass ein Nutzungsänderungsantrag gestellt werden muss. Für alle Gebäude, die noch nie Schulen waren, ist dieser sowieso nötig. Eine Beratung durch Mitarbeiterinnen und Mitarbeiter der Schulaufsichtsbehörde, des Bauamts oder Schulamts hilft zu klären, ob eine Nutzung als Schule überhaupt denkbar ist. Für die Planung mit Architektinnen und Architekten und Umbauten muss dann genug Zeit und Geld vorhanden sein.

7. Verwaltungs- und Rechtsfragen Aufmerksamkeit schenken

Jede Schule braucht einen Schulträger – das macht aus Gründungsteams zum Beispiel Vereine, gGmbHs oder Stiftungen, also gemeinnützige Rechtsformen. Bei Unsicherheit dazu, welche Rechtsform zur eigenen Schule am besten passt, ist der Bundesverband der Freien Alternativschulen e.V. (BFAS) oder ein Rechtsanwalt beziehungsweise eine Rechtsanwältin für Schulrecht eine beziehungsweise ein guter Ansprechpartner oder Ansprechpartnerin. Einen Rechtsbeistand benötigt manch ein Schulträger einer freien Schule immer mal wieder, denn es kommt durchaus vor, dass man selbst von der Einzigartigkeit des Konzepts überzeugt ist, die Schulbehörde aber meint: »Das kriegen unsere staatlichen Schulen hier genauso hin.« Mit den richtigen Argumenten, gut formuliert, lassen sich die Verantwortlichen dann oft doch überzeugen.

8. Den Finanzplan machen

Wie hoch ist der Kauf- oder Mietpreis für das Gebäude der Wahl? Wie viel kosten die Umbauten? Mit was schlagen Heizung, Abwasser, Müllgebühren, Lohnnebenkosten, Fortbildungen, Materialien, Hard- und Softwarekosten zu Buche? Das Ganze mal drei Jahre – und Schulgründerinnen und -gründer wissen, wie viel Geld sie zusammenbringen müssen, bevor die erste Finanzspritze vom Staat kommt. Denn in der Regel dauert es drei Jahre, bis der Staat bei genehmigten Ersatzschulen einen Teil der Kosten des Schulbetriebs übernimmt – im Durchschnitt aber nur zwei Drittel der Gesamtkosten, zudem nur selten rückwirkend.

Woher das Startkapital nehmen? Es gibt Banken, die freien Schulen günstige Darlehen zur Verfügung stellen – die Gemeinschaftsbank für Leihen und Schenken (GLS) zum Beispiel. Zusätzlich sind Eltern-Darlehen unverzichtbar. Außerdem sollten die Gründungsteams Spenden und Sponsoring durch Stiftungen und die Wirtschaft anstreben. Auch an Bazare, Versteigerungen und Crowdfunding zur Verbesserung der finanziellen Lage ist zu denken.

9. Antrag stellen

Trägerschaft, Gebäude, Finanzplan – alles steht fest? Dann ab mit dem Antrag in Richtung Kultusministerium oder zur Regierung, je nachdem, wer im eigenen Bundesland für die geplante Schulform zuständig ist. Geschehen sollte das ein halbes Jahr, bevor die Eröffnungsfeier steigen soll. Mit sechs Monaten bis zur Genehmigung müssen Gründerinnen und Gründer rechnen. Auf Nummer sicher geht, wer im

Ministerium des eigenen Bundeslandes vorab herausfindet, welche Unterlagen neben pädagogischem Konzept, Grundrissen des Schulgebäudes, Informationen zur Rechtsform des Trägers, Schüleranmeldung, unterschriebenen Arbeitsverträgen der Lehrkräfte sowie Nachweis von eigenen Mitteln in den Antrag unbedingt hineingehören.

10. Um die Eröffnung kämpfen

Manchmal wirkt alles wie verhext. Bis kurz vor Schuljahresbeginn lässt die Genehmigung auf sich warten, wird noch eine Lehrkraft gesucht und das Schulhaus ist auch nicht ganz fertig. Doch Dutzende erfolgreicher freier Schulen zeigen, dass ein Happy End in letzter Minute möglich ist, wenn alle Aktiven mit anpacken und sich nicht unterkriegen lassen. Auch Genehmigungen, die mit Auflagen (zum Beispiel zu Umbauten) oder gar nicht erteilt werden, sind kein Grund zur Verzweiflung. Hier kann ein Fachanwalt beziehungsweise eine Fachanwältin Widerspruch einlegen oder klagen. Und nach dem Happy End heißt es: feiern, allen Helferinnen und Helfern danken und mit Rückenwind ins neue Schuljahr und die neue Schule starten!

Auch nach der Eröffnung, sollten Schulgründerinnen und Gründer in spe wissen, bleibt viel zu tun: Lehrerschaft und Kinder müssen sich einleben, in beiden Gruppen ist mit einer gewissen Fluktuation zu rechnen. Eltern auf lange Sicht dafür zu begeistern, sich zu engagieren, fordert die Schulleitung und das Gründungsteam ziemlich heraus. Sponsorinnen und andere Helfer wollen immer wieder aufs Neue gewonnen sein. Oft muss am pädagogischen Konzept weiter gefeilt werden. Wächst die Anzahl der Klassen, ist über einen Anbau oder Umzug nachzudenken. Wie bei jedem neuen Unternehmen, so dauert es auch bei einer neuen freien Schule im Durchschnitt fünf Jahre, bis alles sich eingespielt hat und in ruhigeren Bahnen läuft. Dafür darf das Gründungsteam darauf stolz sein, die Bildungslandschaft mitzuprägen und im Idealfall für Generationen von Kindern etwas bewegt zu haben.

15
WENN GAR KEINE SCHULE PASST: HOMESCHOOLING UND FREILERNEN – IN DEUTSCHLAND NICHT LEGAL, DOCH MANCHMAL DER RICHTIGE WEG

Petra Plaum

Und wenn weit und breit gar keine Schule passt? Wenn ein Kind entweder von vornherein nicht hin will oder nach einiger Zeit dort unter Bauchschmerzen, Kopfweh oder Depressionen leidet oder gar aggressiv wird? In vielen Ländern der Welt ist Homeschooling, zu Deutsch: Hausunterricht, dann ein gangbarer Weg. Eltern, Verwandte oder Bekannte mit unterschiedlichem Fachwissen fungieren als Lehrkräfte, besorgen die Materialien und bereiten die Kinder auf Prüfungen vor. Das Lernen am Computer kann das ergänzen. Einige nutzen auch die Angebote von Fernschulen, die Unterrichtsmaterialien an die Familien schicken und/oder ins Internet stellen, damit jeder, egal, wo er lernen möchte, sich prüfungsrelevantes Wissen aneignen und Schulabschlüsse erwerben kann.

Es gibt aber auch Familien, die jede Art des klassischen Unterrichts für ihr Kind vermeiden. Sie wählen etwas, das Unschooling,

Deschooling oder – immer häufiger – Freilernen genannt wird: Sie setzen darauf, dass jedes Kind sich selbst beibringt, was es wirklich wissen muss. Die Erwachsenen stellen Bücher und Material zur Verfügung, bieten eine anregende Lernumgebung, sind zugewandt und greifbar, wenn ein Kind Fragen hat. Doch sie sehen sich nicht als Lehrerinnen und Lehrer.

Der Haken in Deutschland ist: Weder Homeschooling noch Freilernen beziehungsweise Unschooling sind legal. Doch immer mehr Expertinnen und Experten sprechen sich dafür aus, dass eines oder beide zugelassen werden sollten – unter gewissen Voraussetzungen. Einer von ihnen ist der Erziehungswissenschaftler Prof. Dr. Volker Ladenthin von der Universität Bonn, der sich zum Interview zu Schule im Allgemeinen und Homeschooling im Besonderen bereit erklärte.

15.1 Interview mit Prof. Dr. Volker Ladenthin über Homeschooling als Schulalternative

»Bildung braucht Eigensinn. Raus aus dem Gleichschritt.«

Volker Ladenthin ist Hochschulprofessor für Historische und Systematische Erziehungswissenschaft an der Universität Bonn. Schlagzeilen macht er immer wieder durch kritische Worte, zum Beispiel zur PISA-Studie oder zum achtjährigen Gymnasium. Dass Homeschooling in Deutschland illegal ist, kritisiert er hingegen seit Langem – auch im folgenden Interview mit Petra Plaum.

Man sollte denken, dass aufgrund der sehr differenzierten Schullandschaft – verbunden mit der zunehmenden Berufstätigkeit der Mütter – Homeschooling an Relevanz verliert. Tatsächlich ist es offenbar andersherum. Wieso ist das so?

»Über alle Parteigrenzen hinweg hat die Schulpolitik des letzten Jahrzehnts ihr eigenes Schulsystem schlechtgeredet. Durch die von der Politik eingeführten PISA-Studien mussten kritische Eltern den Eindruck gewinnen, dass deutsche Schulen nicht gut und nicht fair sind. Alle zwei Jahre wird dies, mit großer Medienaufmerksamkeit, weiterhin staatlich erklärt: ›Das deutsche Bildungssystem ist schlecht und ungerecht. Woanders ist es besser.‹ Wie soll man Eltern bezeichnen, die daraus den Schluss ziehen: ›Dann erspare ich meinen Kindern doch lieber dieses von den Verantwortlichen selbst als schlecht und ungerecht bezeichnete Schulsystem?‹ Sind das nicht die Eltern, die ernst nehmen, was die Politik sagt? Sie suchen nun nach Alternativen zum Schulsystem. Das ist doch eine verständliche Reaktion: ›Ich will das Beste für mein Kind, nicht das, was von der Schulaufsicht selbst als schlecht bezeichnet wird.‹«

Studien aus anderen Ländern belegen ja, dass Kinder, die mit Homeschooling aufgewachsen sind, sehr wohl prüfbares Wissen erlangen und in der Regel auch den Weg in den Beruf finden. Welche Faktoren begünstigen das?
»Gutes Homeschooling ist sachorientiert, problemorientiert, adressatenorientiert, personenorientiert, anlassbezogen, wertbezogen, erziehend – kurz: All das, was nach Übereinstimmung aller Pädagoginnen und Pädagogen Bildungsprozesse optimiert, findet bei gutem (ich betone: gutem) Homeschooling statt.«

Wie definieren Sie gutes Homeschooling?
»Eltern, die ihre Kinder zu Hause beschulen wollen, müssen folgende Aufgaben übernehmen: Sie müssen

(1) einen Fächerplan,
(2) einen Stoffplan (in Relation zu den staatlichen Richtlinien),
(3) einen Zeitplan und
(4) einen Organisationsplan aufstellen.
(5) Offen gelegt werden muss, wer die Lehreinheiten verlässlich und auf Dauer durchführt,
(6) welche medialen oder personalen Hilfen in Anspruch genommen werden können,
(7) wie die Lehrenden qualifiziert sind.
(8) Zu planen sind die Durchführung von Prüfungsverfahren und
(9) die (staatliche) Zertifizierung, die in enger Zusammenarbeit mit den Schulbehörden erfolgen sollte.«

Sollte Ihrer Meinung nach Homeschooling in Deutschland legal werden und falls ja, wozu sollten sich Familien, die sich dies für ihr Kind wünschen, verpflichten müssen?
»Die an Homeschooling interessierten Eltern müssen offenlegen:

- eine Begründung für ihren Antrag auf häuslichen Unterricht;

- den Nachweis ihrer vorhandenen Qualifikationen zur Durchführung des häuslichen Unterrichtes beziehungsweise welche noch fehlenden Qualifikationen sie in bereitzustellenden und zertifizierten Kursen erwerben werden;
- einen Zeitplan, der darstellt, in welchem Zeitraum welche Lernergebnisse erzielt werden sollen;
- einen Lehrplan, der aufzeigt, wie die staatlichen inhaltlichen Vorgaben umgesetzt werden sollen;
- welche räumlichen Gegebenheiten zur Durchführung des häuslichen Unterrichts zur Verfügung stehen;
- welche Medien (Unterrichtsmaterialien, Schulbücher) zur Verfügung stehen;
- wie die Eltern ihrer Rechenschafts- und Dokumentationspflicht nachkommen werden;
- an welchen Institutionen die Schüler durch externe Prüfungen Abschlüsse erwerben werden beziehungsweise mit welchen Fernschulen zusammengearbeitet wird;
- dass die Jugendlichen externe und Abschlussprüfungen vorbereiten und ablegen, um staatliche Zertifikate zu erwerben.

Beim Homeschooling sollten Zeitplan und Lehrplan durch Kooperationen mit der Schulaufsicht abgesprochen werden. Aus Gründen des Persönlichkeitsschutzes und der Zukunftssicherung muss eine Dokumentationspflicht über den durchgeführten Unterricht bestehen. Es sollten in sinnvollen Zeitabständen Lernstandsbeschreibungen als Rückmeldung für Eltern und Kinder erfolgen.

Dies bedeutet:

- Anlegen einer Personenakte mit schulisch relevanten Daten des Kindes;
- Dokumentation der Unterrichtszeiten, der an der Unterrichtung beteiligten Personen (Eltern, Bevollmächtigte der Eltern),

der unterrichteten Inhalte und der durch externe Prüfungen festgestellten Lernergebnisse beziehungsweise Durchführung von halbjährlichen Lernstandsbeschreibungen;

- Vorlage von Übungen und weiteren im Unterricht erarbeiteten Ergebnissen (zum Beispiel in Sachkunde, Kunst, Musik);
- Bericht über regelmäßige Vorstellungen beim Arzt«

Wie finden Eltern, die ihr Kind gegen ihren Wunsch und den des Kindes zur Schule schicken müssen, sozusagen eine Schulform des geringsten Widerstandes? Welche Überlegungen und Fragen helfen auf dem Weg zu einem Bildungskonzept, das noch am ehesten passt?
»Ich finde es bedauernswert, dass in Deutschland, im Unterschied zu Ländern wie Österreich, Schweiz oder den USA, Eltern zu halblegalen Tricks gezwungen werden, wenn sie ihre Kinder selbst beschulen wollen. Und das in einem Land, das mit Humboldt oder Goethe den Gedanken einer individuellen Bildung doch zum ersten Mal prominent formuliert hatte. Die großen deutschsprachigen Bildungsromane von Goethe über Gottfried Keller bis hin zu Adalbert Stifter oder Thomas Mann sollten zeigen, ja geradezu am Beispiel nachweisen, wie sich ein junger Mensch fernab der Schule zum erwachsenen, zum mündigen Menschen bilden kann. Nur: Ernst nehmen dürfen die Eltern diese immer so hoch gepriesene Literatur nicht. Unsere Kultur nimmt sich hier selbst nicht wahr.

Aber nun pragmatisch: Ich empfehle, Schulen zu suchen, die sich auf individualisierte Bildungsprozesse einlassen. Es gibt Grundschulen mit offener Eingangsphase, mit einem individuellen Zeitmanagement, mit projektorientiertem Unterricht, mit jahrgangsübergreifenden Klassen. Solche Schulen, die dem einzelnen Kind Raum zur Entwicklung schaffen, gibt es in allen Städten. Hier in Bonn wurde eine weiterführende Schule gegründet, die hochdifferenzierte Bildungswege in allen Fächern anbietet. Ich würde allerdings von Ganztagsschulen abraten, denn sie vereinnahmen das Kind und geben ihm zu wenig individuelle Zeit zur Entwicklung beim Spielen, Lesen, bei Sport oder Musik. Bildung braucht Eigensinn. Raus aus dem Gleichschritt. Die Hausaufgaben würde ich mit dem Kind zusammen erledigen, damit die Zeit begrenzt bleibt und Wichtiges von Unwichtigem getrennt und gewichtet werden kann. Hier ergeben sich zudem zwischen Eltern und Kind beim gemeinsamen Lernen die personalen Bezüge, die ein Kennzeichen guten Homeschoolings sind. Den schulischen Unterricht würde ich durch entsprechende Freizeitaktivitäten vorbereiten und begleiten. Steht etwa in der Mathematik die Zinsrechnung an, würde ich mit den Kindern die Sonderangebote in den Beilagen der Zeitung durchstöbern: Was wird beim Ratenkauf versprochen? Schule kann dann zu einem Baustein im Alltag werden, ist aber nicht länger eine Macht, die den Alltag beherrscht. Jugendzeit ist nicht gleich Schulzeit. Liegen stärkere Symptome der Schulangst vor, kann man Schulbegleiterinnen oder Schulbegleiter beantragen, die helfen, den Klassenunterricht weiter zu individualisieren und passend zu gestalten. Wichtig aber ist, dass man sich Zeit für die Kinder nimmt, den Schultag ohne Hetze beginnt, den Nachmittag sinnvoll strukturiert – also Anregungen aufnimmt und gestaltet, die vom Kind selbst kommen.«

15.2 Zur Geschichte der deutschen Schulpflicht

Wie Professor Ladenthin im Interview herausarbeitet, ist die Schulpflicht eine deutsche Besonderheit und war nicht immer in dieser Form gegeben. Die aktuell existierende Schulpflicht geht auf die Grundschulpflicht der Weimarer Republik zurück, die 1920 eingeführt wurde – für zunächst vier Jahre. 1938 trat das Reichsschulpflichtgesetz in Kraft, das acht Jahre Schulpflicht beinhaltete. Nach Ende des Zweiten Weltkriegs wurde auf Landesebene geregelt, wie viele Jahre die Schulpflicht umfasst, 1955 folgte eine Harmonisierung der Landesregelungen – um den sechsten Geburtstag herum beginnt die Schulpflicht, um den 18. Geburtstag herum endet sie überall.

Von der Einschulung kann ein Kind noch relativ einfach ein Jahr zurückgestellt werden, später ist das Leben ohne Schule nicht ohne Weiteres möglich. Ob der Verstoß gegen die Schulpflicht nur als Ordnungswidrigkeit gilt oder unter Umständen als Straftat, obliegt den Ländern.

Allerdings gibt es in jedem Bundesland Regionen, wo die Behörden eher wegsehen, wenn ein Kind – das keine Anzeichen von Verwahrlosung zeigt – nicht zur Schule geht. Ebenso gibt es überall Regionen, in denen streng kontrolliert, abgemahnt und gestraft wird. Es gibt mehrere Solidargemeinschaften der Freilerner, die solchen Familien fachkundige Anwältinnen und Anwälte vermitteln und auch Geld sammeln, um die Familien beim Entrichten der Bußgelder zu unterstützen. In diesen Solidargemeinschaften vernetzen sich ehemalige Freilernerinnen und Freilerner, Eltern mit Kindern, die zurzeit frei lernen, und andere, die mit dem Unschooling sympathisieren, miteinander und organisieren auch gemeinsame Veranstaltungen.

Was aber können Eltern machen, die auf keinen Fall etwas Illegales tun und ihr Kind dennoch nicht zur Schule schicken möchten? Kranke Kinder – auch psychisch belastete Kinder oder solche mit Hyperakusis, die also besonders stark auf Lärm reagieren – können krankgeschrieben werden. Meistens funktioniert das allerdings nur über Wochen bis Monate hinweg. Auch Eltern, die aus beruflichen Gründen viel reisen müssen, Schauspielerinnen oder Schausteller zum Beispiel, können ihren Nachwuchs unter Umständen vom Unterrichtsbesuch befreien lassen. Doch das funktioniert üblicherweise nur einen begrenzten Zeitraum lang. Anhaltende Ausnahmen von der Unterrichtspflicht sind nicht vorgesehen. So gibt es für nicht bettlägerig kranke Kinder Klinikschulen, für Kinder von beruflich Reisenden Stammschulen in verschiedenen Städten und bestimmte Lehrkräfte, die mit den Familien auf Tour gehen.

Es lässt sich trotzdem nicht leugnen: Vielen Jungen und Mädchen wird die Unterrichtspflicht nicht gerecht. »Es gibt einfach Kinder, die von Anfang an klar sagen, ich will nicht in die Schule gehen«, betont Karen Kern, die Familien zu Bildungsmöglichkeiten außerhalb des Schulsystems berät. »Und es gibt Kinder, die in der Schule - egal, in welcher - nicht zurechtkommen.« Oft handle es sich um Kinder aus Familien, in denen von Anfang an großer Wert auf Eigenständigkeit und Mitbestimmung für alle gelegt wurde. Und plötzlich sollen fremde Menschen festlegen, wo sie fast jeden Vormittag wie und mit wem verbringen? Das belastet einige. Ansonsten erlebt Kern diese Jungen und Mädchen ganz verschieden: mal lebhaft, mal ruhiger, mal forsch, mal hochsensibel, mal mit eher gemütlichem Tempo beim Lernen, mal Gleichaltrigen weit voraus.

Für viele ist Eltern- und Schülerberichten zufolge auch nicht das Homeschooling, sondern das Freilernen der einzig gute Weg, sich zu bilden.

Weil Unschooling - wie auch Homeschooling - meist im Verborgenen stattfindet, kann die Zahl der Familien, die damit leben, nur geschätzt werden. Um die tausend sollen es aktuell in Deutschland sein.

Manche dieser Familien finden eine private Schule, die ihr Kind formal zwar aufnimmt, aber nirgends meldet, wenn das Kind nie dort erscheint. Weil auch das nicht legal ist, sind solche Schulen handverlesen und kommunizieren ihr Handeln nicht offen. Interessierte Familien müssen lange fahnden, bis sie solch eine Lösung anbahnen können.

Für Eltern aus Deutschland, die Homeschooling oder Unschooling legal leben möchten, bleibt also zurzeit nur die Auswanderung. In den Nachbarländern Frankreich, Österreich, der Schweiz, Polen, Dänemark und Belgien zum Beispiel gibt es eine Bildungs-, nicht aber eine Schulpflicht. Hier dürfen unter Erfüllung unterschiedlicher Auflagen Kinder fernab von Schulen lernen.

Die in den Freilerner-Organisationen gut vernetzten Familien setzen sich dafür ein, dass Homeschooling und Unschooling auch in Deutschland erlaubt werden – zumal internationale Studien zeigen, dass erstens nur wenige Familien diesen Weg wählen, zweitens die Kinder hinterher beruflich zumeist ihren Weg finden.

Alles spricht also dafür, dass Freilernerinnen und Freilerner einen hohen Grad an Bildung erlangen. »Was solch ein junger Mensch schon kann und weiß«, so Kern, »kann zudem dokumentiert, dargestellt und auch überprüft werden.«

Wenn es zu Strafverfahren kommt, dann wird allerdings selten nach dem Bildungsstand der jungen Menschen gefragt, sondern vor allem nach dem Nichterfüllen der Schulpflicht. Kern berichtet, dass sich immerhin ein Silberstreif am Horizont zeigte: »Die richterlichen Entscheidungen fallen immer häufiger zugunsten der Familien, die ihr Kind zu Hause lassen, aus«, betont sie. »In letzter Zeit kam es häufiger vor, dass Verfahren eingestellt wurden, in Einzelfällen kam es auch zum Freispruch.« Für die Praxis in Deutschland – Hunderttausende von Kindern in Schulen, wenige Tausend frei lernend – werde sich nach einer Legalisierung wenig ändern, erwartet Kern, doch: »Wenn Freilernen erlaubt würde, würde sich in der Schulkultur hierzulande etwas ändern. Und zwar zum Besseren.«

15.3 Lernen ohne Unterricht – häufige Fragen, beantwortet von Expertinnen und Experten

Was machen Freilernerinnen und Freilerner den ganzen Tag?
Erst einmal schlafen, so lange es der eigene Biorhythmus erfordert. Dann folgen Aktivitäten, die den eigenen Interessen – und den Impulsen, die die Familie gibt – folgen. Immanuel Wolf, 1987 geboren und in der zweiten Klasse mit Kopfschmerzen und Bauchweh aus der Schule genommen, nennt Beispiele: »Wir hatten einen Hund

und wenn ich mit ihm im Wald spazieren ging, beobachtete ich die Waldameisen. Sie faszinierten mich, also lieh ich mir Bücher dazu in der Bibliothek aus und fand heraus, wie sie leben, wie sie Säure spritzen, Pilze züchten und so weiter.« Seine Lese- und Sprachkompetenz entwickelte sich so ganz automatisch. Auch sonst erschloss der Junge sich viel aus Büchern und schmökerte gern in »fast allem, was mir zwischen die Finger gekommen ist«, von Science-Fiction über Romane und Sagen bis hin zu Sachbüchern. Helfen im Haus und Garten und mit den Tieren, das stand in der Familie mit drei Brüdern regelmäßig auf dem Programm. Die Jungen hatten auch Kapla-Holzbausteine, aus denen sie Häuser, Türme, sogar aufwändige Städte bauten. »Mit den Kindern aus der Nachbarschaft haben wir eher nachmittags gespielt, da sie vormittags ja keine Zeit hatten«, erinnert sich Wolf. Als er etwas älter war, spielte er nicht nur gern Schach, sondern drechselte auch die Figuren dafür.

Karen Kern, die drei ihrer fünf Kinder über zehn Jahre beim Freilernen begleitete, erzählt ebenfalls von erfüllten Tagen, die ihre Söhne gut strukturierten. Einer der Jungen begann, Gedichte zu schreiben und sie im Internet zu publizieren: »So lernte er, mit Kritik umzugehen.« Der Faszination für Münzen eines Sohnes folgten der Besuch einer Münzmesse, das Studium der Kataloge dort, der Besuch im Münzmuseum sowie viele Gespräche über die Geschichten hinter den Geldstücken. Aktiv gingen die Jungen im Urlaub auf andere Urlauberinnen und Urlauber zu und baten sie darum, mit ihnen Münzen zu tauschen. »Da haben uns viele zu unseren mutigen, tollen Söhnen gratuliert«, erinnert sich Kern. Sie selbst war beruflich als Lernbegleiterin an einer Freien Alternativschule tätig, hatte somit den direkten Vergleich und betont: »Eltern sollten den Blick ganz weit weiten, was das Lernen angeht. Jeder Mensch lernt von Anfang an und man kann sich nicht nicht bilden.«

Die Autorin Stefanie Mohsennia, deren Sohn einen Teil seiner Grundschulzeit als Freilerner verbrachte – legal, weil in Kanada –, verrät in ihrem Blog, wie seine Lerntage damals aussehen konnten: »Montag: Eineinhalb Stunden Liste aller Stofftiere aufgestellt (mit Namen und Art) – Deutsch. Eine halbe Stunde *National Geographic World* gesehen – Naturwissenschaften. Eine Stunde Taekwondo-Training – Sport. Eine Stunde Laden aufgebaut, Verkaufen gespielt (Wechselgeld ausgerechnet, Kassenbon geschrieben) – Mathe, Deutsch. Eine Stunde *Henry Ford – Young Man with Ideas (Childhood of Famous Americans)* vorgelesen bekommen – Geschichte«, beschreibt sie das Tagespensum des damals Achtjährigen. Nachdem die Familie aus Kanada nach Deutschland zurückgezogen war und ja nun die Schulpflicht bestand, besuchte der Junge eine Freie Alternative Schule. Anfangs lief das gut. Das Konzept der freien Schule wurde in der Sekundarstufe I jedoch nicht mehr so frei gelebt wie zuvor, sodass Mohsennias Sohn mit zwölf Jahren wieder zu Hause bleiben wollte. Die sogenannte »Deschooling«-Phase nach dem Austritt aus der Schule war anstrengend für die Mutter, berichtet sie. Fernsehen und Computerspiele dominierten monatelang den Tagesablauf. Mohsennia erzählt: »Die Erfahrung mit der Schule hat wohl vieles an Eigeninitiative kaputt gemacht. Aber ganz langsam erwachte die Motivation aus dem Inneren heraus wieder, mein Sohn wurde wieder interessiert und weltoffen und ist es bis heute.«

Werden Kinder ganz ohne Schule eher politisch radikal oder ideologisch verblendet als andere?

Immanuel Wolf hält dagegen: »Die, die heute in der Pegida oder AfD sind, waren alle in der Schule! Um einer Radikalisierung vorzubeugen, bräuchte man andere Bildungs- und Schulstrukturen, als wir sie haben.«

»Wenn Eltern ihren Glauben streng leben und ihre Kinder von andersgläubigen Kindern fernhalten möchten, schaffen sie das auch, wenn die Kinder in eine Schule gehen«, gibt Karen Kern zu bedenken. Sie erinnert an jene Mitglieder von Glaubensgemeinschaften, die außerhalb der Schulzeit dafür sorgen, dass ihre Kinder sich ausschließlich in Familien der eigenen Gemeinde bewegen. Auch komme es ganz offensichtlich trotz des überall vorhandenen Biologieunterrichts dazu, dass Erwachsene die Evolution leugnen. Das Schulsystem bietet, so wie es jetzt ist, keinen guten Schutz gegen religiöse Verblendung, kritisiert sie.

Stefanie Mohsennia verweist darauf, dass Länder ohne Schulpflicht keinesfalls ein größeres Problem mit Parallelgesellschaften und fanatischen Glaubensgemeinschaften haben, als es in Deutschland hier und heute besteht. »Wer sich fürs Freilernen entscheidet, ist sicher radikal«, räumt sie ein, »wenn man vom Wortstamm ausgeht – radikal von radix, die Wurzel. Radikal heißt dann: zurück zu den Wurzeln. Aber Freilernen ist nur in dem Punkt radikal, dass wir wieder schauen, was junge Menschen wirklich brauchen und wie wir jedem Einzelnen individuell gerecht werden können.«

Bedeutet Freilernen automatisch, dass ein Elternteil seine beruflichen Pläne opfern muss, nur noch zu Hause sitzt und sich irgendwann dadurch belastet fühlt?

Karen Kern hält dagegen: »Viele Eltern wollen inzwischen das 50/50-Modell leben und sich Erziehungs- und Erwerbsarbeit gleichberechtigt teilen. Wenn beide Eltern eine Halbtagsstelle haben und sich abwechseln, gibt es mit dem Freilernen kein Problem.« Aber auch sonst müsse man ein Kind ab dem Schulalter nicht mehr rund um die Uhr beaufsichtigen, Arbeit vom Homeoffice aus sei so möglich.

Stefanie Mohsennia berichtet, dass sie lange die Abend- oder Wochenendstunden nutzte, um arbeiten zu gehen oder Fortbildungen zu besuchen. Ihre Bücher entstanden sowieso zu Hause. Beide Expertinnen erklären, dass durch den Wegfall der Hausaufgaben, Schularbeiten und Noten auch sehr viel Druck aus den Familien genommen werde, was den Eltern Energie schenke. Das sieht

Immanuel Wolf ebenso. Außerdem erklärt er: »Was mich an Schulen sehr stört, ist, dass sie so früh anfangen. Da wird der ganzen Familie der Rhythmus vorgegeben.« Das viele Beieinandersein habe seine Brüder, ihn und die Eltern jedenfalls nicht belastet: »In einer kleinen Stadtwohnung wäre es vielleicht anstrengend gewesen, aber so ging es gut.«

Sind Menschen, die frei lernen, Schulverweigerer?
Das verneinen alle drei. Mohsennia berichtet, dass für sie selbst das System Schule funktioniert habe. Ihr Sohn jedoch habe von Anfang an nicht hingewollt. Nach der Rückkehr aus Kanada nach Deutschland, im Alter von neun Jahren, fühlte er sich in der Freien Alternativen Schule vor Ort eine Zeit lang wohl. »Es ging dort relativ offen zu«, so Mohsennia, »feste Pausenzeiten gab es nicht. Das änderte sich in der fünften Klasse. In der weiterführenden Schule gab es festgelegte Pausen- und Unterrichtszeiten, der Besuch vieler Kurse war Pflicht, es passte nicht mehr.« Bald bekam der Junge Bauch- und Kopfschmerzen, sein größter Wunsch lautete: »Dass ich da nicht mehr hinmuss!«

Mohsennia betont, dass es vielleicht einen Kompromiss geben könnte: »Wenn statt Schulen Lernzentren eingerichtet würden, in denen Kurse liefen, bei denen jeder frei sagen könnte: Da gehe ich hin, dort nicht.« Ohne Anwesenheitspflicht und feste Zeiten. Dort könnte es Angebote von Erwachsenen für Kinder geben, gemeinsame Projekte unter Kindern, Mitbestimmungsmöglichkeiten für alle ... »In solchen Lernzentren würden Menschen Gemeinschaft leben, Interessen erforscht und Begeisterung weitergegeben«, meint Mohsennia.

Karen Kern lebte mit ihrer Familie mehrere Jahre in England, wo Freilernen legal ist. Dort sah sie viele Kinder aus verschiedenen Schulen zum Freilernen wechseln und später wieder ins Klassenzimmer zurück. »So etwas sollte auch hier möglich sein«, wünscht sie sich und den Kindern von heute und morgen. »Ich finde es grundsätzlich wichtig, dass es die Möglichkeit zum Lernen ohne Schule gibt«, betont sie. »Das zeugt von einer Haltung jungen Menschen gegenüber, die beinhaltet, dass ihre Bedürfnisse und Entscheidungen ernst genommen werden.«

Immanuel Wolf erklärt: »Als offene Orte der Gemeinschaft fände ich Schulen gut. Was mich besonders stört, ist die Betonung darauf, dass gelernt werden muss. Lernen als eine festgelegte Aufgabe, zu einem festgelegten Zeitpunkt. Mich haben auch immer gewisse Themen beschäftigt, doch das Lernen war dabei ein Beiprodukt meines Lebens.« Prinzipiell würde er Schulen begrüßen, die zeitlich und personell offen sind, Orte der Begegnung, in denen Junge und Alte gemeinsam und voneinander lernen.

Was soll nur aus Freilernern und Freilernerinnen werden?

Immanuel Wolf besuchte ab dem Alter von 15 eine Hauptschule, nachdem seinen Eltern angedroht worden war, dass ihnen sonst das Sorgerecht entzogen werde. Den Hauptschulabschluss bestand er spielend, wechselte an die Realschule, schaffte die mittlere Reife und ging dann bis zur elften Klasse ins Gymnasium. Seine ebenfalls viele Jahre ohne Schule aufgewachsenen Brüder machten sogar das Abitur beziehungsweise Fachabitur. Immanuel Wolf engagierte sich nach der Schule viel in der Freilernerszene, zum Beispiel im Bundesverband für Natürliches Lernen! e.V. (BVNL) und als Organisator der Treffen für junge Freilerner Septré. Aktuell ist er einerseits Journalist – er gibt die Freilernerzeitschrift heraus –, andererseits arbeitet er in einer solidarischen Landwirtschaft mit, was ihm ein regelmäßiges Einkommen verschafft.

Stefanie Mohsennias Sohn ist jetzt 18, programmiert für andere Internetseiten, engagiert sich im Freilerner-Jugendverein Septré, ist Mit-Organisator des jährlichen Schulfrei-Festivals und baut parallel dazu einen alten Transporter zum Wohnmobil aus. Welche

Schulabschlüsse, Aus- und Fortbildungen noch kommen werden, ist noch offen – wie bei vielen anderen 18-Jährigen auch.

Karen Kerns Söhne haben nach den Jahren als Freilerner unterschiedliche Wege gewählt: Den Hauptschulabschluss bestanden alle. Einer ist gleichzeitig Berater für landwirtschaftliche Betriebe, betreibt einen eigenen Versandhandel und ist in einem Biogroßhandel tätig. Der andere fand in Frankreich eine feste Stelle als Fachlagerist. Der dritte besuchte ein britisches College und macht nun eine landwirtschaftliche Ausbildung.

In der Landwirtschaft, der Biobranche, als Künstler sowie Unternehmer finden auffallend viele Freilernerinnen und Freilerner ihr Glück, wie internationale Studien zum Thema vermitteln. Der selbstbestimmte Lebensstil passt vielen langfristig besser als eine Festanstellung mit Aufstiegsmöglichkeiten. Was die Studien von Willi Villiger aus der Schweiz, Deani van Pelt aus Kanada und Dr. Peter Gray aus den USA aber auch verraten, ist: Arbeitslos und in Sozialhilfe endet nur ein Bruchteil derjenigen, die ganz oder mehrheitlich ohne Schule aufgewachsen sind. Und ob in Kanada, der Schweiz oder den USA: Ganz ohne Unterricht und im Homeschooling Gebildete zeigen sich hochgradig zufrieden mit ihrer Jugend und ihrem aktuellen Berufsleben.

Literaturtipps

Kern, Karen; Mohsennia, Stefanie; Reichert, Gabi; Weimer, Heike (Hrsg.) (2016): *Wir sind so frei. Freilerner-Familien stellen sich vor.* tologo.

Stern, André (2016): *Spielen, um zu fühlen, zu lernen und zu leben.* 2. Auflage. Elisabeth Sandmann Verlag.

Thomas, Alan; Pattinson, Harriet; Kern, Matthias (2016): *Informelles Lernen. Wie Kinder zu Hause lernen.* tologo.

Links

Studien auf www.schulfrei-community.de unter »Schatzkiste« (hrsg. von Stefanie Mohsennia):

Gray, Peter (USA), 2014: *A Survey of Grown Unschoolers*

Van Pelt, Deani (Kanada), 2009: *15 Years Later: Home-educated Canadian Adults*

Villiger, Willi (Schweiz), 2010: *Privatunterricht und Sozialisation: Eine schweizweite Erhebung über privat gebildete Schulabgänger*

Fernschulen für Homeschooler und Freilerner:

Clonlara School: Eine amerikanische Schule mit Off-Campus-Programm auch in deutscher Sprache. Elternberatung zu rechtlichen Fragen, Tipps zu Büchern und anderen geeigneten Lernmaterialien, Prüfungen und Zertifikate gehören zum Angebot. Jugendliche können auch ein in den USA anerkanntes Highschool-Diplom ablegen. (www.clonlara.de)

Flex Fernschule: Ein Angebot der Jugendhilfe, mithilfe dessen sich Jugendliche auf die Schulfremdenprüfung zum Haupt- und Realschulabschluss vorbereiten können. (www.flex.jundh.de)

Kern-Bildung: Beratung und Betreuung zu Freilernen, Dokumentationen, zu dem Erwerb von staatlichen Schulabschlüssen über Schulfremdenprüfungen, Prüfungsvorbereitung und mehr. (www.kern-bildung.de)

Solidargemeinschaften und Vernetzungsmöglichkeiten:

Bundesverband Natürlich Lernen! e.V. (BVNL): www.bvnl.de

Freilerner-Solidargemeinschaft: www.freilerner-solidargemeinschaft.de

Schulfrei Bewegung: www.schulfrei-bewegung.de

Schulfrei-Community: www.schulfrei-community.de

16
INTERVIEW MIT FELICITAS RÖMER ÜBER DAS, WAS LERNEN ERLEICHTERT UND BLOCKIERT

»Gebt Kindern mehr Zeit und mehr Muße!«

Familientherapeutin und Elterncoach Felicitas Römer aus Reinbek bei Hamburg ist seit vielen Jahren für Kinder und Jugendliche da, bei denen in der Schule nichts mehr rund läuft. Sie sieht sich als Anwältin der Kinder – das prägt auch ihre erfolgreichen Elternratgeber, darunter *Arme Superkinder* und *Stressfreier Erziehen: Einfühlen statt schimpfen.* Wie wichtig Lehrerinnen und Lehrer sind und wie Eltern Kinder beim Lernen unterstützen können, verrät sie im Interview mit Petra Plaum.

Der Erziehungswissenschaftler Prof. Dr. John Hattie, der Studien mit mehr als 250 Millionen Schülern aus aller Welt analysiert hat, erklärt in seinem Bestseller Visible Learning: *»Schulform und Klassengröße haben wenig Einfluss auf den Erfolg von Schülerinnen und Schülern, auf die Lehrkräfte kommt es an.« Wie erleben Sie das?*
»Hattie hat recht! Die zentrale Frage lautet doch: Warum werden Lehrkräfte Lehrkräfte? Im Idealfall lieben sie Kinder, haben Spaß mit ihnen, finden ihre Neugier toll und wollen ihnen die Inhalte, die sie selbst mögen, nahebringen. Sobald eine Lehrerin mit viel

Begeisterung auftritt, springt der Funke über und jedes Schulkind merkt: ›Für mich mag dieses Thema neu sein, aber der findet das toll. Dann muss ja etwas dran sein.‹ Macht es Lehrkräften Spaß, mit Kindern und Jugendlichen zu arbeiten, ist das eine gute Grundlage für das Lernen in der Schule. Viel zu oft haben Kinder aber Lehrerinnen oder Lehrer, die eigentlich etwas anderes werden wollten, etwa Musiker oder Künstlerin. Oder sie haben Lehrkräfte, die den Beruf ergriffen haben, um verbeamtet und beruflich sicher zu sein. Für manche hat diese Berufswahl auch viel mit dem unbewussten Wunsch nach Macht und Kontrolle zu tun – Kontrolle, die sie selbst als Kind nicht hatten. Kein Wunder, dass so strukturierte Lehrkräfte mit Eltern, vor allem mit Eltern mit geringerem Bildungsstand, oft autoritär und von oben herab umgehen. Natürlich gibt es auch viele Mischtypen. Was unsere Gesellschaft allen, die Lehrer werden wollen, von vornherein vermitteln sollte, ist: Das Stresslevel in Schulen ist hoch, große Klassen bringen einen großen Lärmpegel mit sich, die Bürokratie des Berufs hat zugenommen. Es ist ein harter Job. Wenn dann nur noch diejenigen Lehrkräfte werden wollen, die sich aus echtem Interesse an jungen Menschen dazu berufen fühlen, profitieren alle davon. Vorteilhaft ist, wenn sie auch in der Lage sind, konstruktiv mit gruppendynamischen Prozessen umzugehen.«

Zu Ihnen kommen oft Eltern mit Kindern, die nicht (mehr) gern lernen – woran liegt das und was hilft dagegen?

»Von sich aus interessieren sich Kinder, die psychisch gesund sind, für vieles, sie bringen eine Menge Neugier mit. Wenn Kinder sich verändern, plötzlich verschlossen sind, den Klassenkasper spielen oder aggressiv werden, gilt es immer, herauszufinden, woran das liegt. Werden sie gemobbt, fühlen sie sich in der Schule unwohl? Sind da Konflikte innerhalb der Familie, die sie niederdrücken? Wenn Eltern zu sehr mit sich beschäftigt sind, verlieren sie die Bedürfnisse ihres Kindes zeitweilig aus den Augen. Manchmal geht einem Kind dadurch die ganze Lebensfreude verloren, es hat an gar nichts mehr Spaß.

Ich versuche dann, herauszufinden, was genau das Kind belastet. Eine gesunde Beziehung der Eltern zueinander hilft meistens, dass es ihm besser geht. Das heißt nicht, dass die Eltern vor dem Kind nie streiten dürfen oder so tun müssten, als sei alles immer in Ordnung. Eltern dürfen Kindern reinen Wein einschenken und vermitteln, wenn es ihnen nicht gut geht. Sie sollten den Kindern aber gleichzeitig signalisieren, dass sie weiterhin für sie da sind. Die Schule kann für Kinder, die es zu Hause gerade schwer haben, übrigens vieles leichter machen. Gerade in solchen Zeiten brauchen Kinder Lehrerinnen und Lehrer, die ihnen zugewandt sind. Früher wuchsen die meisten Kinder ja in Großfamilien auf, was viel Stress mit sich brachte, aber eben auch eine Ressource darstellte. Heute in der Kleinfamilie sind Eltern oft überfordert. Mütter und Väter sollten übrigens wissen: Zu uns Familientherapeutinnen und -therapeuten kommt man zwar auf Empfehlung von den Schulen und Jugendämtern, wir arbeiten aber völlig unabhängig. Wir verstehen uns immer zunächst als Unterstützer der Kinder und der Familien.«

Gibt es Ihrer Erfahrung nach Schulformen, die Kinder hier besonders stützen können und wo es zum Beispiel auch besonders wenig Mobbing gibt?

»Solche Klassen und Schulen gibt es, aber das hängt meiner Erfahrung nach nicht mit den Schulformen zusammen. Mobbing gibt es überall, in staatlichen wie in privaten Schulen, in Gymnasien wie in Hauptschulen. Wenn eine Schule das nicht ernst nimmt und sagt, bei uns darf so etwas nicht sein, das haben wir nicht, dann wird es schlimmer, als wenn Schulleitung und Lehrkräfte offensiv mit dem Problem umgehen. Ich habe sogar schon mitbekommen, dass an derselben Schule in derselben Jahrgangsstufe zwei Klassen Mobbing hatten – in einer Klasse gab es sofort Eltern- und Schülergespräche, in der anderen nahm die Lehrkraft das nicht ernst. Im ersten Fall konnte die Situation in der Klasse deutlich verbessert werden, in der Parallelklasse half dem Opfer nur ein Schulwechsel.

Unabhängig von der Schulform sind die Probleme mit Mobbing, Schulangst und anderen Problemen dort am größten, wo die Lehrkräfte den Eindruck vermitteln, dass sie von den Eltern gar nichts wissen wollen. Zu mir kommen immer wieder Eltern, die regelrecht Angst haben, mit den Lehrkräften über die Probleme ihres Kindes zu sprechen. Sie befürchten, dass das Kind dann darunter zu leiden hat – und diese Furcht ist meiner Beobachtung nach auch nicht immer ganz unbegründet.«

Was können Eltern tun, die die Schulentscheidung noch vor sich haben und die wirklich beste Schule für ihr Kind suchen?
»Die Werte der Schule sollten mit den eigenen Werten abgeglichen werden. Da sollten Eltern ehrlich zu sich sein. Sie sollten sich fragen: Was passt zu uns als Familie? Wie viel Zeit können und wollen wir erübrigen, was können und wollen wir investieren? Mütter und Väter sollten sich auch vorab fragen: Was sind unsere Motive? Brauchen wir etwas Besonderes für unser Kind – macht diese Schule unser Kind zu etwas Besonderem? Jetzt ist auch die Zeit, die eigenen Schulerfahrungen zu reflektieren. Und nehmen Sie sich Zeit, so viel über die infrage kommenden Schulen herauszufinden wie möglich. Oft findet man eine tolle Homepage, beim Tag der offenen Tür werden die eloquentesten Lehrer vorgeschickt, die Schulleitung sagt: Bei Fragen bin ich immer für Sie da. Und kaum ist das Kind dort und das erste Problem taucht auf, fühlt sich niemand zuständig.«

Wenn die Schule offensichtlich die falsche ist – wann sollten Eltern einen Schulwechsel in Betracht ziehen?
»Das Problem ist ja, dass Kinder oft nicht wechseln wollen – trotz ihrer Leiden möchten sie erst einmal nicht weg, lieber am Gewohnten

festhalten. Sie fürchten, dass es woanders womöglich noch schlimmer werden könnte. Wenn ein Kind in der Schule zwar unglücklich ist, aber vom Leistungsniveau her grundsätzlich mithalten kann, sollten Eltern, Lehrkräfte und eventuelle externe Helfer erst einmal schauen, was das Kind gerade braucht und wie sie es stärken können. Bei Mobbing, Aggressionen und anderen Schwierigkeiten kann eine gute Familientherapie, eine psychotherapeutische Behandlung oder eine Zeit in einer Klinik Entlastung bringen. Manchmal klappt ein Neuanfang in derselben Klasse, manchmal nur in einer anderen Klasse oder neuen Schule.

Anders ist es, wenn das Kind unglücklich ist, weil es von der Leistung her nicht mithalten kann. Dann bringt ein schneller Wechsel Entlastung für die ganze Familie. Oft will auch in diesen Fällen das Kind nicht weg und man muss erst mal an den Ängsten der Eltern arbeiten, die denken, dass der Schulwechsel für ihr Kind einen sozialen Abstieg bedeutet. Wenn Eltern an dieser Stelle aber loslassen und das Kind unterstützen, kann der Wechsel gut funktionieren.«

Was motiviert Kinder Ihrer Erfahrung nach besonders zum Lernen – nicht nur, aber auch in der Schule?
»Wenn Eltern ihr Kind laufen lassen, es unterstützen, aber wenig Druck ausüben! Die Schule sollte nicht diesen wahnsinnig hohen Stellenwert haben und die Familie nicht dominieren. Und wenn es dann für schlechte Noten Strafen gibt, zum Beispiel ein Verbot der Hobbys, ist das kontraproduktiv. Die Frage ist ja, warum Eltern schlechte Noten nicht aushalten und gute Noten feiern. Da kommen wir zu den Ansprüchen und Erfolgserwartungen von Müttern und Vätern. Wenn Eltern immer nur stolz auf die Leistung ihrer Kinder (und damit indirekt auf sich selbst!) sein wollen, setzen sie Kinder unter zu viel Druck. Vor allem in der Pubertät, in der viele Kinder einen schulischen Durchhänger haben, sind Konflikte dadurch vorprogrammiert.

Mit den Noten hadere ich allgemein sehr. Feedback ist wichtig, dass Kinder wissen, wo sie im Stoff stehen, doch sie sollten ihn sich in ihrem Tempo erarbeiten dürfen. Zurzeit zeigen Prüfungen doch nur, wer wie viel Stoff in kurzer Zeit lernen und das Gros davon auf Aufforderung auch wieder ausspucken kann. Ob man es wirklich verstanden hat, ist so nicht ermittelbar. Musik, Kunst und Sport sollten meiner Meinung nach in allen Schulen eine größere Rolle spielen als bisher.

In Freien Alternativen Schulen läuft hier schon vieles richtig.«

Wenn Sie unseren Bildungspolitikerinnen und -politikern gegenüber einen Wunsch frei hätten – wie würde dieser lauten?
»Gebt den Kindern mehr Zeit und mehr Muße! Selbstbestimmung soll in der Schule nicht verloren gehen. Wie oft fragen sich Kinder im Unterricht: Was hat das alles mit mir zu tun? Wo geht es um mich? Die Schule sollte Kinder in Kontakt zu sich selbst bringen, ihre Begeisterung für wichtige Inhalte wecken. Und es sollte anschaulicher vermittelt werden. Auch halte ich viel davon, Teenager ein halbes Jahr aus dem Unterricht rauszunehmen und in die Welt zu schicken. Selbst etwas entwickeln zu dürfen, konkrete Projekte umzusetzen – das tut jungen Menschen in diesem Alter besonders gut.«

Literaturtipps

Römer, Felicitas (2011): *Arme Superkinder: Wie unsere Kinder der Wirtschaft geopfert werden.* Beltz Verlag.
Römer, Felicitas (2017): *Stressfreier erziehen: Einfühlen statt schimpfen.* Patmos Verlag.

17

WELCHE SCHULE FÜR MEIN KIND? – IN 15 SCHRITTEN ZUR GUTEN ENTSCHEIDUNG

Petra Plaum

Nun kennen Sie sich aus mit Freien Alternativen Schulen, haben viele Anregungen zum Suchen und Finden der besten Lehrkräfte und passendsten Bildungseinrichtungen für Ihr Kind bekommen. Um Ihnen die Entscheidung noch etwas leichter zu machen, haben wir die Empfehlungen der Expertinnen und Experten und eigene Erfahrungen zu einer Checkliste zusammengefasst. Hier unsere Tipps:

1. Quetschen Sie Schulkindeltern, Pädagoginnen und Pädagogen aus

»Sagt mal, wie zufrieden seid ihr eigentlich mit der Schule eurer Kinder?« Jede Wette: Auf diese Frage, beim Kindergartenfest, auf dem Spiel- oder Sportplatz geäußert, kommen offene Antworten. Denn wer schon ein Schulkind hat, bei dem prägt dieser Umstand das Familienleben, der lässt gern Luft ab – ob positiv oder negativ. Gute Adressaten für Ihre Fragen sind auch der erfahrene Erzieher Ihrer Kita, die langjährige Trainerin im Fußballverein, die Leitung Ihres Kinderchors – einfach alle, die nah dran sind am (Schul-)Kind. Nach einigen Monaten gezielter Befragungen haben Sie einen Überblick über alle Bildungsstätten in Ihrem Einzugsgebiet und deren Plus- und Minuspunkte.

2. Schauen Sie buchstäblich hinter die Kulissen

Schnupperstunden, Infoabende und Tage der offenen Tür gibt es in fast allen Schulen. Seien Sie dabei! Lassen Sie sich nicht einlullen von schönen Worten, sondern gehen Sie mit offenen Augen durchs Schulhaus und achten Sie auch auf die Rahmenbedingungen. Stimmt die Raumtemperatur im Klassenzimmer? Wie sauber sind Gänge, Treppenhaus und Toiletten? Wenn es eine Mensa gibt: Wie ist das Angebot? Bevor Sie eine Entscheidung treffen, ist es auch sinnvoll, möglichst viele Lehrkräfte kennenzulernen, um zu erkennen, wie das Kollegium insgesamt tickt.

3. Analysieren Sie Ihre eigene Schulerfahrung und Ihre Vorurteile gegen bestimmte Schultypen

Sie selbst haben Ihre Schule gehasst und träumten von der Waldorfschule oder vom Internat? Das heißt noch lange nicht, dass Ihr Kind an einer staatlichen Schule ebenfalls leidet – nicht mal an der, an der Sie einst waren. Und außer dem ungezogenen Nachbarskind sind an der Montessori-Schule aus Ihrer Stadt übrigens noch zweihundert andere Schulkinder – die meisten nett und höflich. Je besser Sie Ihre eigene Zu- oder Abneigung zu bestimmten Schulformen begründen können und je offener Sie die infrage kommenden Schulen für Ihr Kind analysieren, desto größer Ihre Chance, das Passende zu finden.

4. Definieren Sie, wo Sie Ihre Rolle im Bildungsprozess Ihres Kindes sehen

Sie wünschen sich eine Schule, die Ihnen etwas Erziehungsarbeit abnimmt und es Ihnen ermöglicht, beruflich voranzukommen? Oder Sie würden am liebsten Ihr Kind zu Hause unterrichten, so viel Einfluss wie möglich auf seine Bildung nehmen? Je nachdem, wo Sie Ihren Haken setzen, scheiden bestimmte Schulformen von vornherein aus. An Internaten hat man besonders wenig vom Kind – an staatlichen Schulen sind Eltern hingegen oft als Gratis-Nachhilfe fest eingeplant, an vielen Freien Alternativen Schulen braucht man sie eher als Bautrupp, Putzteam oder Festkomitee.

5. Reden Sie Tacheles – auch mit Mann beziehungsweise Frau und den Großeltern

Was Sie sich, den Familienalltag mit Schulkind betreffend, vorstellen und wünschen, wissen Sie nun. Jetzt ist Ihr Umfeld dran. Wer kann helfen, finanziell, beim Lernen und Üben, bei Schulfesten und als Fahrdienst? Über Erwartungen, Erfahrungen und Träume aller an der Erziehung Beteiligten sollte offen gesprochen werden – am besten zwei Jahre vor der Einschulung.

6. Stellen Sie die Qualitäts-Frage

In einigen Bundesländern werden Bildungsstätten regelmäßig evaluiert, also auf den Prüfstand gestellt. Was ist bei den Schulen, die Sie interessieren, bei der letzten Evaluation herausgekommen? Recherchieren Sie auf den Homepages, in Zeitungsarchiven im Internet oder fragen Sie direkt nach. Ebenfalls wissenswert: Wie oft werden die Lehrer und Lehrerinnen auf Fortbildungen entsandt? Gibt es die Möglichkeit für Schulkinder, ihre Lehrkräfte zu bewerten? Und wie sind die Quoten, was Durchfallen einerseits und gut bestandene Abschlussprüfungen andererseits angeht?

7. Kommunizieren Sie die Herausforderungen, die Ihr Kind mit sich bringt

Ihr Kind lernt gern und leicht, ist fast immer gesund und kann super stillsitzen? Glückwunsch, dann steht einer entspannten Schulzeit nichts im Wege. Rund die Hälfte aller Schulkinder bringt aber mindestens eine Besonderheit mit sich. Wenn Ihr Sohn sich mit drei selbst das Lesen beibrachte, Ihre Tochter ständig mit offenen Augen träumt und/oder Ihr Nachwuchs häufig krank ist, erfordert die Schulwahl viel Fingerspitzengefühl. Ebenfalls, wenn Sie Ihr Kind mit körperlichen und/oder geistigen Behinderungen im Zuge der Inklusion in einer Schule voller Kinder ohne Handicaps anmelden möchten. Fragen Sie die Schulleitung zum Umgang mit Hochbegabung, AD(H)S, Lese-Rechtschreib- und Rechenschwäche, zur Wiedereingliederung nach Erkrankungen und der Möglichkeit einer Assistenz beziehungsweise einer Schulbegleitung. Und das idealerweise zwei bis drei Jahre vor der geplanten Einschulung.

8. Machen Sie Kassensturz

Privatschulen kosten (im Regelfall) Geld. Und ganz egal, ob dreißig oder 1300 Euro im Monat: Bei den Schulgebühren bleibt es nicht. Manche Schule erwartet, dass die Eltern einen vierstelligen Betrag dort einlegen, der nach dem Abschluss des Kindes unverzinst zurückerstattet wird. Manchmal fällt zudem eine Aufnahmegebühr an. Dann wieder gibt es Schulen, bei denen jährlich teure Klassenfahrten ins Ausland anstehen. Fragen Sie frühzeitig, was die Schulzeit insgesamt maximal kosten kann, und rechnen Sie dann durch, ob Sie sich das leisten können und wollen.

9. Beschnuppern Sie die anderen Eltern

Wie das Klischee von Waldorf-, Konfessionsschul- und Internatseltern aussieht, wissen wir alle. Wie die Realität an der von Ihnen favorisierten Schule aussieht, sollten Sie frühzeitig in Erfahrung bringen. Wie intensiv leben die meisten anderen Familien an dieser Konfessionsschule ihren Glauben? Wäre es an jener Waldorfschule ein Problem, wenn das eigene Kind gern fernschaut? Gibt es Ernährungsweisen, Kleidungsstile oder Hobbys, die an dieser Schule dezidiert geliebt oder abgelehnt werden? Je besser Sie die Schulfamilie kennen, desto eher wissen Sie, ob Sie hineinpassen.

10. Bringen Sie in Erfahrung, was bei Mobbing, Drogenmissbrauch und Co. passiert

Streit und Drogenprobleme kommen in den besten Familien vor – und in den besten Schulen. Dass es vor fünf Jahren einen Vorfall in der Institution Ihres Interesses gab, muss nicht gegen die Schule sprechen – wenn die Lehrkräfte daraus nichts gelernt haben, schon. Stellen Sie im Gespräch mit der Schulleitung daher Fragen wie: Bei welchen Problemen und wie oft sind Schulsozialarbeiterinnen oder -arbeiter im Einsatz? Wie erreichen mein Kind beziehungsweise ich Vertrauenslehrkräfte? Wie handelt die Schulleitung, wenn es in einer Klasse Mobbing oder körperliche Gewalt gibt? Was passiert bei Hinweisen auf Drogen- oder Alkoholkonsum?

11. Machen Sie sich ein Bild von A (wie AGs) bis Z (wie Zukunftsplanung)

Sie haben die Qual der Wahl zwischen mehreren guten Schulen? Glückwunsch! Dann weiten Sie den Blick, so fällt Ihnen die Entscheidung leichter. Welche AGs, Projektgruppen, Sportangebote etc. finden sich an den infrage kommenden Schulen? Ab wann werden die Kinder über verschiedene Berufe informiert und wie genau läuft das ab? Gibt es Kontakte zu Ausbildungsbetrieben in der Region?

Oder Sie wählen einfach die am besten zu erreichende aller guten Schulen aus.

12. Hospitieren Sie

Es gibt keine bessere Möglichkeit, etwas über eine Schule zu erfahren, als durch eigene Eindrücke direkt aus dem Schulalltag. An vielen freien Schulen ist es üblich, dass interessierte Eltern einen Hospitationstermin vereinbaren, an dem sie einen Schulvormittag miterleben. Wer dabei die Augen und Ohren offenhält, kann mehr über die Schule lernen, als jede Webseite und jeder durchorganisierte Infotag offenbaren können. Wie sind Stimmung und Umgang unter den Kindern und Jugendlichen? Was für eine Haltung zeigen die Pädagoginnen und Pädagogen? Was geschieht, wenn Konflikte auftreten? Inwiefern wird das angepriesene Konzept umgesetzt, inwiefern nicht? Ein Tipp: Wer agiert, kann nicht mehr so gut wahrnehmen und stört vielleicht sogar. Machen Sie sich möglichst unsichtbar. Bei der Nachbesprechung der Hospitation können Sie die Lehrkräfte dann auf Ihre Eindrücke ansprechen und Fragen stellen. Eine Hospitation ist von der Schule aus nicht möglich? Dafür kann es gute und weniger gute Gründe geben. Fragen Sie nach!

13. Seien Sie hartnäckig

Wenn Sie eine freie Schule in die engere Wahl gezogen haben und auf einen Platz für Ihr Kind hoffen, lassen Sie sich nicht von eventuell hohen Bewerberzahlen abschrecken. Besuchen Sie Info-Elternabende, den Tag der offenen Tür und andere Veranstaltungen, sprechen Sie mit den Menschen! Wenn Sie an der Schule und dem gelebten Konzept ernsthaft interessiert sind, dann zeigen Sie das auch. Schulen in freier Trägerschaft brauchen Eltern, die sich einbringen und hinter dem Projekt stehen. Wenn Sie deutlich machen können, dass Sie genau das tun, ist schon einmal viel gewonnen.

14. Schmieden Sie einen Plan B

Auch die am besten vorbereiteten Projekte scheitern manchmal. Die Schule an und für sich ist toll – aber ausgerechnet in der Jahrgangsstufe Ihres Kindes sind nur Chaoten. Ihre Tochter war Feuer und Flamme für die Mädchenschule und erträgt in Klasse sieben das Gekreische ihrer Mitschülerinnen nicht mehr. Sie sind plötzlich alleinerziehend und der nachmittägliche Schulschluss und/oder das Schulgeld werden zum Problem. Oder sie haben vielleicht den ersehnten Platz nun doch nicht bekommen? Welche Schule käme als Ausweichmöglichkeit infrage? Das zu wissen, macht im Falle einer Krise vieles leichter.

15. Nach einem Schulwechsel: Nur Geduld!

Dass ein Kind, das von einer reformpädagogischen Schule auf eine Regelschule wechselt, Zeit zum Eingewöhnen braucht, erscheint logisch. Auch mit den Noten – die nicht immer super sind – gilt es sich zu arrangieren. Gut, wenn Ihr Kind inzwischen das Selbstbewusstsein hat, sich nicht über das Lob anderer zu definieren. Was viele noch nicht wissen, ist jedoch: Auch ein Wechsel von einer Regelschule auf eine Freie Alternative Schule kann knifflig werden. Manche Kinder fühlen sich ganz schön herausgefordert, sind sie das freie Lernen doch nicht gewohnt. Sie kommen mit den ungewohnten Fächern oder den vielen neuen Klassenkameraden vielleicht nicht gleich zurecht. Statt freudig neu durchzustarten, tun sie erst einmal scheinbar gar nichts. Im Inneren aber passiert ganz viel. Nicht zu vergessen ist Folgendes: Kinder, die die Schule wechseln, können, wenn sie mit Schulfrust kommen, viel destruktive Energie ins System einbringen. Das muss eine Schule erst einmal aushalten können, es kann also sein, dass am Anfang viele Gespräche zwischen Eltern und Lehrkräften anfallen. Doch egal, in welche Richtung Ihr Kind wechselt und wie das anläuft: Mit vielen Gesprächen, Vertrauen in Ihr Kind und Geduld meistern Sie diese Phase gemeinsam.

Last but not least: Vergessen Sie nie, dass die Schulzeit nicht alles ist. Wenn Sie eine Schule mit Noten gewählt haben, denken Sie immer daran, dass Ihr Kind mehr ist als die Ziffer auf dem Zeugnisblatt. Dass man auf dem Weg zum Mehr-Wissen und Mehr-Verstehen Fehler machen darf und muss. Dass viele Menschen erst einmal scheinbar scheitern, aber mit zwanzig, dreißig oder vierzig Jahren Schulabschlüsse nachholen und beruflich Neues starten. Geben Sie auch den staatlichen Schulen eine reelle Chance - so wie wir, das Autorenteam, das für die eigenen Kinder unter anderem in einer staatlichen Mittelschule und einem staatlichen Gymnasium fündig wurde. Heute wissen wir: Jede der Schulen, die wir gewählt haben, ist einfach die beste für das jeweilige Kind. Dass Sie über Ihren Nachwuchs und seine Schule bald dasselbe sagen können, wünschen wir Ihnen von Herzen.

NACHWORT

Auch nach all diesen Seiten, die wir mit Geschichten und Berichten aus so unterschiedlichen Schulen gefüllt, und Gesprächen, die wir mit Bildungsexpertinnen und -experten unserer Zeit geführt haben, haben wir sie nicht gefunden: *die* Schule schlechthin. Es wäre vermutlich auch ein Wunder, schließlich hat jeder Mensch seine eigenen Talente und seine eigene Methode, sich Wissen zu erschließen, und darum braucht es eine bunte Schulwelt, die dafür sorgt, dass jedes Kind auf seine Weise gesehen und angenommen wird.

Eines ist uns dabei aber auch klargeworden: Ein einziger inspirierender Lehrer reicht aus, um in einer Schülerin einen Funken zu entzünden und ein großartiges Licht daraus wachsen zu lassen.

Eine aufmerksame Lehrerin, die genau hinsieht, genügt, um einem Schüler das Gefühl zu geben, etwas zu können, gehört und wahrgenommen zu werden.

Ein offener Pädagoge, der die Schülerinnen und Schüler ermutigt, eigene Fragen zu stellen, schenkt ihnen das Selbstvertrauen, sich ihr Leben lang nicht nur mit dem Naheliegenden zu begnügen. Eine mutige Erzieherin, die die Ideen, Gedanken und Wege ihrer Schülerinnen und Schüler unterstützt, wird deren Selbstbewusstsein stärken, immer weiter unbekannte Wege einzuschlagen und Neues auszuprobieren.

Wir haben an allen Schulen, die wir besucht haben, solche Lehrkräfte getroffen. Wir haben fröhliche Schülerinnen und Schüler gesehen, die ganz bewusst offen, respektvoll und freundlich miteinander umgehen, die mutig das Wort ergreifen und eine eigene Meinung haben.

Die perfekte Schule mag es nicht geben, aber viele Pädagoginnen und Pädagogen, die voller Idealismus ihr Bestes geben. Und das ist großartig.

In diesem Sinne wünschen wir Ihnen, dass Sie diese Schule für Ihr Kind finden – und wir mit diesem Buch ein wenig dazu beitragen konnten.

DANK

Wir danken allen Lehrerinnen und Lehrern, Schulleiterinnen und Schulleitern, Eltern, Schülerinnen und Schülern, Bildungs- und Pädagogikexpertinnen und -experten für die vielen spannenden Gespräche, ausführlichen E-Mails, wertvollen Hinweise, geduldigen Antworten und die Zeit, die sie mit all unseren Fragen verbracht haben. Ohne Sie, ohne euch, hätte dieses Buch nicht so entstehen können. Besonderer Dank gilt an dieser Stelle:

Prof. Dr. John Hattie (University of Melbourne)
Astrid Hoffmann (Technische Universität Dortmund)
Björn Hombergs (Wildnisschule Schattenwolf)
Claus-Dieter Kaul (Akademie Montessori Biberkor)
Karen Kern (Kern-Bildung)
Tilmann Kern (Bundesverband der Freien Alternativschulen e.V.)
Prof. Dr. Volker Ladenthin (Universität Bonn)
Stefanie Mohsennia (Schulfrei-Community)
Felicitas Römer (Familientherapeutin)
Andreas Schleicher (OECD)
Immanuel Wolf (Freilernerzeitschrift)
Prof. Dr. Klaus Zierer (Universität Augsburg)

Freie Waldorfschule Böblingen:
Barbara Breitling
Hans-Joachim Sennock

Freie Aktive Schule Syke:
Kristine Bauer
Michaela Döpelheuer
Julika Poerschke
Anke Wiegand

Katholische Mädchenrealschule St. Ursula, Donauwörth:
Annabell Kaps
Peter Müller
Sandra Schmid
Sylvia Schuster-Reisch

International School of Stuttgart, Sindelfingen Campus:
Tim Kelley
Sarah Kupke
Valerie Webler

Urspringschule Schelklingen:
Stephanie Herrmann
Hans-Martin Meth
Dr. Rainer Wetzler

Freie Aktive Schule Tübingen:
Dem Lernbegleiter-Team
Moni König und ihrer Familie

Neue Schule Hamburg e.V.:
Dem Komitee »Einladen und Kennenlernen«

Freie Schule Lech-Donau:
Sandra Gärtner-Rohrlack
Miriam Rau
Viktoriya Siebenhüter
Romana Sier
Doris Weber

Und einem guten Waldgeist

Jennifer Kroll und Nina Schumacher von Eden Books, vielen Dank dafür, dass dieses Buchprojekt überhaupt möglich wurde, und für die gute Betreuung während der Umsetzung.

Liebe Laura Krause, danke für das ebenso kritische wie liebevolle Lektorat.

Tausend Dank an Anja Koeseling, Agentur Scriptzz – du bist die Beste und eine wahre Bereicherung für jede einzelne unserer Telefonkonferenzen. Deine Unterstützung und deine unerschütterliche Begeisterung für dieses gemeinsame Projekt bedeuten uns allen viel.

Danke, liebe Anne Lambertus, fürs Mitlesen, Mitdenken und die vielen durchdachten und sehr hilfreichen Kommentare.

Und von ganzem Herzen senden wir ein Dankeschön an all die fähigen, inspirierenden, kreativen, mutigen, einfühlsamen und überzeugenden Pädagoginnen und Pädagogen da draußen: Ihr seid die wahren Heldinnen und Helden unserer Gegenwart – und die der Zukunft. Danke.

WEITERE TITEL VON EDEN BOOKS

Herausgegeben von Bettina Schuler
und Anja Koesling
SCHLACHTFELD
ELTERNABEND
Der unzensierte Frontbericht von
Lehrern und Eltern

256 Seiten | Taschenbuch |
12,5 × 19 cm
€ 9,95 (D) / € 10,30 (A)
Auch als E-Book erhältlich
ISBN: 978-3-944296-70-8

Gibt es eigentlich Bio-Essen in der Schulkantine? Wer betreut die nächste Klassenfahrt? Und wo kommen die ganzen verdammten Läuse her? Wenn Ihnen diese Fragen bekannt vorkommen, dann waren Sie wahrscheinlich schon mal auf einem Elternabend. Superautoren wie Mara Andeck, Heike Abidi und Udo Weigelt berichten in humorvollen Kurzgeschichten von ihren aberwitzigen Erfahrungen im ständigen Kampf zwischen Eltern und Lehrern.

Kurzweilig und unterhaltsam erzählen sie von überbesorgten Helikoptermüttern, überforderten Lehrern und ahnungslosen Vätern – eben dem ganz normalen Elternabend-Wahnsinn.

WEITERE TITEL VON EDEN BOOKS

Robert Campe
WHAT'S APP, MAMA?
Warum wir Teenies den ganzen Tag online sind – und warum das okay ist!

224 Seiten | Klappenbroschur |
13,5 × 21 cm
€ 14,95 (D) / € 15,40 (A)
Auch als E-Book erhältlich
ISBN: 978-3-95910-109-7

»Eltern erzählen natürlich oft und gern von ihrer Jugend. Manche von ihnen würden vielleicht sagen: Früher, bevor sich die Technik so rasend schnell entwickelt hat, sodass man alles ständig updaten muss, wenn man irgendwie mithalten will, war die Welt schöner. Der Alltag verlief langsamer, das Kontakthalten war ohne diesen ganzen Social-Media-Kram direkter und unkomplizierter und das Leben im Allgemeinen weniger stressig. Ich sage: Die Welt war einfach anders.«

Aha, anders ... Aber wie genau sieht denn die digitale Welt von Teenagern heute aus? Endlich erklärt ein Jugendlicher selbst, was sie da eigentlich genau machen, wenn sie stundenlang auf ihrem Handydisplay herumwischen. Robert Campe verrät, wie und wo er und seine Freunde online unterwegs sind – und warum das kein Grund zur Sorge ist.

WEITERE TITEL VON EDEN BOOKS

Socialmoms
BABYLEICHT?!
Die geheimen Tipps und Tricks für das wunderbare und anstrengende erste Jahr mit Baby. Von Mamas für Mamas

208 Seiten | Klappenbroschur | 13,5 × 21 cm
€ 14,95 (D) / € 15,40 (A)
Auch als E-Book erhältlich
ISBN: 978-3-95910-110-3

Die besten Tipps für das erste Jahr mit Lind – echt Mama-erprobt!

Wie man zwischen Wickeltisch und Krabbelkurs die Nerven bewahrt, wissen die am besten, die es bereits erlebt haben: andere Mamas! In diesem Buch verraten die beliebtesten Online-Mütter Deutschlands ihre Geheimtipps: Wie das Baby endlich schläft, wie man Windel-Überschwemmungen vorbeugt oder das Thema Beikost erobert – und dabei immer noch ein schönes Zuhause behält und auch ab und zu eine gute Zeit als Paar hat. Es kann alles viel leichter sein – wenn man weiß, wie es geht!

Impressum

Lucinde Hutzenlaub, Hendrik Lambertus und Petra Plaum
Die beste Schule für mein Kind
Freie Schulen: Waldorf, Montessori und Co.
Welches Schulkonzept Ihr Kind schlau und glücklich macht!
ISBN: 978-3-95910-126-4

Eden Books
Ein Verlag der Edel Germany GmbH

www.edenbooks.de | www.facebook.com/EdenBooksBerlin
www.edel.com
1. Auflage 2017

Dieses Werk wurde vermittelt durch die Literaturagentur Scriptzz, Berlin | www.scriptzz.de

Einige der Personen im Text sind aus Gründen des Persönlichkeitsschutzes anonymisiert.

Projektkoordination: Nina Schumacher
Lektorat: Laura Krause
Umschlaggestaltung: Katja Vogt
Umschlagfoto: © Romolo Tavani / Fotolia
Layout und Satz: Datagrafix GmbH. | www.datagrafix.com
Druck und Bindung: optimal media GmbH, Glienholzweg 7, 17207 Röbel/Müritz

Das FSC®-zertifizierte Papier *Holmen Book Cream* für dieses Buch lieferte Holmen Paper, Hallstavik, Schweden.

Printed in Germany

Dieses Buch ist auch als E-Book erhältlich.

Um die kulturelle Vielfalt zu erhalten, gibt es in Deutschland und in Österreich die gesetzliche Buchpreisbindung. Für Sie, liebe Leserin und lieber Leser, bedeutet das, dass Ihr verlagsneues Buch jeweils überall dasselbe kostet, egal, ob Sie Ihre Bücher gern im Internet, in einer großen Buchhandlung oder beim kleinen Buchhändler um die Ecke kaufen.